미래의
리더

The Future Leader:

9 Skills and Mindsets to Succeed in the Next Decade

Cover Design: Gerard Allen Mendoza
Cover Image: Lighthouse © Michael Rayback/Shutterstock,
Clouds © markovka/Depositphotos.com

미래의 리더

리더 성공의 필수 요소
4가지 사고방식과 5가지 스킬

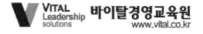

VITAL
Leadership
solutions 바이탈경영교육원
www.vital.co.kr

추천의 글

"『미래의 리더』는 단순한 책이 아니고, 뛰어난 리더십을 위한 청사진이다. 독보적인 연구를 바탕으로 쓰여진 이 책은 현재의 리더와 리더 지망생이 꼭 읽어야 할 내용이다."

—존 고든(Jon Gordon),
베스트셀러 'The Power of Positive Leadership'의 저자

"만약 당신이 세계 최고의 기업을 경영하는 사람과 마주 앉아서, 탁월한 리더가 되도록 하는 것이 무엇인지 물어볼 수 있다면, 어떻겠는가? 경험을 통해 얻은 지혜를 들을 수 있다면, 어떻겠는가? 제이콥 모건은 그 지혜에 접근해서 이 책을 통해 우리와 공유했다. 내가 아는 21세기 리더십의 가장 훌륭한 나침반 중 하나이다."

—마이클 번게이 스테이너(Michael Bungay Stanier),
WSJ 베스트셀러 'The Coaching Habit'의 저자

"이 책은 리더가 직면할 도전과 그것을 극복하는 데 필요한 사고방식과 스킬 등 리더십의 미래를 들여다보는 흥미로운 정보를 제공하고 있다. 미래를 대비하는 리더가 되고 싶은가? 이 책이 필요할 것이다!"

—홀스트 슐츠(Horst ScHULZE), 리츠칼튼 호텔 초대 CEO

"『미래의 리더』는 시대를 초월한 주제를 참신하고 독창적으로 바라본다. 이 책은 세계 최고 비즈니스 리더들의 통찰력 있는 이야기와 광범위한 연구자료를 통해 얻은 데이터를 결합함으로써 독자들이 직원들에게 영감을 주는 방법과 리더가 되기 위한 진정한 의미를 더욱 잘 이해할 수 있도록 도울 것이다."

—바버라 험턴(Barbara Humpton), 지멘스 USA CEO

"CEO들의 통찰력 있는 이야기와 다양한 연구자료를 결합하여 어려운 주제를 다룬 신선하고 독창적인 책이다. 이 책을 읽고 리더십과 리더로서 당신이 누구인지에 대해 생각을 바꾸지 않는 것은 불가능하다. 필독서이다!"

—게리 리지(Garry Ridge), WD-40 컴퍼니 CEO

"『미래의 리더』는 자기 조직은 물론 세상에 선한 영향력을 미치기를 원하는 모든 사람들에게 중요한 자료이다."

—메이너드 웹(Maynard Webb),
야후 이사회 전 의장, 세일즈포스 및 비자 이사회 이사, 웹 투자 네트워크 설립자

"마침내, 리더십의 미래를 바라보고 필요한 것이 무엇인지 살펴보는 책이 나왔다. 모든 조직을 위한 놀라운 통찰력이다!"

—나이젤 트래비스(Nigel Travis),
던킨 브랜드 및 파파존스 피자 전 CEO, 채런지 컨설팅 사장

"140여 CEO들과의 인터뷰를 기반으로 한 이 책은 중요한 주제에 대한 책이다. 제이콥 모건은 우리에게 리더십이 현재는 무엇이고, 미래에는 무엇이 될 필요가 있는지에 대해 생각해 보라고 촉구한다."

—데이비드 마르케(L. David Marquet),
베스트셀러 '턴어라운드(Turn the Ship Around!)' 저자

"제이콥은 미래에 성공할 리더의 특성을 들여다보기 위해 많은 CEO들을 인터뷰해서 정리했다. 이 '미래의 리더' 책은 당신이 그런 리더가 되는 데 도움이 될 것이다."

—존 벤후이젠(John Venhuizen), 에이스 하드웨어(Ace Hardware) CEO

"이 책을 반드시 읽어야 할 이유는 간단하다. 일의 세계는 끊임없이 변화하고 있으며, 시장은 조직을 미래로 이끌 새로운 타입의 리더를 지속적으로 요구한다. 이 책은 당신이 최고의 리더가 될 수 있도록 도와줄 것이다."

—아놀드 도널드(Arnold Donald), 카니발 코퍼레니션(Carnival Corporation) CEO

"제이콥은 리더십이 어떻게 변하고 있는지, 왜 변하는지, 그리고 리더십에 대해 무엇을 해야 하는지 이해할 수 있는 책을 썼다. '미래의 리더'는 당신이 과거의 리더십이 의미하는 바를 다시 생각해 보고, 앞으로 성공하기 위해 필요한 스킬과 사고방식을 받아들이도록 격려한다."

—데이비드 헨셀(David Henshall), 시트릭스(Citrix) CEO

"『미래의 리더』에는 실천 가능한 통찰력이 너무 많아서 매일 직면하는 도전과 기회와 관련이 있다는 것을 발견했다. 확실히 읽을 가치가 있다."

—브래드 제이콥스(Brad Jacobs), XPO 로지스틱스 CEO

"제이콥은 꽤 많은 회사의 리더들이 자신의 역할을 어떻게 보고 있는지, 그리고 그들의 행동이 직원과 주변 세계에 어떤 영향을 미치는지 철저히 검토했다. 이 책은 오늘날의 리더들이 그들로부터 배우고, 다음 세대의 리더들이 우리의 성공과 실패를 통해 배울 수 있는 기회를 제공한다."

—미셸 콤베스(Michel Combes), 스프린트(Sprint) CEO

"뛰어난 리더가 되는 방법을 알고 싶은가? 그렇다면 제이콥 모건의 책을 읽어보라!"

게르하르트 차일러(Gerhard Zeiler),
워너미디어(WarnerMedia) CRO(Chief Revenue Officer)

"리더가 되는 것은 엄청난 영광이자 책임이다. 당신이 리더가 된 것은 당신 자신과 직원들 덕분이다. 당신은 이 책을 읽고, 이 책에서 찾은 아이디어를 실행에 옮기는 것으로 시작할 수 있다. 귀중한 읽을거리다!"

—데이비드 노박(David Novak),
oGoLead 설립자, 얌 브랜드(Yum! Brands, Inc.) 전 CEO

"오늘날의 기업 리더들은 처음부터 다시 시작하는 것이 아니다. 이들은 앞선 사람들의 경험을 통해 얻은 지혜를 자신의 리더십을 쌓고, 혁신을 주도하고, 시장을 개척하며, 브랜드를 성장시키는 데 적용한다. 제이콥 모건의 이 책은 그러한 통찰력과 경험에 대한 접근 기회를 제공한다."

—마이클 닐랜드(Michael Kneeland), 유나이티드 렌탈 이사회 의장

"이 책은 직장생활의 글로벌 거시경제학을 바탕으로 했기 때문에, 주류 리더십 서적과는 다르다. 여기에는 진짜 내용물이 있다. 경영관행은 30년 전에 효력이 멈췄다. 이 책은 리더십, 팀, 역량 개발에 흔치 않고 절실히 필요한 위대한 공헌을 하고 있다."

—제임스 클리프턴(Jim Clifton), 갤럽 회장, CEO

목 차

서문

수천 년 전, 탐험가와 선원들이 먼 바다로 항해를 떠날 때, 목적지를 찾거나 돌아오는 길을 찾는 방법은 낮에는 바위와 같은 랜드마크, 밤에는 불빛이었다. 이런 것들은 길을 안내할 뿐만 아니라, 충돌 방지 역할도 했다. 아마도 가장 유명한 등대이자, 세계 7대 불가사의 중 하나는 3세기에 건설된 알렉산드리아의 파로스(Paros of Alexandria)일 것이다. 이 등대의 높이는 130m가 넘고, 지진으로 파괴되기 전까지 1,500년 동안 남아 있었다.

역사상 등대는 우리를 목적지로 안내하는 동시에 위험을 피할 수 있도록 했다. 책 표지로 등대를 사용한 이유이다. 현재와 미래의 리더는 직원과 조직을 성공으로 이끄는 동시에 그들을 위험에 빠지지 않도록 안내하는 등대라고 생각한다.

뛰어난 리더는 세상을 바꾼다. 정확하게는 세상을 만든다. 리더는 우리 개인이나 조직이 사용하는 제품과 서비스를 생산하도록 한다; 리더는 일자리를 제공하는 회사를 운영하여 그곳에서 일하는 사람들이 가족을 부양할 수 있도록 한다; 리더는 세상을 더 나은 곳으로 만들기 위해 사회적 대의를 위해 싸운다; 리더는 자선 단체와 비영리 단체를 지원한다; 리더는 그곳에서 일하는 사람들의 태도, 행동, 조직문화에 영향을 준다. 이것은 엄청난 책임이지만, 대단한 특권이다.

우리 모두가 일하고 싶고, 더 좋은 세상을 만들기 위해서 우리는 현재와 미래에 적합한 리더를 확보해야 한다. 이 책에서는 주로 기업 관련해서 이야기하고 있지만, 여기 개념은 모든 조직, 모든 사람에게 적용될 수 있다. 직업의 세계가 빠르게 변하고 있고, 과거에 유효했던 것이 미래에는 유효하지 않을 수 있기 때문에 미래에 적합한 리더를 확보한다는 것은 쉬운 일이 아니다.

아이스하키 선수였던 웨인 그레츠키(Wayne Gretzky)는 "나는 스케이트를 타고 퍽이 있는 곳이 아니라, 퍽이 있을 곳으로 간다."라는 유명한 말을 했다. 나는 리더들과 조직에서 퍽이 있을 곳을 알 수 있도록 하여 그곳으로 갈 수 있도록 돕고 싶다.

지난 10년 동안, 나는 이 책을 포함하여 다섯 권의 책을 썼다. 그동안 운 좋게도 수백 개의 회사와 함께 일했고, 전 세계를 여행하며, 수십만 명의 사람들에게 강의를 할 수 있었다. 그동안 많은 아이디어와 통찰력에 대해 강의했지만, 나 자신은 평생 학습자라고 생각한다. 리더십은 내가 특히 좋아하는 분야 중 하나이다.

나는 매년 전 세계에서 열리는 40여 개의 컨퍼런스에서 리더십, 일의 미래, 직원 경험과 관련된 주제에 대해 기조강연을 한다. 내 강의에 참석했던 사람들과 내가 인터뷰를 했던 리더들로부터 어떤 경향을 발견하기 시작했다. 현재의 리더십이 아니라, 10년 후에는 어떤 리더십이 되어야 할 것인지에 대한 질문을 점점 더 많이 한다는 것이다. 나는 이것에 대한 내 나름의 생각을 가지고 있었지만, 탐구하기에 매우 흥미로운 질문이라고 생각했다. 나는 답을 찾기 위해 노력했지만, 찾을 수가 없었다.

오늘날의 리더십에 대한 전략과 아이디어는 넘친다. 리더를 양성하는 데 약간의 진전이 있었지만, 아직 갈 길이 멀고, 상황은 빠르게 변하고 있다! 예를 들어, 지난 10년 동안 리더들은 주식 가치에 주로 집착했고, 다양성과 포용에 대한 노력은 초기 단계였으며, 기술(특히 인공 지능)은 오늘날처럼 빠르게 발전하거나 변화하지 않았으며, 계층 조직은 도전을 받았지만, 지금 우리가 보고 있는 정도는 아니였다. 소셜 미디어 플랫폼이 시작되었고, 스마트폰을 사용하기 시작했고, "직원 경험"이라는 용어는 거의 언급되지 않았다. 목적과 영향력은 웃기는 개념이었고, 근로자들은 오늘날처럼 분산되거나 다양하지 않았다. 단기 성과주의가 만연했고, 전형적인 칸막이 좌석을 벗어나 물리적 업무 공간에 대해 강조하기 시작했다. 2008년 금융 위기의 충격을 벗어나는 데 급급했다는 것은 말할 것도 없다.

나는 금융 위기 직전에 대학을 졸업하고, 로스앤젤레스에 있는 기술 회사에서 직장 생활을 시작했다. 교통량이 많은 곳이라 출퇴근에 하루 3시간씩 보내면서 일을 했다. 근무한 지 몇 달이 지나자, 데이터 입력, 전화 판매, 프레젠테이션을 하는 내 삶이 싫어졌다. 어느 날 CEO가 사무실 건너 편에서 내 이름을 부르며, 내가 해야 할 중요한 프로젝트가 있다고 말했다. 나는 드디어 가치 있는 일을 할 수 있을 것이라고 생각하면서 달려갔다. CEO가 지갑에서 10달러를 꺼내 주면서, "미팅 시간에 늦었는데, 스타 벅스에 빨리 가서 커피 한 잔을 사다 주고, 자네도 뭘 사 먹게."라고 했다. 그것은 내가 그 회사에서 했던 마지막 일이 되었으며, 그 이후로 나는 우리 모두가 일하고 싶은 조직을 만드는 것에 열정을 품게 되었다. 리더는 그러한 조직을 만드는 데 큰 몫을 차지한다.

우리 대부분은 말하자면, "그 속에(in it)" 있었기 때문에 지난 10년 동안 얼마나 많은 변화가 있었는지 잘 알지 못한다. 10년 동안 달리는 매우 장거리 기차를 탔다고 상상해 보자. 기차를 타고 있는 동안에는 모든 것이 그대로인 것처럼 보인다. 기술은 그대로이고, 사람들의 옷차림도 그대로다. 아무것도 변하지 않는다. 그러나 10년이 지나, 목적지에 도착하여 기차에서 내리면 자신을 둘러싼 새로운 세계에 어리둥절하게 된다. 우리 조직은 이 장거리 기차를 함께 탄 것과 같다. 주변 세계를 관찰하기 위해 멈추지 않으면, 언젠가는 완전히 새로운 장소에 있는 것처럼 보일 때까지 실제로 변화가 일어나는 것을 알 수가 없을 것이다.

헤밍웨이의 소설 '태양은 다시 떠오른다(The Sun Also Rises)'에는 다음과 같은 두 사람의 대화가 있다. "어떻게 파산 했소?" 빌이 물었다. "두 가지 방법으로. 서서히, 그러다가 갑자기."라고 마이크가 대답한다.

외부 시각에서 보면, 10년 전의 리더십이 오늘날의 리더십이 아니라는 것을 금방 깨닫게 된다. 더 중요한 것은 오늘날의 리더십이 10년 후에는 많이 바뀔 것이다. 그러나 우리는 삶과 업무의 일상적인 것에 빠져있기 때문에, 이러한 변화와 그 모습이 어떻게 될 것인지에 대해 생각을 거의 하지 않는다.

나는 리더십의 미래에 대한 질문에 답을 찾기 위해 데이터를 수집하기로 했다. 터키, 프랑스, 인도, 호주, 일본, 핀란드, 영국, 미국, 캐나다, 이탈리아, 브라질, 아일랜드, 페루 등을 대표하는 세계 유수 기업 CEO 140여 명을 인터뷰했다. 관련 산업에는 의료, 식음료, 비영리 단체, 자동차, 금융 서비스, 장비 대여, 소프트웨어, 부동산 등이 포함되어 있다. 그 CEO들 중 일부 회사 이름을 들면, 마스터카드(Mastercard), 베스트 바이(Best Buy), 유니레버(Unilever), 오라클(Oracle), 버라이즌(Verizon), 세인트 쥬드 아동병원(St. Jude Children's Research Hospital), 필립 모리스 인터내셔널(Philip Morris International), 이타우 우니방쿠(Itau Unibanco), 인터컨티넨탈 호텔 그룹(InterContinental Hotels Group), 생고뱅(Saint Gobain), ZF프리드히스하펜(ZF Friedrichshafen), 카이즈(Kaiser), 코츠 홀딩스(Koç Holdings) 등이다. 몇 사람을 제외하고는 내가 직접 만나거나 전화를 통해 45~60분 동안 인터뷰를 했다. 나는 기업의 최고위 리더인 CEO에 초점을 맞추고 싶었다. 그들은 조직에서 이루어지는 의사결정 및 이해 관계자들과 전 세계에 영향을 미치고 있기 때문이다.

전체적으로 보면, 이 CEO들은 20개 국가와 35개 산업에 분포되어 있고, 직원 수를 모두 합하면 700만 명 이상이 된다. 여성 CEO가 많지 않아 참여시키는 것이 쉽지 않았지만, 인터뷰한 CEO의 23%가 여성이었다. 비교를 위해, 포춘 500대 기업 CEO 중 여성이 7% 미만이고(Zillman, 2019), S&P 500의 CEO 중 여성이 5%이다(Catalyst, 2019). 실제로 여성은 미국과 유럽에서 CEO의 5% 미만을 차지한다(Edgecliffe-Johnson, 2018). 이러한 여성 CEO들 비율보다 더 많은 여성 CEO를 인터뷰할 수 있어서 운이 좋았다.

CEO 모두에게 아래의 12가지 질문을 했다:

1. 어떤 트렌드가 리더십의 미래에 영향을 미칠 것인가?
2. 미래의 리더가 가져야 할 사고방식은 무엇이며, 그 이유는?
3. 미래의 리더에게 필요한 스킬은 무엇이며, 그 이유는?
4. 현재와 10년 후의 리더를 생각할 때, 주요 차이점은 무엇인가?

5. 10년 후, 리더의 하루를 상상해 본다면, 어떤 모습일 것 같은가?
6. 미래의 리더에게 가장 큰 도전은 무엇인가?
7. 10년 후의 리더가 오늘날의 리더와 같은 점은 무엇이며, 그 이유는?
8. 지금 회사에서는 이 문제에 대해 생각을 하고 있거나 어떤 식으로든 대비를 하고 있는가?
9. 향후 10년간 리더에게 필요한 스킬에 대해 생각해 보았는가?
10. 리더십을 어떻게 정의하는가?
11. 리더십의 미래에 대해 추가하고 싶은 것이 있는가?
12. 자신이 잘 사용하는 리더십 묘책이 있는가? (더 효과적인 리더가 되기 위해 정기적으로 사용하는 팁, 기법 또는 전략)

이러한 질문을 하기 전에, 내가 쓰려고 하는 책의 배경과 향후 10년간의 리더십에 초점을 맞춘다고 CEO들에게 설명했다. 그리고 인터뷰 내용을 모두 기록하고 중요한 정보를 뽑아내기 위해 읽었다. 질문에 대한 전반적인 답변과 함께 공통 주제와 아이디어를 찾으려고 했다. 예를 들어, CEO들이 공통적으로 리더십의 미래에 중요하다고 생각하는 스킬과 사고방식은 무엇인가? 응답 내용을 회사 규모, 업종과 같은 다양한 기준으로 분류할 수 있도록 대형 구글 시트로 코딩하였다.

또 전문 소셜 네트워크인 링크드인(LinkedIn)과 협력하여 자신이 정규 직원이라고 밝힌 약 14,000명의 회원들에게 CEO들의 의견에 어떻게 생각하는지 설문 조사를 했다. 신뢰 수준은 95%로 통계적으로 유의미했다. 응답한 사람들은 호주, 미국, 영국, 중국, 인도, 오스트리아, 독일, 스위스, 브라질, 아랍 에미리트 등에 있는 기업에서 근무하고 있었다. 기업의 규모가 직원 수 50명에서 100,000명 이상에 이르고, 일반 사원에서 고위 리더까지, 그리고 다양한 산업에 속한 사람들이었다. 매우 포괄적이고 글로벌한 조사를 했다.

설문 문항은 CEO 인터뷰에서 했던 12개 질문을 동일하게 사용했으며, CEO들이 리더십의 미래에 중요하다고 생각하는 몇 가지 질문을 추가해서 응답자들에게 자기 자신, 중간 리더 및 고위 리더를 평가하도록 요청했다. 예를 들어, "미래의 리더가 가져야 할 사고방식은 무엇이며, 그 이유는?"이라는 질문에 대해 설문 응답자들에게는 자기 자신, 중간 리더, 고위 리더가 그 사고방식을 어느 정도 실천하고 있는지도 물었다. 이를 통해 전 세계 조직의 리더십 그림을 포착하고, CEO들이 나에게 말했던 내용이 실제로 실천되고 있는지, 그리고 어느 정도 실천되고 있는지 확인할 수 있었다. 직원들은 일부 질문에 대해 최대 3개의 응답을 선택하도록 했다. 예를 들어, 미래의 리더에 대한 사고방식을 파악할 때 그들은 하나가 아니라, 세 개를 선택할 수 있도록 했다.

마지막으로 관련된 학자, 전문가, 코치들을 인터뷰하고, 리더십과 그 미래에 대한 수백 개의 사례 연구, 서적, 아티클 및 보고서를 살펴보고 참고할 것이 있는지 확인했다. 나는 이것이 당분간 미래의 리더와 리더십의 미래를 탐구하는 데 특별히 심혈을 기울인 가장 포괄적인 프로젝트 중 하나라고 생각한다. 책에는 인터뷰 했던 CEO들의 말을 그대로 기록한 많은 인용문을 볼 수 있다. 세계 최고의 비즈니스 리더들이 직접 이야기한 것을 그대로 읽고, 들어보기를 바란다.

참고!
이 등대 표시가 있는 곳에는 인터뷰했던 CEO가 언급한 핵심 내용이 있다.

이 책은 5부로 되어 있으며, 각 부에는 미래의 리더가 이해하고 습득해야 하는 필수 요소들이 있다. 1부에서는 리더십의 현재 위기와 영향을 정의한다. 2부에서는 리더십의 미래를 형성하는 트렌드와 이러한 트렌드가 미래의 리더에게 미칠 영향에 초점을 둔다. 이 섹션에서는 또 미래의 리더가 직면하게 될 가장 큰 도전 과제에 대해 살펴본다.

3부에서는 미래의 리더가 효과적으로 리드하기 위해 반드시 가져야 하는 가장 중요한 사고방식에 대해 논의한다. 4부에서는 미래의 리더가 가지고 있어야 할 스킬, 즉 미래의 리더가 어떻게 행동해야 하는지에 관한 것들을 검토한다. 5부에서는 미래의 리더가 되는 방법과 그 여정을 시작하는 방법을 살펴본다.

이 책과 함께 학습할 수 있는 두 개의 온라인 과정도 있다. 첫 번째는 이 책의 핵심 내용을 학습하는 동영상 36여 개와 퀴즈 및 워크시트로 구성된 '미래의 리더 과정'이다. 두 번째는 세계 최고 CEO들의 리더십 팁과 기법을 소개하는 동영상 30여 개의 '리더십 리셋 과정'이다.

* 옮긴이 주: 한글 자막 온라인 과정을 www.vital.co.kr에서 학습할 수 있다.

나는 향후 10년 동안의 리더십 미래를 보고 싶었다. 너무 멀어 비현실적이지도 않고, 실용적일 정도로 가깝기 때문이다. 이 책을 읽고, 앞으로 성공적으로 리드할 수 있도록 리더 자신, 팀이나 조직이 지금 무엇을 해야 하는지 이해하고 실천하도록 하는 것이 목표이다. 이 책의 개념을 실천하기 위해 리더가 될 필요는 없지만, 리더가 되거나 리더가 되고 싶다면, 이것을 반드시 실천을 해야 한다. 이 책의 내용은 현재의 비즈니스 세계에서도 중요하지만, 미래에는 공기와 물처럼 될 것이다.

이 책에 설명된 스킬과 사고방식을 습득하고, 주변 사람들도 함께 실천할 수 있도록 돕는 리더는 직원들이 실제로 출근하고 싶은 조직을 만들 수 있을 뿐만 아니라, 더 좋은 세상을 만들 수 있다는 것을 알게 될 것이다.

이제 기차에서 내릴 때이다.

제이콥 모건(Jacob Morgan) 캘리포니아, 앨러미다(Alameda, California)

제1부

리더의 역할은 무엇인가

1장
리더십에 문제가 있다

지금 소속한 회사에는 리더가 몇 명 정도인가? 국가에는? 전 세계에는? 미래의 리더를 살펴보려면, 현재 리더가 어느 정도 있으며, 리더십이 효과적으로 발휘되고 있는지 파악해 볼 필요가 있을 것이다.

미국의 경우, 약 2,500만 명의 리더가 있다. 미국 직장인 6명 중 1명 정도 된다. 영국은 약 500만 명이며, 비슷한 비율이다. 맥킨지는 2030년에 전 세계 근로자가 약 35억 명에 이를 것으로 예측했다(McKinsey, 2012). 국제 노동 기구(ILO)는 자영업을 하는 사람을 2020년 기준 45%로 추정하는데, 2030년 까지 전체 노동력의 50%가 자영업을 할 것이라고 가정하면, 17억 5천만 명 이 고용된 사람이다(OECD, n.d.). 리더 1명당 권장되는 직원 수는 4명~20명으로 다양하다. 이렇게 보면, 전 세계 리더의 숫자는 대략 8,750만~4억 3,750 만 명이 된다. 자영업자들도 정규 직원을 고용하고 있어 실제로는 더 많을 것 이다. 리더가 엄청나게 많다! 리더는 조직에 미치는 영향력이 크기 때문에 적 합한 사람이 그 자리에 있도록 해야 된다. 우리 모두는 우리의 직장을 좋아할 (또는 사랑할) 자격이 있고, 이것은 합당한 리더가 조직을 책임지는 것에서부터 시작된다.

리더십은 지금 위기에 처해 있다

안타깝게도, 많은 리더들이 리더십을 효과적으로 발휘하지 못하고 있다. 그것이 데이터로 나타난다. 그들이 나쁜 사람이라는 뜻은 아니지만, 우리가 리더십에 대해 배운 것이 오늘날에는 잘 맞지 않으며, 지금의 리더들은 과거 방법에 익숙해져 있다. 이것은 라이트형제 비행기로 훈련을 받고는 현대식 제트기를 조종하려는 것과 비슷하다. 공중에 날 수는 있지만, 멀리 날아가지는 못할 것이다.

인적자본 관리 솔루션을 개발하여 판매하는 얼티밋 소프트웨어(Ultimate Software)의 연구에 따르면, 식원의 80%가 리더 없이 업무를 수행할 수 있으며, 실제로 리더가 필요하지 않다고 생각한다(Ultimate Software, 2017). 글로벌 HR 컨설팅 기업 란드스타드(Randstad)의 연구에서도 2,257명의 설문 응답자 중 거의 절반이 상사보다 일을 더 잘 할 수 있다고 응답했다(Randstad USA, n.d.). 2018년에 실시된 란드스타드 두 번째 연구에 따르면, 직원의 60%가 직속 상사를 좋아하지 않아서 퇴사했거나 퇴사를 고려하고 있다(Randstad USA, 2018). 이 수치만으로도 현재의 리더가 필요하지 않은 것처럼 보인다는 생각을 할 수 있다. 솔직 해지자: 우리 모두는 직장생활을 하는 동안 리더에 대해 그렇게 느꼈던 적이 있다. 나는 그런 경험을 가지고 있다; 사실, 나는 직장에서 리더를 보고, "여기서 도대체 뭘 하실까?"라고 속으로 생각했던 경우가 여러 번 있었다.

갤럽이 7,000명 이상의 미국인을 연구한 것에 의하면, 삶의 질 향상을 위해 상사로부터 벗어나려고, 2명 중 1명이 전체 직장 생활에서 한 번은 실제로 직장을 그만 두었다고 결론지었다(Harter, 2015). 그 점에 대해서 잠시 생각해 보자. 매우 암울한 통계이지만, 우리 모두가 공감할 수 있는 통계이다. 동일한 연구에 따르면, 리더는 직원 몰입도에 70% 이상을 차지한다. 영국에서도 인디펜던트(Independent)가 발표한 연구에 따르면, 영국 근로자의 거의 절반이 자신이 상사보다 더 잘할 수 있다고 믿고 있다(Bailey, 2017). 더 놀라운 사실은 13%는 상사가 위험할 정도로 무능하다고 응답했다는 것이다.

또 전 세계 직원의 15%만이 업무에 몰입하고 있다는 사실을 발견한 글로벌 몰입도에 대한 갤럽의 연구도 있다. 연구에 따르면, "모든 직원이 상사를 싫어하는 정도로 회사를 싫어하지는 않는다. 특히 우수 인재는 회사를 보고 입사를 해서 상사 때문에 그만 둔다"(Clifton, 2017).

리더가 우리를 어떻게 실망시키고 있는지에 관해서만도 책을 쓸 수 있다. 리더들은 우리가 존경하고, 닮고 싶은 사람들인가? 리더들은 우리 조직을 이끌고 우리가 미래를 창조하는 데 도움을 주는 사람들인가? 이러한 데이터는 현재의 리더십에 대한 암울한 그림을 그리고 있지만, 미래를 바라볼 때 더 좋아 보이지 않는다.

가장 최근의 "글로벌 리더십 전망(Global Leadership Forecast)" 보고서에서 글로벌 리더십 컨설팅 그룹 DDI(Development Dimensions International)가 전 세계 25,000명 이상의 리더를 대상으로 설문 조사를 실시한 결과, 42%만이 조직 내부의 전반적인 리더십 수준이 높다고 답했다(DDI, 2018). 더 충격적인 것은 조직의 14%만이 DDI가 말하는 강력한 "후계자(bench)"를 보유하고 있다는 것이다. 이들은 은퇴를 하거나 이동하는 사람들을 대체할 수 있는 준비된 리더이다. 즉, 리더 자리를 대신할 사람이 없다는 것이다. 스포츠 팀조차도 누군가 다쳤을 때 교체할 수 있는 선수들이 벤치에 있지만, 회사에는 그렇지가 않다. 아마도 이것은 우리의 리더십 개발 모델이 변하지 않기 때문일 것이다. 이것은 우리가 지금 리더를 육성하는 방법이 더 이상 효과적이지 않다는 것을 의미한다.

"리더십 개발 현황"을 조사한 또 다른 DDI 보고서에서 설문 조사에 응한 조직의 절반은 리더가 현재 조직을 효과적으로 이끌기에 능숙하지 않다고 답했으며(DDI, 2015), 71%는 리더가 조직을 미래로 이끌 준비가 되어 있지 않다고 답했다. 세계적인 리더십 개발 기관인 CCL(Center for Creative Leadership)의 "리더십 갭"이라는 제목의 연구에서 유사한 결과가 발견되었다. "리더는 미래에 대한 적절한 대비가 되어 있지 않다"는 것이다. 오늘날의 리더십 역량은 미래의 리더십 요구를 충족하기에 충분하지 않다. 이 결과는 국가, 조직 및 조직 내의 직급을 망라해서 일관된다(Leslie, 2015). 세계 경기 흐름을 연구하는 컨퍼런스 보드(Conference Board)는 DDI와 협력한 "Ready-Now Leaders"보고서에서 경영진의 85%가 자신의 후계자에 대해 확신을 하지 못한다는 사실을 발견했다(DDI, 2014).

36개 국가에서 10,000명의 응답을 수집한 딜로이트(Deloitte)의 가장 최근 설문 조사에서 밀레니얼 세대의 71%는 리더십 스킬이 개발되는 방식에 만족하지 않기 때문에 향후 2년 내에 직장을 떠날 것으로 예상한다고 응답했다(Deloitte, 2019). 이는 새로운 세대의 직원들이 리더십 역할을 수행하기를 원하지만, 조직에서 이것이 가능하도록 노력을 기울이지 않는 것으로 인식하여 불안해 한다는 의미이다.

전 세계적으로 리더십 관련해서 문제가 있다. 그렇지 않으면, 관련 수치가 이렇게 심각하지 않을 것이다. 거의 모든 지표가 지금 문제가 있다고 말하고 있지만, 대부분의 조직과 현재 리더는 문제를 해결하기 위해 별다른 조치를 하지 않고 있다. 자동차를 운전하는 중에 "엔진 점검" 경고가 켜지고, 계속해서 타이어 압력 경고, 연료 부족 경고, 배터리 경고가 표시된다고 잠시 상상해 보자. 온통 빨간색이다. 그런데 온 가족이 함께 차를 타고 있다. 목적지까지 가기 위해 계속 운전을 하겠는가? 그렇지 않기를 바란다. 그러나 비즈니스 세계에서 우리는 지금 그러한 상황 속에 있으며, 우리 모두가 같은 자동차를 타고 있다!

이제 바꿔야 할 때이다

앞에서 제시된 데이터를 보면서 나는 화가 났고, 좌절이 되고, 슬펐다. 우리 모두가 그래야 한다고 생각한다. 이것은 우리가 뭔가를 하지 않는다면, 현재와 미래에 수많은 미숙한 리더가 이끌어 가는 세계에서 일할 것임을 의미한다. 이것은 글로벌 리더십에서 수백만 개의 빈 자리가 있는 것과는 다르다.

앞의 수치에서 알 수 있듯이 리더십 역할을 맡고 있는 사람들이 많지만, 제대로 된 리더는 많지 않다는 것이다. 나는 리더십이 이 책에서 설명된 사고방식과 스킬을 진정으로 실천하는 사람들에게 주어져야 할 특권이라고 절대적으로 믿는다. 그런데 조직에는 향후 몇 년 간 계속 증가할 수밖에 없는 엄청난 리더십 갭이 있다. 이 갭을 좁힐 수 있는 조직은 앞으로도 계속 번창할 것이며, 미래의 리더가 될 수 있는 사람이 바로 이러한 조직을 이끌어 갈 사람이다. 지금도 놀라운 리더들이 있으며, 이 책을 위해 그들 중 꽤 많은 사람들을 인터뷰했지만, 그러나 충분하지 않다. 이 책과 함께 동영상 온라인 과정들이 미래 리더를 양성하는 데 도움이 되도록 하는 것이 나의 간절한 소망이지만, 그 변화를 현실로 만들어야 하는 사람은 바로 당신이다.

　다행히도 이 책은 '주목할 9가지 스킬과 사고방식'을 실천하는 방법에 대해 안내할 것이다. 이것은 세계 최고의 비즈니스 리더가 미래 리더에게 가장 중요하다고 판단한 '4가지 사고방식'과 '5가지 스킬'에 관한 것이다. 이것은 전 세계의 많은 조직과 개인이 경험하고 있는 리더십 위기에 대한 해결책이다. 이 책의 끝에서 당신은 미래의 리더가 되는 길을 찾을 수 있을 것이다. 자, 시작하자.

2장
리더십에 대한 3가지 중요한 질문

미래의 리더에 대해 이야기하려면, 먼저 리더에 대한 3가지 중요한 질문에 답해야 한다.

리더십이란 무엇이며, 누가 리더인가?

리더인가, 관리자인가?

2030년의 리더는 오늘날의 리더와 다를까? 다르다면, 어떻게 다를까?

리더십이란 무엇이며, 누가 리더인가?

인터뷰했던 CEO들이 대답하기 가장 어려워했던 질문은 "리더십을 어떻게 정의하는가?"였다. 전화로 이 질문을 했을 때, 긴 침묵이 이어지거나 "정말 좋은 질문이다."와 같은 대답을 나는 받았다. 그리고 가장 일반적인 반응은 "음, 아무도 내게 그런 질문을 한 적이 없었다."였다. 나는 머릿속에서 "뭐라고요? 무슨 말입니까? 아무도 물어 보지 않았다고요? 당신은 수천 명의 직원이 있는 수십억 달러의 회사를 이끌고 있는 데도요!"라고 생각했지만, 실제로 그렇게 말한 적은 없다. 그렇게 말했다면, 통화는 끊어졌을 것이다. 나는 이것에 대해 생각하다가 이해가 되기 시작했다. 우리는 리더십의 개념을 당연하게 받아들이고, 누가 리더인지 우리 모두가 알고 있다고 생각한다. 물을 정의하려는 것과 비슷하다; 우리는 물이 뭔지 알기 때문이다. 하지만 물을 본 적이 없는 사람에게 물을 어떻게 정의하겠는가? 맑고 무미한 액체라고 말하겠는가? 수십 개의 액체가 맑고 맛이 없다. 리더십도 동일하다; 어떤 형태로든 어디에나 존재한다. 직장에서, 운동 경기장에서, TV 시청 중에, 쇼핑할 때 등 매일 경험한다. 마치 공기와 같이 우리의 주변에 있고, 그 결과 우리는 그것이 실제로 무엇인지, 누구가 리더인지를 질문하지 않는다.

잠시 생각해 보자. 리더십을 어떻게 정의하겠는가? 옳은 일을 하는 것인가? 특정 수준의 성과를 달성하거나 비즈니스 결과를 창출하는 것인가? 따르는 사람이 있는 것인가? 다른 사람들에게 영감을 주고 동기를 부여하는 것인가? 비전을 설정하고 사람들을 그 방향으로 이끌어 가는 것인가?

히틀러는 리더였는가? 마더 테레사, 에이브러햄 링컨, 다스 베이더(Darth Vader), 징기스칸, 엘리자베스 1세, 일론 머스크, 제프리 스킬링(Jeffrey Skilling), 르브론 제임스(LeBron James), 알 카포네(Al Capone)는 어떤가? 이 사람들은 좋든 나쁘든, 허구든 실제든 위의 기준 중 일부를 충족한다.

"리드(lead)"라는 단어는 900년으로 거슬러 올라갈 수 있으며, "길을 보여주기 위해 앞에 또는 함께 가다"라는 의미이다. 리더는 이 일을 하는 사람이다. 이 정의에 따르면, 앞에서 언급한 사람들 모두 리더라고 할 수 있다. 이 사람들을 구분하는 것은 그들이 다른 사람들을 인도한다는 사실이 아니다; 다른 사람들을 인도하는 방향과 그들이 안내하는 길이다. 히틀러는 악, 전쟁, 죽음의 방향을 선택했다. 반면, 테레사 수녀는 친절과 봉사, 감사의 방향을 선택했다. 오늘날 많은 리더들이 잘못된 길을 가고 있다. 리더의 책임이 다른 사람들에게 길을 안내하는 것이라면, 그 방식은 어떤 모습일까?

내가 인터뷰한 CEO들로부터 리더십 정의에 대한 질문에 중복된 답변을 듣지 못했다. 물론 이 책에서 살펴볼 몇 가지 공통 요소가 있지만, 그들의 정의는 모두 달랐다. 이 CEO들은 리더에 대해 다른 특성을 부여했다. 일부는 공감, 다양성, 겸손과 같은 인간적인 측면에 초점을 둔 반면, 다른 일부는 목표 달성, 우선순위 결정, 비전 설정과 같은 비즈니스에 초점을 맞추었다. 물론, 이 두 가지 측면의 균형을 찾으려는 CEO들도 있었다.

　여기 세계 유수 기업 CEO 140명이 있는데, 모두 리더십을 다르게 정의한다. 어떻게 그럴 수 있을까?

　이 질문을 통해 두 가지 교훈을 얻었다. 첫 번째 놀라운 점은 리더들이 리더십이 무엇을 의미하는지 스스로 묻지 않는다는 것이다. 그뿐만 아니라 조직에서도 다루지 않는다. 완전히 당연한 것으로 받아 들여지거나 모두가 좋은 리더를 볼 때, 좋은 리더십을 안다고 가정했을 수도 있다. 두 번째는 리더와 조직에 따라 리더십이 다르게 정의된다는 것이다. 리더십에 대한 공통적이거나 보편적인 정의가 없다. 우리 모두가 개인적으로 일을 한다면, 괜찮을 것이다. 하지만 우리는 그렇지 않다; 우리는 모두 그룹, 팀 또는 조직에 소속되어 있다. 즉, 뛰어난 리더가 되거나 뛰어난 리더를 육성하기 위한 첫 번째 단계는 리더십이 무엇을 의미하는지, 그것이 조직 또는 개인 생활에 어떻게 적용되는지 정의하는 것이다.

CEO들은 리더십을 어떻게 정의할까?

다음의 CEO들이 리더십을 어떻게 정의하는지 잠시 살펴보자.

　주디 막스(Judy Marks)는 70,000명의 직원이 있는 오티스(Otis) 엘리베이터 CEO이다. 그녀는 리더십을, "나는 리더십을 실제로 결과를 이끌어 내는 능력이라고 생각하며, 여기서 그 '결과'의 영역은 보편적인 해석에 맡기겠다. 리더십 측면에서 나의 역할은 비전을 설정하고 공유하는 것이다. 직원들이 미션에 공감할 뿐만 아니라, 그것을 달성할 수 있는 환경을 만드는 것이다. 우리 팀이 성공할 수 있도록 장애물을 제거하는 것이다. 이러한 것들이 리더십의 일부라고 생각한다."라고 했다.

마리사 메이어(Marissa Mayer)는 Yahoo! 전 CEO이다. 그녀를 만났을 때, 그녀는 리더십에 대한 정의를 "오늘보다 더 나은 내일 또는 오늘보다 더 나은 결과 창출을 믿도록 돕는 것"이라고 말했다.

마크 허드(Mark Hurd)는 137,000명이 넘는 직원이 있는 정보 기술 및 서비스 회사인 오라클의 CEO였다. 텍사스 달라스에서 HCM 월드 컨퍼런스에서 기조연설을 한 직후에 우리는 만났다. 안타깝게도 우리가 만난지 몇 달 만에 그는 세상을 떠났지만, 우리가 함께 보낸 시간은 깊은 인상을 남겼다. 그가 말한 내용은 다음과 같다: "리더십의 가장 기본적인 정의는 목적지를 설정하는 것이다. 그 목적지에 도달하기 위한 전략을 수립하고, 그것을 실행하기 위해 자원을 조정하고 공급하기 위해 최선을 다하는 것이다."

빌 토마스(Bill Thomas)는 200,000여 명의 직원이 있는 KPMG의 글로벌 회장이다. 그는 리더십을 다음과 같이 정의했다: "미래에 대해 열심히 생각하고, 그 새로운 세상에서 조직이 성공할 수 있는 가장 좋은 위치에 대한 비전을 설정한다. 그 비전을 전달할 수 있는 다양한 리더십 팀을 구성한다. 그 비전과 사업 계획을 직원들에게 의미 있고 개인적인 것으로 만들어서 전달한다. 사업을 하는 시장뿐만 아니라, 소속된 사회에 미치는 영향을 이해하기 위해 비즈니스 외부 세계와 연결되어 있도록 하는 것이다."

한스 베스트베리(Hans Vestberg)는 152,000여 명의 직원이 있는 미국의 다국적 통신기업인 버라이즌(Verizon) CEO이다. 그는 리더십은, "직원들이 조직의 미션을 달성하는 데 필요한 모든 것을 갖도록 하는 것이다. 그것이 전부다. 나머지는 모두 각주다."라고 믿는다고 했다.

어떤 리더십 정의에 공감하는가? 이 CEO 모두는 리더십에 대해 자신의 독특한 방식으로 생각하고 정의했다. 그게 바로 핵심이다. 그들 모두 맞다. 그들은 리더십에 대한 자신의 정의를 가지고 있으며, 이것은 조직에 들어오는 사람들의 유형, 형성되는 문화 및 가치, 비즈니스 전략 방향 및 우선순위에 영향을 미친다. 리더십의 정의는 그 조직의 리더가 바뀜에 따라 변경될 수 있다. 아마도 가장 좋은 예는 마이크로소프트 전 CEO인 스티브 발머(Steve

Ballmer)가 경영했던 때에서 현재 CEO인 사티아 나델라(Satya Nadella)로 바뀌면서 어떻게 진화했는지를 보는 것이다. 두 리더는 기업 성과 관점에서 매우 성공적인 CEO로 언급되지만, 그들의 스타일은 근본적으로 다르다.

발머(Ballmer)는 열정적인 리더였고, 전투적이며 스포트라이트를 즐기는 것으로 유명했다. 그는 많은 사람들이 "유명 인사(celebrity) CEO"라고 생각하는 유형이다. 그는 경쟁적이었고, 직원들 간에도 이 경쟁을 장려했다. 그는 또 직원들을 성과에 따라 구분하는 것을 믿었다. 예를 들어, 직원의 10%는 성과가 높은 사람, 10%는 성과가 저조한 사람, 80%는 여전히 가치 있는 사람으로 간주했다. 다른 리더들은 자기 직원들을 이 기준에 따라 강제 배분해야 했다. 한때 스티브 발머는 세계 최대 규모의 직장 평가 사이트인 글래스도어(Glassdoor)에서 39%의 지지율로 가장 낮은 CEO였다. 그럼에도 불구하고 많은 사람들은 새로운 CEO 사티야(Satya)가 발머가 아니었다면, 성공하기 어려웠을 것이라고 믿는다.

사티야가 취임했을 때, 직원들에게 보낸 첫 번째 편지에는 그의 가족이 그의 삶에서 중요한 역할을 한다는 것을 강조했다. 그는 "모든 것을 아는" 문화에서 "모든 것을 배우는" 문화로 옮기고 싶다는 유명한 말을 했다. 그는 다양성과 포용, 경쟁 대신 협력, 열린 마음, 다른 관점과 아이디어를 장려하고, 선한 영향력을 발휘하는 것 등에 대한 큰 옹호자이다. 그는 공감에 기반한 문화를 만들고 싶었다. 그는 부임 초기에 직원들에게 '비폭력 커뮤니케이션(Nonviolent Communication)' 책을 읽으라고 요청했다. 이 글을 쓰는 시점에 그는 직원들로부터 96%의 지지를 받았으며, 주가는 3배 이상 상승했다. 발머의 재임 기간 동안 마이크로소프트의 시가 총액은 약 3,000억 달러였지만, 지금은 약 9,000억 달러에 달한다.

우리는 실제로 협업, 팀워크, 공동 창조로 더 많은 변화를 보고 있다.

에릭 앤드슨(Erik Anderson)은 20,000여 명의 직원이 있는 탑골프 엔터테인먼트 그룹(Topgolf Entertainment Group) CEO이다. 그는 또 싱귤래리티 대학(Singularity University)의 총장이기도 하다. 그는 "커뮤니티와 회사 내에서 성공하려면, 경쟁 대신 협업하는 방법을 배워야 한다. 그러면 더 빨리 성장할 수 있다. 홀로 서서 항상 경쟁하는 것은 위험한 전략이므로, 경쟁에서 협업 및 공동 창조로 이동하는 것이 중요하다."라고 내게 말했다.

조직의 리더십 필터는 무엇인가?

조직에서 할 수 있는 최악의 일은 리더십이 무엇인지, 리더가 된다는 것이 무엇을 의미하는지에 대한 명확한 정의가 없는 것이다. 리더십 정의가 완벽하지 않고 확실하지 않더라도 일단 시작을 하고 개선해 가야 한다. 나는 체스 두는 것을 좋아하는데, 체스에서는 계획이 없는 것보다 나쁜 계획이라도 있는 것이 낫다는 말이 있다.

이것이 많은 조직에서 존경 받고 사랑 받는 리더가 있고, 미움 받고 피하는 리더가 있는 이유이다. 각 리더들은 자신을 승진시킨 사람들의 리더십에 대한 정의의 결과로 그 위치에 올랐기 때문이다.

그러나 리더십이 무엇이며, 리더가 누구인지에 대한 정의가 공유된다면, 이런 일이 일어날 가능성은 극적으로 감소할 것이다. 여기에서 또 다른 중요한 측면은 적합한 리더가 직원들을 책임지는 위치에 있도록 조직에서 필터를 가지고 있어야 한다는 것이다. 필터는 조직에 따라 다양할 것이다. 고려해야 할 몇 가지 사항은 다음과 같다:

◆ 비즈니스 및 재무 목표 달성
◆ 동료 및 상사의 긍정적인 평가
◆ 팀원 지원 및 육성
◆ 팀 및 조직 간 협업
◆ 높은 도덕적, 윤리적 기준
◆ 다양하고 포용적인 환경 조성
◆ 직원을 몰입시키고, 권한을 부여하고, 영감을 주는 능력

◆ 지속적으로 수준 높은 업무 성과 창출

이것을 조직의 거름망처럼 생각하자. 적합한 사람만을 필터가 골라내도록 해야 한다.

페이스북은 실제로 직원 보상 기준을 사회 문제에 대한 진전과 사회적 이익에 초점을 맞춘 몇 안되는 조직 중 하나이다. 전통적으로 직원들은 합당한 수익, 개인 목표, 개인 성과 및 회사 성과를 기준으로 평가되었다. 사회적 이익에는 증오 발언 제거, 보다 투명한 회사 만들기, 중소기업 지원 등이 포함되었다. 페이스북이 이것을 필터의 핵심으로 만들었기 때문에 그들이 영입하고 육성하는 리더 유형은 단지 돈에 의해 동기부여되는 것이 아니라, 이러한 문제에 관심을 갖고 초점을 맞추는 사람들이다(Hamilton, 2019). 직원 경험에 관한 나의 책에서 페이스북이 252개 조직 중에서 1위를 차지한 것은 우연한 일이 아니다.

IBM은 리더십 역할에 가장 적합한 후보자를 유치, 선발, 육성, 승진시키기 위해 만든 집중적인 미래 리더십 프로그램을 시작했다. 테크놀로지를 활용한 평가를 통해 IBM은 회사에서 성공적인 리더가 되기 위해 필요한 스킬과 사고방식을 찾아냈다. 여기에는 상황 판단, 인지 능력, 탐구, 성장 마인드 등이 포함된다. 다시 말해, 그들은 일반적인 성과 척도를 뛰어넘는 IBM 리더십을 파악하고 필터를 만들었다. 디지털 평가는 가상 회사에서 현장 리더 생활의 하루를 탐구하는 비디오 시나리오 형식이다. 현장 리더 생활의 하루 중 다양한 상황에서 참가자에게 의사결정을 하도록 요청하여 그 결과를 보고 평가한다. 이 의사결정을 바탕으로 IBM은 원하는 스킬과 사고방식 수준에 대해 측정을 한다(IBM, n.d.).

당신 조직에서는 리더가 된다는 것이 무엇을 의미하는지를 알고 있으며, 미래의 리더에게 필요한 스킬과 사고방식을 파악하고 있는가? 대부분의 조직에서 대답은 '아니요'이다. 이런 일들을 명확하게 이해 못한다면, 어떻게 미래에 리드를 잘 할 것이라고 기대할 수 있겠는가?

  조직의 필터가 순전히 목표를 달성하고, 프로젝트 기한을 맞추고, 수익을 내는 능력을 기반으로 한다면, 결국 그런 유형의 사람들이 리더십 역할을 맡게 될 것이다. 이것은 금융과 같은 산업에서 일반적이다. 18년 전에 모건 스탠리(Morgan Stanley)에서 인턴을 했던 때를 나는 결코 잊지 못한다. 실제로 나를 채용했던 부사장은 많은 새로운 사업을 시작했기 때문에, 그 직책으로 승진했다. 내가 인턴십을 시작한지 몇 주 후 그는 일부 거래가 실패하고, 회사에 새로운 거래를 가져올 수 없었기 때문에 해고되었다. 이것은 그곳에서 일하는 리더들에게 공통적인 일이었다; 이 사람들은 수익을 이유로 승진을 했다. 나는 이 인턴십 덕분에 금융 분야에서 근무하는 것이 나에게 맞지 않다는 것을 깨닫게 되었다.

  필터가 다른 사람을 코칭하고 멘토링하는 데 중점을 두고, 비즈니스의 인간적인 측면에 더 맞춰져 있다면, 결국 그런 유형의 사람들이 리더 역할을 맡게 될 것이다. 어떤 유형의 사람들이 회사를 이끌어 가기를 원하고, 그런 사람들이 실제로 리더 위치에 있도록 하기 위해 어떤 필터를 갖고 있는가?

리더십을 정의하라

리더십이란 무엇인가? 누가 리더인가? 나는 표준 정의가 있다고 생각하지 않지만, 무언가에서 시작해서 만들어 간다면, 그것이 사업과 인간성이 조화를 이루도록 할 것이다.

  리더는 지금보다 더 나아질 수 있다는 것을 보는 능력을 갖고 있고, 직원들이 더 나은 비전을 향해 나아가도록 결집시킬 수 있고, 그 비전을 실현하기 위한 계획을 내놓을 수 있고, 직원들을 최우선으로 하면서 그 비전 달성을 위해 노력할 수 있는 사람이다.

  짐 캐버노(Jim Kavanaugh)는 미주리에 본사를 둔 5,000여 명의 직원이 있는 기술 서비스 제공 업체인 월드 와이드 테크놀로지(World Wide Technology) CEO이다. 그는 세계 최대 규모의 직장 평가 사이트인 글래스도어(Glassdoor)에 의해 최고 CEO 중 한 명이 되었으며, 그의 회사는 수년 동안 일하기 좋은 직장으로 선정되었다.

그는 현재와 미래의 리더에게 훌륭한 조언을 한다:

리더는 세부 사항을 기꺼이 파헤쳐야 되지만, 한 걸음 뒤로 물러서서 30,000 피트 높이에서 사물을 볼 수 있어야 한다. 당신이 산 꼭대기에 앉아 있거나 공중을 날며 지상의 움직임을 살피는 독수리라면, 무슨 일이 일어나고 있는지 잘 볼 수 있을 것이다. 당신 조직과 관련하여 가장 중요한 것이 무엇인지 자문해 보라. 무엇을 성취하려고 노력하는가? 직원들이 어떻게 행동하기를 원하는가? 무엇을 창출해 내기를 원하는가? 그리고 당신은 어떤 영향을 미치고 있는가?

리더인가, 관리자인가?

누군가를 관리자로 만들고, 누군가를 리더로 만드는 것은 무엇인가? 이것도 나의 책 '일의 미래(The Future of Work)'에서 탐구한 것이었지만, 여기서 잠깐 다룰 가치가 있을 것 같다. 어떤 사람들은 관리자와 리더를 구별하는 것은 순전히 의미론적이라고 말하는 반면, 다른 사람들은 완전히 별개의 두 유형의 사람이라고 확신하고 있다. 우리는 일반적으로 관리자는 목표를 설정하여 그것을 실행하기 위해 조직을 구성하고, 문제를 해결하는 것 등을 한다고 생각한다. 반면에 리더는 우리가 선견지명이 있다고 믿는 사람들이다. 이들은 비전을 설정하여 공유하고, 다른 사람들에게 영감을 주고, 동기를 부여하고, 격려하는 사람들이다. 그들은 현실 안주를 타파한다. 그들은 더 나은 세상을 보고, 그것을 만들기로 결심한다. 그러나 이 두 사람이 서로 다른 이유는 무엇인가? 직원들을 책임지는 사람은 누구나 이 두 가지 모두 탁월해야 하지 않을까? 나는 조직 내에서 누구나 리더가 될 수 있지만, 관리자는 반드시 리더이어야 한다고 굳게 믿고 있다.

직장에서 우리가 사용하는 단어는 매우 중요하기 때문에 "관리자(manager)"라는 단어를 사용하지 않는 것이 좋겠다고 생각한다. 지금은 부정적의미의 단어로 바뀌었는데 왜 사용하는가? 관리 받기를 원하는가? 영화 "뛰는 백수, 나는 건달(Office Space)"에서 묘사되는 것과 같은 틀에 박힌 관리자를위해 일하고 싶은가? 아무도 관리를 받기 원하지 않으며, 실제로 많은 사람들이 더 이상 관리자라고 불려지길 원치 않는다.

누구나 리더가 될 수 있다; 누구를 이끌고 있는지의 문제이다. 예를 들어자신을 이끌 수도 있고, 소규모 팀이나 부서 또는 조직 전체를 이끌 수도 있다. 그러나 여기에는 주의 사항이 있다. 이것은 단순히 호칭이나 직위 변경이아니다. 이것은 스킬과 사고방식의 변화이며, 이 책에 설명된 스킬과 사고방식을 수용할 수 없다면, 리더가 될 자격이 없다. 현재 리더십 직책에 있고, 여기에 설명된 스킬과 사고방식을 가지고 있지 않다는 것을 알게 되면, 이것을배우고 실천하는 것은 당신의 책임이다. 그렇지 않으면 더 이상 리더가 되지못할 것이다. 사랑의 매 방식이지만, 유일한 방법이기도 하다. 미래에는 미숙한 리더가 있을 곳이 없다.

딜로이트의 최근 연구 보고서는 미국에서 5,000명 이상의 지식 근로자를대상으로 설문 조사를 했으며, 72%는 "오늘날 세계에서 '리더'가 무엇인지에대한 새로운 정의가 필요하다"라고 말했다(Deloitte, 2018년 6월). 이 수치가 향후10년 동안 얼마나 증가할 것인지 상상해 보라.

2030년의 리더는 오늘날의 리더와 다를 것인가?

조직은 더 이상 직원이 단지 월급을 받고 일을 하는 장소가 아니다. 그런 조직은 대부분의 현재 리더들이 익숙한 세상이지만, 이제 조직은 재무 설계사, 건강 및 웰빙 센터, 케이터링, 학습 센터, 탁아소, 경력 상담사, 생활 자문, 우리가 즐거움을 누리며 친구를 사귀는 장소, 자선 단체 등이다. 우리는 일과 삶의 통합을 보고 있으며, 우리 중 많은 사람들은 근무시간이 이전처럼 길지 않다. 이것은 대부분의 리더에게 익숙한 조직 형태가 아니지만, 우리 모두가 속한 조직이다.

세상과 비즈니스가 빠르게 변하고 있으므로 두 가지 중요한 질문을 해야 한다. 향후 10년 안에 리더십은 오늘날과 다를까? 다르다면 어떻게 다를까?

내가 인터뷰했던 CEO 중 소수는 리더십이 엄청나게 바뀔 것이라고 말했고, 약간 더 많은 사람은 리더십이 지금과 거의 동일하게 유지될 것이라고 말했다. 그러나 대다수의 CEO들은 비전 설정과 그 비전을 실행하는 것과 같은 기존의 기본 원칙과 아이디어는 그대로 일 것이지만, 미래의 리더는 이러한 것들을 기반으로 새로운 스킬과 사고방식을 더 습득해야 한다고 말했다. 이 것이 바로 이 책의 내용이다.

팀 라이언(Tim Ryan)은 55,000여 명의 직원이 있는 PwC의 회장이다. 우리가 리더십의 미래에 대해 이야기할 때, 그는 "우리 눈앞에서 변화하고 있다. 50년 전이나 25년 전에 뛰어난 리더를 만든 요소가 지금부터 10년 후에는 뛰어난 리더를 만들지 않을 것이다."라고 말했다.

미래에 리더가 되는 것은 가장 어려운 일이며, 이 여정을 시작한다면, 그 것은 직장 생활에서 가장 큰 도전 중 하나가 될 것이지만, 가장 보람 있는 일 이 될 것이다.

숀 리그세커(Shawn Riegsecke)는 약 700명의 직원이 있는 디지털 광고 소프트웨어 회사인 센트로(Centro) CEO이다. 우리는 이것에 대해 길게 이야기했고, 그는 이 보석 같은 말을 했다:

> 뛰어난 리더가 되는 지름길은 없다. 사실, 거기에 도착하는 데는
> 시간이 걸리고, 그 여정에서 기복이 있을 것이다. 원하는 것을 얻
> 으려면, 다음날 조금 더 잘할 수 있는 자신감을 주는 일을 해야

한다. 아무도 실패를 좋아하지 않는다. 실패는 단순히 피해야 할 것이 아니라, 도전과 학습 기회이다. 불편함을 느끼고, 자신의 안전 지대를 벗어나는 것이 가장 큰 성장 지점이라고 생각한다. 당신은 삶에서 진정한 차이점을 만들기 위해 '편안함'에서 불확실성으로 발을 들여놓아야 한다.

변화는 약간 두렵고 불편한 것은 당연하지만, 그가 말했듯이 진정한 성장이 일어나는 곳이다. 뛰어난 미래의 리더가 되고 싶다면, 이 책을 계속해서 읽기 바란다.

3장
리더의 영향력

존경하고, 닮고 싶은 리더는 누구인가? 아직 만난 적은 없지만, 크게 성공한 회사 경영자를 생각할지 모르겠다. 그 리더가 큰 회사를 경영하면서 직원을 제대로 대하지 않는다고 가정해 보자. 그 리더는 직원들에게 낮은 임금을 주고, 전화나 회의에서 직원들을 인신공격하고, 부당한 시간 일하도록 강요하고, 그야말로 직원들을 부품처럼 대하면서, 그 회사가 환경이나 지역 사회를 해치고 있다고 생각해 보자. 그 리더가 이익을 위해 떳떳하지 못한 비즈니스 방식을 사용한다면 어떨까? 그 리더가 사회적 대의를 위해 싸우지 않는다면 어떨까? 그 리더가 비열한 사람이라면 어떨까? 사업에서 많은 수익을 내고 있음에도 불구하고, 그 사람을 리더라고 생각하겠는가? 그런 사람을 위해 일하고 싶은가?

뛰어난 리더와 불량한 리더가 조직에 미치는 영향

내가 인터뷰했던 거의 모든 CEO와 대부분의 사람들은 성공적인 리더를 사업을 성장시킨 사람 위주로 이야기했다. 일부에게는 그 정도면 되겠지만, 미래의 리더가 될 우리에게는 사업 성장만으로는 충분하지 않다.

29

이것은 90,000명 이상의 직원이 있는 자동차회사 아우디(Audi) CEO 아브라함 스캇(Abraham Schot)을 인터뷰했을 때, 특별히 언급되었다. 그는 "리더십은 한 걸음 더 나아가 다른 사람들이 해결할 수 없는 문제를 해결하는 것이다. 무엇보다도 리더십은 숫자뿐만 아니라, 사람들을 보살피는 것이다."라고 나에게 말했다.

내가 인터뷰했던 몇몇 CEO들은 가족 구성원, 자신을 멘토링했던 과거 리더, 자신이 속한 자선 단체 또는 종교 단체의 리더를 존경한다고 언급했다. 리더가 누구이며, 왜 그런지에 대한 인식을 바꿔야 한다; 돈에 관한 것만이 아니다.

리더는 세계를 만드는 것을 도우며, 특히 우리가 그들과 함께 일할 경우, 우리의 삶에 큰 영향을 미친다. 당신은 뛰어난 리더와 불량한 리더들과 함께 일할 때의 영향을 경험했을 것이다. 불량한 리더를 위해 일할 때, 직원들은 부품처럼 느껴진다; 출근하고 싶지 않고, 출근했을 때 그를 보지 않으려고 애쓴다. 그들은 직원들 스스로를 의심하게 만든다; 그들은 직원 몸에서 영혼과 의미를 빼앗고, 그들과 함께 일하는 동안, 직원들의 삶을 망칠 수 있지만, 그들은 사업으로 돈을 벌기도 한다.

불량한 리더는 직원들을 지치게 하고, 영감을 얻지 못하게 만들고, 배우자와 논쟁을 더 많이 하게 하고, 탈진할 정도로 혹사시킨다. 이것은 건강에 도움되는 운동을 하거나 자신이나 가족을 위해 할애할 시간이 없음을 의미한다. 나는 기업에 처음 입사했을 때 이런 리더들 몇 명과 함께 일했고, 하루 중 최악의 순간은 알람 시계가 오전 5시에 울려 나를 깨웠을 때였다. 나는 WD-40 컴퍼니 CEO인 게리 리지(Garry Ridge)의 용어인 "영혼을 빼앗는 CEO"를 만났다는 것을 알았다. 이런 리더는 조직과 직원들에게 해롭다. 이런 유형의 리더들과 함께 일하기에는 인생이 너무 짧고, 이런 유형이 직속 상사로 있는 경우에는 특히 더 그렇다.

불량한 리더

맨체스터 경영대학원은 1,200명을 대상으로 리더의 영향력을 조사했다. 불량한 상사와 일하는 직원의 업무 만족도가 낮다는 사실에는 놀라지 않을 것이다. 그러나 더 무서운 통계는 불량한 상사의 영향력이 직원의 개인 생활에까지 미친다는 것이다. 이 연구는 자기애 또는 정신병적 상사와 일하는 직원이 우울증을 경험할 가능성이 더 높다는 것을 발견했다. 이러한 상사는 또 공감과 자기 인식이 부족하다. 같은 연구에서 또 이런 상사와 함께 일하는 직원은 서로에 대해 지나치게 비판적이 되고, 다른 사람의 공을 차지하며, 동료 직원에 대해 공격적으로 행동할 가능성이 더 높다는 것을 발견했다. 불량한 상사의 행동은 조직 내부에서 전염되는 것으로 밝혀졌다. 즉, 회사에 이런 리더가 있는 경우, 그 리더의 행동이 바이러스처럼 퍼질 수 있다. 400,000명 이상의 미국인을 대상으로 한 최근 연구에 따르면, 실제로 불량한 상사가 직원에게 심장병을 유발할 수 있음을 발견했다. 그런 리더는 그야말로 직원을 죽일 수도 있다(De Luce, 2019).

아마도 이것은 비즈니스 세계가 이 문제를 해결하는 데 그렇게 힘든 이유를 설명한다. 직장에서의 스트레스를 연구한 자료에 따르면, 직장에서 가장 큰 스트레스를 주는 사람이 '상사'라고 응답한 비율이 제일 높았다(Korn Ferry, 2018). 회사에서 당신을 지지하고 지원하고 격려해야 할 사람이 스트레스의 가장 큰 원인이라는 것인가? 그건 받아들일 수 없다. 리더십 전문기관인 젱거 포크먼(Zenger Folkman)의 연구에 따르면, 영감을 주지 않는 리더는 전체적인 리더십 효과성이 9%에 불과하다. 직원들의 평균 몰입도는 23%에 불과하며, 47%는 그만둘 생각을 한다(Zenger, 2015).

이 문제를 쉽게 해결할 수 있는 방법은 없다. 교육이나 코칭을 할 수 없는 불량한 리더가 조직에 있다면, 회사에서 나가게 하거나 적어도 리더 역할을 맡게 해서는 안된다. 이런 유형의 리더를 제거하는 것은 조직만 구하는 것이 아니고, 그곳에서 일하는 직원들의 생명을 구하는 것이다. 불량한 리더를 갖는 것을 어떻게 정당화할 수 있는가? 돈은 그만한 가치가 없다. 나는 최근에 조직의 변화 요구에 적응할 의지가 없거나 적응할 수 없기 때문에 리더의 30% 이상을 해고하는 라틴 아메리카의 대형 보험회사에 자문을 했다. 심하다고? 그렇다. 그러나 이 조직이 향후에도 계속 사업을 유지하고, 그곳에서 일하는 사람들의 건강을 보존하고 싶다면 필요한 조치라고 생각한다.

뛰어난 리더

반면에, 뛰어난 리더는 정반대의 효과를 나타낸다. 이러한 리더를 위해 일할 때는 출근하는 것이 즐겁다. 직원들은 끊임없이 배우고 성장하며, 자신을 지원하는 진정한 코치와 멘토가 있다고 느낀다. 직원들은 자기 능력에 자신감을 갖게 되고, 조직에 헌신할 마음이 더 생긴다. 때로는 일이 일처럼 느껴지지 않는다. 앞서 언급했던 젱거 포크먼의 연구에 따르면, 뛰어난 리더는 회사 수익을 두 배로 늘릴 수 있다. 불량한 리더십만 전염성이 있는 것이 아니고, 뛰어난 리더십도 전염성이 있다! 연구는 또 당신이 뛰어난 리더라면, 당신도 뛰어난 상사와 일할 가능성이 높다는 것을 발견했다. 당신이 수준 이하의 고위 리더라면 당신과 함께 있는 중간 리더들의 몰입도를 약화시킬뿐만 아니라, 그들과 함께 일하는 일반 직원들의 몰입도를 약화시킬 것이다. 낙수 효과이다. 하지만 정반대도 마찬가지이다. 고위 리더가 역할을 탁월하게 하고 있다면, 함께 일하는 중간 리더들과 이들과 함께 일하는 직원들의 몰입도를 높일 수 있다. 불량한 리더가 조직에 없도록 해야 한다면, 뛰어난 리더는 계속 증가시켜야 하며, 성장할 수 있는 모든 기회를 주고 격려해야 한다.

 최근에 야후의 전 CEO인 마리사 메이어(Marissa Mayer)와 함께 이야기할 기회가 있었다. 내가 사는 곳에서 멀지 않은 팔로 알토에서 그녀를 만났다. 그녀의 직장 생활 때 받은 여러 종류의 기념품으로 가득 찬 사무실에서 우리는 한 시간 동안 이야기를 했다. 토론하는 동안 그녀는 나에게 다음과 같은 말을 했다:

조직을 이끌 때는 항상 사람이 회사에서 가장 중요하다는 것을 생각해야 한다. 그들을 어떻게 모집하고, 동기 부여를 하는지, 전체 미션과 달성하고자 하는 것이 무엇인지에 맞춰 일을 어떻게 부여하는지가 리더십의 핵심이다.

　　"의료 부문의 리더십, 직무 만족도 및 조직 헌신: 모델 제안 및 테스트"라는 연구에 따르면, 중간 리더의 리더십 행동이 직원 직무 만족도의 28%와 직원의 조직 헌신의 20%를 차지한다는 것을 발견했다(Mosadeghrad and Ferdosi, 2013). 글로벌 리더십 컨설팅 회사인 DDI(Development Dimensions International)는 전 세계 약 15,000명을 대상으로 한 연구 결과, 최고 실적과 평균 실적의 차이는 리더의 영향력이 50%라는 사실을 발견했다. 재무 성과를 살펴보면, 최고 수준의 리더를 보유한 조직이 업계 경쟁사를 능가할 가능성이 13배 더 높았다(Tanner, 2018). 또 이러한 조직은 경쟁 회사보다 직원 유지율과 몰입도가 최대 3배까지 높았다.

뛰어난 리더가 더 많이 필요하다

리더의 영향력이 크다는 것은 분명하다. 그것은 행복과 불행의 차이, 번창하는 조직과 간신히 생존하는 조직, 직원들의 삶과 죽음의 차이이다. 지금은 행동할 때이다.

　　볼프 헤닝 슈나이더(Wolf-Henning Scheider)는 전 세계에 150,000여 명의 직원이 있는 독일 제조회사인 ZF프리드리히스하펜(ZF Friedrichshafen) CEO이다. 그들은 변속기, 클러치 및 브레이크와 같은 자동차 부품을 생산한다. 아우디, 벤틀리, 도요타, 롤스로이스, BMW 및 닷지와 같은 회사는 모두 그 제품을 사용한다. 그는 "우리는 슈퍼스타만을 고용할 수는 없다. 슈퍼스타를 만들고, 슈퍼스타가 되도록 해야 한다. 이는 엄청난 리더십 과제이며, 나는 이것이 최우선 과제라고 생각한다."라고 나에게 말했다.

안타깝게도 글로벌 채용회사 몬스터 닷컴(Monster.com)의 설문 조사에 따르면, 미국 직원의 19%만이 자신의 상사를 멘토로 여기거나 상사로부터 배울 수 있고, 상사가 지원하는 사람이라고 생각했으며, 응답자의 76%는 현재 또는 최근에 불량한 상사와 같이 일을 했다고 응답했다(Kaufman, 2018). 이 수치는 전 세계적으로 그다지 좋지 않다. 예를 들어 세계 최대 규모의 직장 평가 사이트 글래스도어(Glassdoor)에 의하면, 영국에서는 3명 중 2명이 불량한 상사와 일한 경험이 있다고 말했다(Di Toro, 2017).

리더는 조직을 만들거나 파괴할 수 있고, 리더는 그곳에서 일하는 사람들을 성장시키거나 파멸시킬 수 있다. 어려운 질문을 시작할 때이다. 어떤 종류의 리더가 되고 싶고, 조직은 어떤 종류의 리더를 원하며, 어떻게 육성할 것인가? 이것을 우연에 맡기지 말고, HR과 같은 다른 부서에서 담당할 것이라고 가정하지 말자. 이것은 모든 사람, 특히 당신의 책임이다.

1-800-flowers.com의 사장 겸 CEO인 크리스 맥캔(Chris McCann)은 다음과 같은 의견을 밝혔다: "누군가에게 더 많은 것을 하도록 동기를 부여했거나 영감을 주었다고 느낀다면, 리더 역할을 한 것이다." 이들은 우리가 더 필요로 하는 유형의 사람이다.

제2부

리더에게 영향을 주는
트렌드와 도전 과제

4장
AI와 테크놀로지

왜 많은 CEO들은 향후 10년 안에 리더십이 달라질 것이라고 생각하는가? 리더에게 새로운 스킬과 사고방식이 필요하게 만드는 트렌드는 무엇인가? 이번 4장부터 9장까지는 앞으로 리더십에 영향을 주는 트렌드를 살펴볼 것이다(도표 4.1). 현재 및 미래의 리더는 이러한 트렌드와 그 의미를 알고 있어야 한다.

인공지능과 테크놀로지는 CEO들과 모든 직급에서 리더십의 미래에 영향을 가장 크게 미칠 것이라고 했던 트렌드 1위였다. CEO 인터뷰에서의 이야기는 대개 인공 지능에 초점을 두었다. 이것은 또 설문 조사에서도 일반 사원, 중간 리더, 고위 리더가 확인한 트렌드 1위였다.

우리보다 더 좋고, 더 강하고, 더 빠르고, 더 스마트한 것을 만드는 것에 대한 우리의 집착은 오래 전에 시작되었다. AI와 비슷한 종류의 최초 등장은 기원전 800년 경의 그리스 신화인 '아르고 황금 대탐험(Jason and the Argonauts)'에서 였다. 이야기에 따르면, 제이슨은 이올코스(Iolkos) 왕으로 예정되었지만, 그의 삼촌인 펠리아스(Pelias)가 왕좌에 앉았다. 펠리아스는 제이슨에게 왕국을 되찾으려면, 황금 양털을 찾아오라고 했다.

리더십의 미래에 영향을 주는 6가지 트렌드

도표 4.1 리더십의 미래에 영향을 주는 6가지 트렌드.

제이슨은 영웅과 모험가들로 팀을 만들어서 여정을 시작했다. 양털을 찾아 집으로 오는 길에 그들은 지금의 그리스 근처 작은 섬으로 휩쓸려 갔다. 제이슨은 이 섬을 지키는 거대한 청동 로봇 탈로스(Talos)를 만났다. 그는 탈로스의 발 뒤꿈치에 있는 작은 핀을 뽑아 생명의 피가 빠져나오게 함으로써 물리칠 수 있었다. 유대인의 전설에는 형태 없는 사람이라는 뜻을 가진 흙 인형 골렘 (Golem) 이야기가 있다. 아라비아 연금술사 자비르 이븐 하이얀(Jabir ibn Hayyan) 은 주인의 말을 듣는 생물을 창조하는 일을 본인의 연금술 연구의 궁극적 목표로 삼았다. '2001 스페이스 오디세이(2001: A Space Odyssey)'에서 가상의 인공

지능 컴퓨터인 할(HAL)과 '터미네이터(The Terminator)'에서 스카이넷(Skynet) 같은 것들이 소개되었다. 그러나 이것들은 수천 년 전의 신화나 전설에서 나온 아이디어의 좀더 현대적인 버전일뿐이다. 이제 우리에게 가장 큰 질문은 이러한 것들이 실제로 현실이 될 때 어떤 일이 발생할 것인가이다.

전 세계 1,378명 CEO의 응답이 포함된 PwC의 22차 글로벌 CEO 설문조사에서 42%는 AI가 인터넷보다 더 큰 영향을 미칠 것이라는 데 동의한다고 응답했고, CEO의 21%는 그것에 대해 매우 동의한다고 응답했다. PwC는 또한 2030년까지 AI를 통해 전 세계 GDP가 15.7조 달러 증가할 것으로 예상했다(PwC, 2019).

현대 비즈니스 세계가 시작된 이래로 우리는 인공지능, 로봇 및 소프트웨어에 완벽하게 적합한 조직을 만들었다: 직원들이 매일 같은 시간에 출근하고, 같은 유니폼을 입고, 같은 일을 반복하는 환경, 그리고 질문하지 말고, 단지 지시 받은 대로 "일을 하는" 곳 말이다. 문제는 수십 년 전에는 이런 기술이 없었기 때문에 사람이 했지만, 오늘날 우리는 마침내 그 일을 할 수 있는 테크놀로지를 갖게 되었다.

기계가 사람을 대체할 것인가?

이제 우리는 사람이 무슨 일을 할 것인지, 어떻게 할 것인지, 그리고 왜 할 것인지를 질문해야 한다. 우리는 항상 인공지능이 숫자 처리 또는 데이터 입력과 같은 반복적인 일에 가장 큰 영향을 미칠 것이라고 가정했었다. 일의 미래와 자동화에 대한 대부분의 연구는 이것을 강조하고 있다. 그러나 가장 큰 영향을 받는 분야 중 하나는 리더십이다.

인터뷰했던 거의 모든 CEO들은 인공지능과 기술이 리더십과 일의 미래에 미칠 영향에 대해 낙관적이었다. 기술이 우리로 하여금 시간과 자원을 절약할 수 있게 해서 조직 내부 직원들에게 초점을 맞출 수 있기 때문이다. 이것이 바로 리더십에 관한 전부였다. 그러나 이것은 새로운 기술을 피하는 것이 아니라, 새로운 기술을 받아 들여야 한다는 경고를 동반한다. 이는 우리가 지난 몇 년 동안 일자리가 없어진다고 강조한 보고서들과는 완전히 대조되는 것이다. 많은 연구와 보고서는 수백만에서 수십억 개의 일자리가 없어질 것이라고 예측한다. 마치 우리 모두가 갈퀴를 들고 걸어 다니는 '워킹데드(The Walking Dead)'의 한 장면에서 살아가는 것 같다고 한다.

이러한 연구 결과와 CEO들과의 인터뷰 내용 사이에는 큰 차이가 있다. 일부 영역이 자동화의 결과로 영향을 받을 것은 사실이지만, 이러한 영향의 상당 부분은 일자리가 없어지는 것이 아니라, 일자리가 바뀌는 쪽이 더 많을 것이라고 생각한다. 업무를 자동화하는 것은 사람을 대체하는 것과는 다르다는 것을 기억해야 한다.

크리스티안 울브리크(Christian Ulbrich)는 약 100,000명의 직원이 있는 세계 최대의 상업용 부동산 회사 중 하나인 JLL그룹 CEO이다. 그는 이러한 견해를 표명했다. "우리가 디지털 도구, 데이터 분석 및 신기술이 가져올 아이디어와 기회를 열정을 가지고 환영할 때에만 디지털 시대에 성공할 것이다."

AI는 사람을 대체하는 것이 아니다

AI와 일자리 관련하여 우리가 해결해야 할 또 다른 문제는 우리가 만드는 새로운 일자리가 모두 가치 있는 일자리인지 확인하는 것이다. 즉, 일자리가 영혼을 빼가는 경우 일자리 창출은 쓸모가 없다! 고맙게도 지금까지 우리가 주로 본 것은 AI를 사용하여 일상적인 기능을 대폭 자동화하는 동시에 직원의 능력을 향상시켜 직원들의 역할을 더 가치 있게 만드는 것에 초점을 맞추는 조직들이다. 액센추어(Accenture)의 경우에는 17,000명 이상의 직원 업무를 자동화했지만, 한 명의 직원도 해고하지 않았다. 어떻게 가능할 수 있을까? 자동화된 업무는 재무 영역이었으며, 이 직원들은 수치를 계산하는 대신에 스킬 향상과 재교육을 통해 그 수치가 의미하는 바가 무엇인지, 그것에 따라 무엇을 해야 할 것인지를 고객이 알 수 있도록 돕는 전략적 조언자 역할을 할 수 있게 되었다. 수치의 계산과 도표화는 AI와 로봇이 했다.

맥도널드는 많은 소매점에 키오스크를 도입하여 자동화에 크게 의존하는 또 다른 조직이다. 최고 인사 책임자는 전 세계 수천 명의 직원을 자동화로 대체하는 대신 매장의 직원 수를 그대로 유지하거나 경우에 따라 증가했다고 말했다. 이는 맥도널드가 경험 비즈니스가 되어 고객 응대에 더 중점을 두고 있기 때문이며, 고객 응대에는 사람이 필요하다. 맥도널드의 고객들은 여전히 그들이 가장 중요하게 생각하는 것 중 하나가 매장에서 일하는 사람들의 따뜻한 응대라고 말한다. 직원은 아직 거기에 있지만, 다른 역할을 하고 있는 것이다.

이것은 많은 예들 중 두 가지이다. 요점은 토론의 초점을 인간 vs 기술에 맞춰서는 안된다는 것이다; 문제를 해결하거나 기회를 포착하기 위해 기술을 사용하는 인간에 관한 것이다.

리더는 무엇을 할 것인가?

리더는 넓은 범위에서 두 가지에 초점을 맞춘다. 첫 번째는 의사결정이다. 리더는 보통 더 많은 데이터와 정보에 접근할 수 있다. 그들은 권한과 힘을 가지고 있으므로 비즈니스의 전략 방향이나 새로운 제품 및 서비스 개발과 같은 중요한 의사결정을 한다. 의사결정이 되면, 나머지 직원들에게 그 결정에 대해 알려준다. 실제로 액센추어가 14개국 1,770명의 중간 리더를 대상으로 실시한 연구에 따르면, 54%의 시간을 업무 조정과 관리에 사용하는 것으로 나타났다(Accenture, 2016).

 아담 와비(Adam Warby)는 36,000명의 직원이 있는 기술 회사 아반나드(Avanade) CEO이다. 몇 년 전 영국을 방문했을 때, 아담과 함께 시간을 보낼 기회가 있었다. 그는 나에게 "나는 인공지능과 기술이 미래의 리더들에게 매우 긍정적이라고 생각한다. 이를 통해 의사결정 과정에서 파트너로 활용하

고, 리더십의 가장 중요한 측면인 사람에 초점을 맞출 수 있을 것이다."라고
말했다. AI시대의 리더십과 의사결정에 대한 그의 의견은 정말 공감이 되었
다.

리더의 두 번째 책임은 직원들이 그 의사결정 방향으로 움직이도록 하는
것이다. 즉, 직원들을 몰입시키고, 권한을 위임하고, 동기를 부여하고, 영감
을 주는 것이다. 리더십의 인간적 측면은 전 세계의 많은 조직에서 어려움을
겪고 있는 영역이다. 물론 이 넓은 범위의 책임에 포함될 수 있는 다른 요소
들이 더 있을 것이다.

불량한 리더들은 일반적으로 의사결정 부분에 집중한다. 그들은 지시 통
제 방식을 믿고, 다른 사람들에게 해야 할 일을 알려준다. 즉, 이들은 전형적
인 "관리자"이다.

AI가 리더십에 어떤 영향을 미칠까?

우리는 이미 조직 내부에 AI가 활용되는 것을 보고 있으며, 향후 10년 안에
AI는 사실상 모든 조직의 운영체제가 될 것이다. 오늘날 대부분의 경우 AI는
이미 더 많은 데이터를 분석하면서 인간보다 더 정확하고 더 나은 의사결정
을 할 수 있다. 그렇다고 해서 의사결정권을 AI에 넘겨야 하고, 그 내용이 항
상 정확하고 조직에 최선이라고 생각해야 한다는 의미는 아니다. 그러나 이
는 기술이 의사결정 과정에서 큰 도움이 될 것이며, 리더가 다양한 가능성을
생각하고 이해하는 데 도움이 될 것임을 의미한다. 만약 당신이 의사결정과
지시 통제에 초점을 맞추는 리더라면, 당신이 중요시 하는 것이 미래에는 어
떻게 되겠는가? 당신의 가치는 한계가 있을 것이고, 최악의 경우 존재 가치가
없게 될 수도 있다. 반면에 당신이 사람에 초점을 맞추는 리더라면, 사람들을
모으고, 동기를 부여하고, 영감을 주고, 몰입시키고, 코칭할 수 있기 때문에
당신의 가치는 엄청나게 증가할 것이다. 이러한 자질은 미래 리더의 가장 중
요한 특성이 될 것이다.

AI는 리더십의 미래에 몇 가지 구체적인 영향을 미칠 것이다. 첫째, 역할을 잘하는 리더가 누구인지, 잘못하는 리더가 누구인지 명확하게 밝혀질 것이다. 둘째, 리더는 "소프트 스킬(soft skills)"이라고 하는 것에 초점을 맞추고, 보다 인간적인 조직을 만들도록 요구 받을 것이다. 어떤 행동을 하고, 어떤 종류의 리더가 되고 싶은지 결정하는 것은 결국 당신의 몫이다.

AI 외에도 증강 및 가상 현실, 사물 인터넷, 블록 체인, 로봇 공학, 빅 데이터, 웨어러블 장치, 양자 컴퓨터 등등 수십 가지의 기술이 우리 삶과 조직에 침투하고 있다. 이 모든 기술은 일하는 방식을 바꿀 것이다. 예를 들어 월마트는 정기적으로 가상 현실 속 상황을 실습하도록 하여, 직원과 리더가 업무 현장에서 공감과 갈등 해결을 실천하는데 도움이 될 수 있도록 한다. 블록 체인은 투명성을 기반으로 구축된 플랫폼이며, 이는 리더십에도 영향을 미친다. 블록 체인은 HR의 성과 평가, 역량 평가 및 급여 지급 방식을 바꿀 수 있다. 사물 인터넷은 리더가 무언가를 하는 데 필요한 것보다 더 많은 데이터를 제공할 것이다. 전 세계의 많은 리더들이 이미 직접 눈으로 볼 수 없는 전 세계적으로 분산된 팀을 이끄는 것이 어떤 것인지 배우고 있다. 여기에서도 기술은 리더가 하는 일, 하는 방법, 심지어는 하는 이유까지 변화시키는 중요한 도구가 될 것이다.

내가 인터뷰했던 CEO들처럼 나도 기술이 우리 조직과 우리가 리드하는 방식에 극적으로 긍정적인 영향을 미칠 수 있다는 데 동의하지만, 멍하니 앉아 있는 대신 기회를 포착해야 한다.

빌 맥더멋(Bill McDermott)은 약 100,000명의 직원이 있는 기술 및 소프트웨어 회사인 SAP SE의 CEO이다. 그는 우리가 더 인간적이 될 수 있도록 기술을 사용하는 것에 엄청난 잠재력과 가능성을 보고 있다:

"AI와 기계 학습은 많은 불안을 야기하지만, 또한 놀라운 기회를 제공한다. 두려움이 있을 수 없다. 우리는 사람과 기계가 함께 일할 때 생기는 흥미로운 가능성에 대해 낙관적이어야 한다. 새로운 기술은 일상적이고 위험한 노동에서 사람들을 해방시키고, 인간만이 할 수 있는 더 가치 있는 일로 전환할 수 있게 하여 우리를 더 효과적이고 행복하게 만들 것이다. 결국 그것은 더 나은 경험이다. 기계는 꿈을 꿀 수 없다. 사람만이 가능하다."

실천을 위한 시사점

◆ 리더십의 인간적 측면에 초점을 맞춰라.

◆ AI와 기술이 업무와 경력에 미칠 수 있는 영향을 직원들이 이해하도록 도와주어라.

◆ 기술을 사용하여 직원들을 대체하는 것이 아니라, 직원들의 가치를 향상시킬 수 있는 방법을 찾아라.

◆ 다양한 기술을 지속적으로 실험하고, 그 기술이 무엇인지, 무엇을 하는지, 전반적으로 어떻게 작동하는지에 익숙해져라.

◆ 직원 경험을 향상시키기 위해 기술을 사용할 수 있는 영역을 찾아라.

◆ AI와 기술을 당신의 파트너로 보아라.

5장
변화의 속도

기후 변화, 기술 발전, 인구 변화, 글로벌화, 사이버 보안, 지정학적 문제, 경쟁 등 우리의 삶과 조직에 영향을 주는 많은 트렌드들에는 빠른 변화가 일어나고 있다. 우리는 지난 수백 년 동안 경험했던 것보다 앞으로 수십 년 동안 더 많은 변화를 경험할 것이다.

이것은 인터뷰했던 CEO들과 설문 조사에 참여한 링크드인 회원들이 확인했던 리더십의 미래에 영향을 미칠 트렌드 중 두 번째로 중요한 것이었다. 변화는 상수이다. 하지만 CEO들이 관심을 갖는 것은 변화 자체가 아니다; 변화가 일어나는 속도인데, 그 속도는 계속 증가 된다! 이러한 변화는 기술 발전, 고객 및 직원들의 요구와 기대 변화, 경쟁 및 글로벌화와 같은 많은 변수에 의해 촉진되고 있다. 우리가 러닝 머신에서 뛰고 있는데, 트레이너가 옆에서 계속 속도를 높이라고 말하는 것처럼 느껴진다. 그러면 질문이 나온다; 우리는 얼마나 빨리 달릴 수 있는가?

변화의 속도는 전 세계에 8,500명 이상의 직원이 있는 컴퓨터 소프트웨어 회사 시트릭스(Citrix) 사장 겸 CEO인 데이비드 헨셀(David Henshall)과의 대화에서 잘 요약되었다. 그는 "변화의 속도는 점점 빨라지고 있으며, 앞으로도 계속될 것이다. 결과적으로 혼란은 모든 규모의 회사에서 발생할 수 있다. 이 속도는 우리가 제품을 만드는 방법에서부터 고객 서비스 방법에 이르기까지 모든 것을 바꾸도록 한다. 리더는 이것이 자신들이 이끌어야 할 새로운 세상이라는 것을 이해하고 받아들여야 한다. 이런 세상에서 성공할 수 있는 유일한 방법은 현실 안주를 타파하는 것이다."

지금이 1971년이라면, 1GB(노래 230곡 정도)의 데이터를 저장하는데, 2억 5천만 달러를 지불해야 한다. 지금은 몇 GB의 USB를 무료로 얻을 수 있다. 1970년대의 아폴로 13호와 14호를 기억하는가? 아폴로 가이던스 컴퓨터(Apollo Guidance Computer)에 의해 전력이 공급되었는데, 이것은 주방에 있는 전자 토스터보다 약했다. 달 착륙선과 통신을 하고 계산을 하는 데 사용된 지상 컴퓨터는 자동차 크기였고, 비용은 350만 달러가 넘었다. 지금 주머니 속에 최신 스마트폰이 있다면, 이는 아폴로 시대 우주선 120,000,000개를 달로 동시에 안내할 수 있을 만큼 강력하다(Puiu, 2019). 앞으로 5년, 10년, 20년 안에 우리가 무엇을 들고 다닐지 생각만 해도 두렵다.

상업용 부동산 회사인 쿠시먼 앤드 웨이크필드(Cushman & Wake-field)에 따르면, 오늘날 50년의 수명으로 건축된 부동산이 그 때가 되면 지금보다 3천만 배 더 강한 기술에 직면할 것이며, 11세의 경우 고등학교를 졸업할 때 컴퓨터 성능이 64배 증가할 것이다. 지금 대학을 졸업하고, 20년 근무할 사람은 입사한 날보다 50만 배 더 효과적인 기술에 직면하게 될 것이다(Cushman, 2018). 또한 2009년 이후 태양열 및 풍력 에너지 비용이 각각 88% 및 69% 낮아졌다(Lazard, 2018).

아직 존재하지 않은 미래에서 리드를 한다

델(Dell)은 미래연구소(Institute for the Future)와 협력한 보고서에서 2030년에 존재할 일자리의 85%가 아직 생겨나지 않은 것으로 예측했다(Dell, 2017). CEO들은 세상이 얼마나 빠르게 변화하고 있는지와 조직이 변화에 적응하는 능력에 대해 우려하고 있었다. 기술은 조직에서 중점을 두는 주요 영역이지만, 이 것은 비즈니스의 모든 면에 적용된다. 과거의 업무 관행은 지금은 맞지 않고, 지난 몇 년 동안의 기술은 쓸모 없게 되고, 새로운 기술이 빠르게 등장하고, 고객의 요구가 진화하고 있으며, 이제 많은 새로운 의무와 함께 모든 면에서 경쟁이 되고 있으며, 혁신은 R&D 팀만에 관한 것이 아니다. 우리가 무엇을 하는데 필요한 것보다 더 많은 데이터가 생성되고 있으며, 그것은 빙산의 일 각에 불과하다. 무엇보다, 대부분의 조직은 이 새로운 일의 세계를 이끌어 갈 적절한 인력을 갖추고 있지 않다.

회사에서 5개년 계획을 세우는 것이 당연하게 받아들여지고 도움이 되었 던 때가 있었다. 오늘날 그런 계획은 창의력 실습과 같다. 1950년대에 S&P 500 기업의 평균 수명은 60년으로 거의 우리의 일생과 같았다. 1965년에 는 33년, 1990년에는 20년, 2026년에는 14년으로 줄어들 것으로 예상된 다. 일생은 잊으라. 우리는 지금 10년 대를 이야기하고 있다! 포춘 500대 기 업 리스트는 더 이상 도움이 되지 않는다. 1955년 창립 이래 53개 기업만이 남아있어 11%에 조금 못 미친다. 나머지는 모두 파산, 합병 또는 리스트에서 사라졌다. 아머(Armour), 이스마크(Esmark), 아모코(Amoco), RCA, 유니온 카바 이드(Union Carbide), 베들레헴 스틸(Bethlehem Steel) 또는 더글러스 에어크래프트 (Douglas Aircraft)와 같은 회사를 기억하는가? 기억 못할 수도 있지만, 이 조직들 은 당시에는 큰 회사였다.

나는 최근에 80,000명 정도의 직원이 있고, 60척 이상의 크루즈선을 전 세계적으로 운영하는 로얄 캐라비안 인터내셔널(Royal Caribbean International)의 리더십 팀과 일할 기회가 있었다. 나는 CEO인 리차드 페인(Richard Fain)과 함 께 할 수 있었고, 변화의 속도에 대해 이야기할 때 그는 이렇게 말했다:

> 오늘날 변화의 속도는 앞으로와 비교하면, 그 어느 때보다 느린 것이다. 그런 관점에서 보면, 새로운 프로세스와 새로운 업무 방

법에 대해 배우고, 적응하고, 직원들과 동료들 사이에 전파할 시
간이 거의 없다는 것을 알게 된다. 이는 이전 어떤 것보다 리더십
에 훨씬 더 많은 압박을 가할 것이다. 리더십의 역할은 다가오는
일에 더 초점을 맞추고, 조직 전체의 사람들이 패러다임을 바꾸
고, 끊임없이 변화하도록 해야 한다. 그래서 리더의 역할이 근본
적으로 바뀌었고, 앞으로 갈수록 더욱 중요해 질 것이라고 생각
한다.

간단히 말해서, 이것은 과거의 리더에게는 전통적으로 효과가 있었던 것
이 미래에는 효과가 없을 것이며, 미래에 효과가 있는 것도 빠르게 변한다는
것이다!

최근 상위 30개 비즈니스 스쿨 졸업생을 대상으로 했던 설문 조사에서
기술 및 디지털 발전 속도는 미래 글로벌 비즈니스 리더가 직면할 최대 위협
으로 선정되었다.

나는 낙관주의자이다. 우리는 모든 변화를 위협 또는 기회로 볼 수 있다.

에이미 프레스먼(Amy Pressman)은 1,000명이 넘는 직원이 있는 고객 경험
소프트웨어 회사인 메달리아(Medallia)의 공동 설립자이자 전 사장이다. 그녀는
이것을 멋지게 표현했다. "여러 면에서 우리가 겪는 변화는 좋은 변화이지만,
우리의 일상이 달라질 수 있기 때문에 여전히 사람들에게 불안감을 준다. 우
리는 그것에 기댈 필요가 있고, 그것을 받아들이고, 그것에 대해 두려워하지
않아야 한다."

실천을 위한 시사점

◆ 아이디어를 자주 실험하고, 테스트하라.

◆ 도전을 하고, 현실에 안주하지 마라.

◆ 불확실성을 포용하고, 두려움이 의사결정에 영향을 주지 않도록
하라.

◆ 자신보다 더 똑똑하고 능력 있는 사람들과 함께 하라.

◆ 아이디어를 공유하고, 문제를 해결하며, 기회를 포착할 수 있도
록 모든 직원들이 목소리를 내도록 하라.

◆ 다른 사람 및 조직들과 동맹을 맺어라.

◆ 지금은 효과적이지 않을 가능성이 있는 정책, 절차, 규칙을 다시
검토하라.

◆ 조직 간 커뮤니케이션과 협업을 개선하는 데 중점을 두라.

◆ 업계, 회사 및 자기 경력에 영향을 미치는 트렌드에 주의를 기울
여라.

◆ 이것이 뉴노멀이라는 것을 이해하라.

6장
목적과 의미

민디 그로스먼(Mindy Grossman)은 전 세계적으로 약 20,000명의 직원이 있는 WW(Weight Watchers) CEO이다. 그는 나에게 다음과 같은 말을 했다: "미래의 회사는 어떤 사업을 하든 관계없이 그들의 목적과 의미를 이해해야 할 것이다. 목적과 의미는 미래에 훨씬 더 중요해질 것이다."

수십 년 동안, 비즈니스 계에는 최고의 인재를 유치하고 유지하려면, 급여를 많이 주면 된다는 생각을 갖고 있었다. 이것은 조직이 활용할 수 있는 가장 큰 수단이었지만, 이제는 직원들이 돈만 중요하게 생각하지 않는다는 것이 분명해지고 있다. 커리어코칭 회사 베터업(BetterUp)이 최근 실시한 연구에 따르면, 26개 산업의 2,285명의 미국인 전문가를 대상으로 조사한 결과, 근로자 10명 중 9명이 의미를 위해 돈을 양보할 것이라고 했다. 그들은 얼마나 양보하려 할까? 미래 소득의 평균 23%인 연간 $21,000에 달한다. 동일 연구에 따르면, 의미 있는 업무를 하는 직원은 회사에 더 오래 머물고, 유급휴가 일수가 적으며, 영감을 더 많이 받는 것으로 나타났다(BetterUp, 2018). 피어코칭 플랫폼인 임페라티브(Imperative)가 실시한 또 다른 설문 조사에서는 40개 국가에서 26,000명의 링크드인 회원을 조사한 결과, 응답자의 74%가 자신이 중요하다고 생각하는 직업을 원한다는 사실을 발견했다(Vesty, 2016). 업무 관리 소프트웨어 회사인 라이크(Wrike)는 최근 영국, 독일, 프랑스 및 미국에 있는 4,000명의 직원을 대상으로 한 "행복 설문 조사"를 실시했으며, 직원들이 직장에서 행복하게 만드는 이유와 이것이 생산성에 미치는 영향을 조사했다. 영국에서 직원의 행복에 기여한 가장 큰 요인은 의미 있는 일을 하고, 목적과 연결되어 있다는 느낌이었다(Wrike, 2019).

2019년 8월 아마존, 애플, 보잉, GM 등 미국 200여 개 주요 기업의 CEO들이 모여 오랫 동안 기업의 목적으로 여겨져 왔던 주주 가치는 더 이상 그들의 1차 관심사가 아니라는 성명을 발표했다. 대신에 조직의 새로운 목적은 직원에게 투자하고, 고객에게 가치를 제공하고, 공급 업체와 윤리적으로 거래하고, 외부 커뮤니티를 지원하는 것이다. 이것은 우리가 비즈니스에 대해 생각하는 방식과 이러한 비즈니스를 주도하는 방식에 있어서 엄청난 변화이다.

목적과 의미는 단순한 "일 이슈(work issues)"가 아니다. 이것들은 우리 본성의 일부인 기본적인 주제이다. 하나의 종(species)으로서 우리는 끊임없이 "생명의 의미가 무엇인가?"라고 물었다. "내 목적은 무엇인가?" "내가 왜 여기있는가?" 연결된 기분을 느끼고, 우리가 삶에서 더 큰 목적과 의미를 가지고 있다고 느끼기 위한 탐색은 끝나지 않을 것이며, 돈으로 잠재울 수 있는 것이 아니다.

"목적"과 "의미"라는 단어는 종종 함께 묶어서 언급된다. 서로 연관성이 있지만, 다른 의미라는 것을 이해하고, 구분하는 것이 중요하다. 직원들은 일이 있고, 그 일은 목적을 낳고, 그 목적의 결과는 영향을 미치며, 그 영향으로부터 직원들은 의미를 도출할 것이다. 트렌트대학교(Trent University) 명예 교수이며, 세이브룩대학교(Saybrook university) 겸임 교수이고, 개인적 의미에 관한 국제 네트워크(International Network on Personal Meaning) 회장인 웡 박사(Dr. Paul T.P. Wong)는 이것을 간결하게 설명한다: 목적의 역할은 의미를 실현하는 것이다.

일, 목적, 영향, 의미

직장에서, 직원이 하는 일(job)은 코드 작성, 제품 또는 서비스 판매, 고객 지원 등 직원이 하는 활동을 의미한다. 일의 목적(purpose)은 한 단계 더 깊어진다. 고객이 쉽게 접속할 수 있는 사용자 친화적인 웹 사이트의 디자인을 하려고 하기 때문에 코드를 작성한다; 회사가 수익을 창출하고 성장하도록 돕고 싶기 때문에 제품이나 서비스를 판매한다; 고객에게 훌륭한 경험을 제공하고 충성도를 높이고 싶기 때문에 고객을 돕는다. 영향(impact)은 직원의 목적으로부터 실제로 발생하는 것이다. 즉, 고객을 위해 훌륭한 경험을 만들고 싶기 때문에 고객을 돕고 있는 것이다. 직원이 하고 있는 일의 실제 영향은 무엇인가? 목적은 아직 실현되지 않은 것이지만, 영향은 실제로 나타난 것이다. 직원의 목적이 훌륭한 경험을 만드는 것이지만, 그 영향이 실제로 더 나쁜 경험을 하게 했다면, 문제가 있는 것이다. 최소한 서로가 같아야 하는 방정식이다. 원하는 상태는 실제 상태와 일치하거나 실제 상태가 원하는 상태보다는 커야 한다.

목적은 현재 하고 있는 일과 그 일이 고객, 다른 직원, 커뮤니티 또는 세계에 미치는 영향 사이의 다리 역할을 한다. 하지만 직원들이 하고 있는 일에서 의미를 발견하는가? 의미(meaning)는 우리 각자에게 매우 주관적이고 고유하며, 직원들이 어려움을 겪는 곳이다. 의미는 우리가 개인적으로 어떤 일을 하는 이유와 그 일을 하면서 얻는 느낌에 관한 것이다. 고객 서비스 직원의 경우, 의미는 사람들을 돕고 삶을 조금 더 나아지게 하는 데에서 찾을 수 있다. 개발자에게 의미는 복잡한 문제를 해결하는 데에서 찾을 수 있다. 영업 사원에게 의미는 본질적으로 판매를 통한 성취감과 인간 관계 구축에서 비롯될 수 있다. 목적과 의미는 서로 묶여 있어도 같은 것이 아니다.

내가 하는 일은 리더십, 일의 미래, 직원 경험에 대한 글을 쓰고, 강의를 하고, 조사를 하고, 콘텐츠를 만드는 것이다. 나의 목적은 직원들이 실제로 매일 출근하고 싶은 조직을 전 세계적으로 만드는 것이다. 고맙게도 이것은 내가 조직과 리더들에게 미치는 영향이기도 하다. 나는 전 세계 직원들의 삶에 긍정적인 영향을 미치고, 내가 진정으로 관심과 열정을 가지고 있는 일을 하고, 나 자신에게 도전하고, 독립적인 삶을 만들고, 나와 함께 일하는 전 세계의 많은 리더들과 놀라운 관계를 구축하는 등 많은 의미를 발견한다.

일의 의미

도표 6.1 일의 의미

도표 6.1에서 볼 수 있듯이, 일 측면은 설명이 필요 없다. 목적도 다소 쉬울 수 있지만, 안타깝게도 여기에서도 대부분의 사람들과 조직은 어려움을 겪는다. 이는 우리가 바쁘게 지내도록 하는 과제와 일에 초점을 맞춰서 조직을 구축했기 때문이다. 전 세계의 많은 직원들은 실제로 자신이 하는 일이 누구에게, 어떤 영향을 미치는지 전혀 모른다. 그들은 단순히 기계의 부품이다. 그렇게 많은 직원들이 의미를 찾으려고 애쓰는 이유 중 하나는 목적조차 이해하지 못하기 때문이다.

이 책을 쓰기 위해 내가 했던 조사에서는 대부분의 직원들이 자신의 일은 이해하지만, 목적, 영향 및 의미에 어려움을 겪고 있음을 보여주었다. 리더는 자신의 역할을 이해하고, 자신의 목적과 자신이 갖는 영향에 대해 더 확고하게 이해하지만, 의미에서 너무 어려움을 겪는다.

스티븐 푸어(Stephen Poor)는 약 1,000명의 변호사가 있는 로펌인 세이파스 쇼(Seyfarth Shaw LLP)의 파트너이자 명예 회장이다. 그는 "조직에서 내가 아는 대부분의 리더는 자신의 비즈니스, 업계, 경쟁 업체, 고객에 대해 상당히 깊이 이해하고 있다. 자신이 무슨 일을, 왜 하는지도 모르는 사람을 아무도 따라 가지 않을 것이다."라고 나에게 말했다. 이것은 물론 중요하고 많은 리더들에게 이것이 그들의 목적이 시작되는 곳이지만, 많은 사람들이 멈추는 곳이기도 하다. 대신, 한 걸음 더 나아가 이 모든 것이 당신에게 무슨 의미가 있는지 물어봐야 한다.

세계적인 HR 회사인 로버트 하프(Robert Half)는 직원들이 현재 직장을 그만두는 이유를 조사했으며, 가장 높은 응답 중 하나는 더 높은 목적을 가진 다른 조직에서 일하는 것이었다. 더 높은 순위에 오른 유일한 응답은 더 많은 돈을 위해 다른 조직으로 가는 것이었다(Kong, 2018). 직원 몰입 플랫폼인 리워드 게이트웨이(Reward Gateway)가 실시한 또 다른 연구에 따르면, 고용주의 89%가 직원들이 회사의 미션을 이해하는 것이 중요하다고 답했지만, 직원의 25%만이 목적과 미션에 대해 잘 알고 있다고 느끼고, 32%는 전혀 알지 못했다(Reward Gateway, 2018).

E.Y. 비콘연구소(E.Y. Beacon Institute)와 하버드 경영대학원의 연구에 의하면, 목적 주도가 아닌 기업의 42%가 3년 동안 매출 감소를 보인 반면, 목적 주도 기업의 85%는 긍정적인 성장을 보였다(Keller, 2015). 당연히 이러한 것들에 초점을 맞추는 것이 실제로 수익에 영향을 미친다. 2018년, 머서(Mercer)는 전 세계 7,600명 이상의 직원을 대상으로 설문 조사를 실시했으며, 그들이 확인한 최고의 인재 트렌드 중 하나는 목적을 가지고 일하는 것이다(Mercer, 2018).

목적과 의미는 우리 모두가 원하고 갈망하며 필요로 하는 인간적인 것이다. 이제 힘은 직원의 손으로 급격히 옮겨지고 있고, 전 세계의 조직은 직원이 실제로 일하기를 원할 수 있도록 직원 경험을 만드는 데 주력하고 있다. 직원들은 자신의 목적을 이해하고 의미를 찾을 수 있는 조직의 일원이 되고 싶어 한다. 베터업(BetterUp)의 연구에 따르면, 직원들은 업무에서 의미를 찾으면, 성과를 더 많이 창출하고, 더 많이 일하며, 회사에 더 오래 머무르며, 급여 양보를 더 많이 할 것이다. 10명의 근로자 중 9명은 의미를 위해 돈을 양보할 것이다(BetterUp, 2018). 전 세계의 직원들이 업무의 이러한 인간적 측면을 간청하고 있으며, 이것을 얻을 수 없다는 것은 그들을 낙심시킬 것이다.

목적과 의미를 찾는다

목적과 의미를 중심으로 선구적인 일을 하는 조직 중 하나는 약 160,000명의 직원이 있는 유니레버(Unilever)이다. 이 회사는 현재 34,000명 이상의 직원이 목적과 의미 워크숍을 수료했으며, 그 수는 빠르게 증가하고 있다. 워크숍의 목표는 회사 목적에 연결되는 개인 목적 선언문을 가지고 현업으로 돌아갈 수 있도록 하는 것이다: 따라서 직원은 동기를 부여하고 전진하게 하는 것이 무엇인지 진정으로 발견하고 이해할 수 있다. 워크숍 참가자에는 리더, 영업 전문가, 공장 직원 및 그 밖의 모든 직원들이 포함된다. 워크숍에서 직원들은 자신의 개인적, 직업적 경험, 개인적 가치, 어린 시절의 기억까지도 성찰한다. 이와 같은 조직에서 직원들이 자신은 어디에 적합한 지를 이해하도록 돕고 있다는 사실이 놀랍다.

어떤 사람들은 목적과 의미가 좋은 급여를 받고, 안정된 회사에서 일하는 소수만을 위한 것이라고 주장한다. 안타깝게도 세계 대부분의 사람들은 직장에서 어떤 목적이나 의미에 대해 걱정하는 것은 말할 것도 없고, 생활비를 버는 데도 어려움을 겪고 있다. 하지만 그렇다고 이 사람들이 목적과 의미를 가질 자격이 없다는 뜻은 아니다. 우리는 글로벌 기업의 고위 리더, 중간 리더, 소매 직원, 임시직 근로자 또는 그 밖에 어떤 사람이든 상관없이 이것을 받을 자격이 있으며 필요하다. 목적과 의미는 직장에서 특권이 되어서는 안된다;

모든 직급의 직원들에게 권리이어야 한다.

 버나드 타이슨(Bernard Tyson)은 200,000명 이상의 직원이 있는 미국 최고의 의료 서비스 업체 중 하나인 카이저 퍼머넌트(Kaiser Permanent)의 회장 겸 CEO였다. 불행히도 그는 이 책이 출판되기 직전에 갑자기 세상을 떠났다. 그는 수익을 내는 것보다 더 큰 것을 옹호한다는 이 개념을 요약했다:

> 미래의 기업은 더 이상 자신이 존재하는 것만 생각할 수 없다. 미래의 중요한 기업은 고립된 이 작은 빵 상자에 존재할 수만 없다. 우리는 더 큰 사회의 일부이고, 더 큰 사회는 우리의 일부이다. 우리가 더 큰 사회 문제에 언제 어떻게 참여하는지에 대한 트렌드는 계속해서 리더십 미래의 일부가 될 것이다.

실천을 위한 시사점

◆ 일, 목적, 영향, 의미를 구별하라. 같은 것이 아니다.

◆ 직원들이 일, 목적, 영향, 의미를 이해하도록 돕기 전에 먼저 리더 자신이 이해하고 있는지 확인하라.

◆ 직원들이 자신의 업무가 어떤 영향을 미치는지 이해하도록 도와 주어라.

◆ 직원의 동기를 부여하고 전진하도록 하는 것이 무엇인지 개별적으로 파악하라.

◆ 인재를 유치하고 유지할 때 목적, 영향 및 의미를 조직의 핵심 특성으로 삼아라.

◆ 목적, 영향 및 의미에 관련된 자체 워크숍이나 교육을 실시하는 것을 검토하라.

7장
새로운 인재 환경

제 프리 퓌릿(Jeffrey Puritt)은 "내 비즈니스에서 인재 경쟁이 고객 경쟁보다 더 치열하다."고 나에게 말했다. 그는 아웃소싱 업체인 텔루스 인터내셔널(TELUS International) 사장 겸 CEO이다. 전 세계적으로 30,000명 이상의 직원이 있는 오프쇼어링 회사이다.

심각한 인재 부족

콘페리(Korn Ferry)의 연구에 따르면, 2030년까지 전 세계적으로 약 8,500만 명의 인재가 부족할 것이며, 이는 미실현 연간 수익 8조 5천억 달러에 달한다(Korn Ferry, 2018). 맨파워그룹(ManpowerGroup)은 전 세계 40,000명의 고용주를 대상으로 설문 조사를 실시했으며, 그 중 45%가 현재 직무를 수행하는 데 어려움을 겪고 있다고 보고했다(Manpower, 2018). 앞서 언급한 PwC의 CEO 설문 조사에 따르면, 2019년 조직의 10대 위협 중 하나는 핵심기술 이용 가능성이었다. 이것은 위협에서 3위였으며, 정책 불확실성과 과잉 규제보다 단지 1% 포인트 낮았다(PwC, 2019).

이런 일이 발생하는 데에는 몇 가지 이유가 있다. 첫째, 전 세계의 출산율이 감소하고 있다. 예를 들어 미국에서는 출생자 수가 인구 대체율보다 낮다. 즉, 인구를 안정적으로 유지할 만큼 아기가 태어나지 않기 때문에 인구가 실제로 줄어들기 시작할 수 있다. 최근 출산율은 한국을 비롯하여, 스페인, 일본, 영국, 미국, 중국, 프랑스, 베트남, 멕시코, 인도, 남아공, 이집트 순으로 낮다. 이는 고용 가능한 사람이 적다는 것을 의미한다.

둘째, 인구 고령화이다. 미국 인구조사국에 따르면, 2030년까지 거주자 5명 중 1명은 은퇴 연령이 될 것이다. 2035년까지 미국에는 18세 미만보다 65세 이상인 사람들이 더 많아 질 것이다(U.S. Census Bureau, 2018). 이것은 영국, 호주, 일본, 한국 및 중국과 같은 세계 여러 지역에서 볼 수 있는 트렌드이다. 기대 수명이 늘어나고 있어 더 오래 일할 수 있는 것도 사실이지만, 고령 근로자를 계속 고용하기 위한 노력은 하지 않고 있다.

사실 많은 조직에서는 급여가 적고 젊은 직원들이 고용될 수 있도록 고령 근로자의 은퇴를 "장려"하고 있다. 이는 큰 실수이다. 영화에서는 모든 사람이 존경 받는 노인에게 조언을 구하지만, 조직 내에서는 항상 먼저 제거하고 싶어 하는 사람들이다.

현명한 기업에게는 고령 인재를 활용할 수 있는 기회가 있다. 이들은 조직에서 가장 경험이 많고 노련한 직원 상담사이다. 왜 그들이 나가기를 원하는가? 그들이 조직에 새로 들어오는 차세대 인재를 위한 조언자, 코치 및 멘토로 남을 수 있는 프로그램을 구축하라.

셋째, 스킬에 관련된 도전이다. 내가 인터뷰했던 CEO들은 직원들이 데이터 분석, 사이버 보안, 증강 및 가상 현실, 블록 체인, 인공지능, 로봇 공학 등의 새로 등장하는 기술과 수요가 증가되는 관련 스킬에 직원들은 능숙할 것이라는 생각을 갖고 있었다. 사실 그렇지 않다.

이러한 스킬 부족은 사무직뿐만 아니라 제조, 용접, 기계 등과 같은 현장 분야에도 존재한다. 50,000명 이상의 직원이 있는 미국 지멘스(Siemens USA) CEO인 바바라 험프턴(Barbara Humpton)을 인터뷰했을 때, 그녀는 최근에

1,500개가 넘는 일자리가 공석이고, 그 일자리를 채우기 위해 10,000명 이상의 지원서를 받았지만, 이러한 역할을 수행하는 데 필요한 스킬을 갖추고 있는 사람을 충분히 찾을 수 없었다고 말했다.

앙드레 칼란조풀로스(André Calantzopoulos)는 77,000명 이상의 직원이 있는 선도적인 국제 담배 회사인 필립모리스 인터내셔널(Philip Morris International)의 CEO로, 담배 없는 미래를 창조하고 궁극적으로 성인 흡연자를 위해 담배 대신 더 나은 대안을 만들려고 한다. 그의 말이다:

> 우리는 평생 고용 시대에서 평생 고용 가능 시대로 이동하고 있다. 당신의 직원들은 배우고 발전하고 있다고 느끼지 않는다면, 그들은 당신을 떠날 것이다. 왜 그들은 그들을 쓸모 없게 만드는 조직에 있기를 원하겠는가? 리더로서 그런 일이 일어나지 않도록 하는 것이 리더의 역할이다. 우리는 사람들이 영원히 머물 것이라고 생각했던 지난 20년 또는 심지어 지난 10년 동안 우리가 겪었던 것과 같은 인재 환경에 있지 않다는 것을 인정해야 한다.

스킬 향상과 재교육의 필요성

사람이 기술로 대체되는 것이 아니라, 기술로 확대되기 위해서는 전 세계 사람들을 위한 대규모 스킬 향상과 새로운 스킬 교육이 필요하다. 지멘스(Siemens)는 견습생 제도를 되찾아 이 문제를 극복하고 있다. 브리태니커 백과사전에 따르면, 견습생은 기원전 18세기에 시작되었는데, 바벨론의 함무라비 법전에는 장인은 다음 세대에게 기술을 가르쳐야 한다고 언급되어 있다.

조직이 지식 근로자의 스킬을 향상시키는 방법에 대해서 내가 가장 좋아하는 예 중 하나는 PwC이다. 그들은 인공지능, 블록체인, 데이터 분석과 같은 다양한 주제에 대한 높은 수준의 지식을 평가하는 직원용 디지털 적합도

(Digital Fitness) 앱을 출시했다. 직원은 스킬, 사고방식, 행동 및 관계의 네 가지 영역에서 평가된다. 직원들이 평가를 받으면, 필요한 영역을 개선하는 데 도움되는 콘텐츠를 학습할 수 있다. 사내 도서관인데, 아티클을 읽거나 비디오를 보거나 팟 캐스트를 듣는 것 등을 할 수 있다. 이를 통해 직원들은 PwC에서 성공하는 데 필요한 것에 대해 자유롭게 배울 수 있으며, 지속적으로 배우고 성장하여 디지털 적합도를 향상시킬 수 있다.

　　이것의 일환으로 그들은 또 회사 전체의 수천 명의 직원을 위한 디지털 가속 프로그램을 만들었는데, 나는 이 프로젝트에 참여하는 운 좋은 경험을 했다. 이 직원들은 기본적으로 주변을 다니며 다른 직원들을 감염시키는 좋은 바이러스와 같다. 그들은 현상유지에 도전하고, 독특한 아이디어와 관점을 제공하며, 회사 전체가 다르게 생각하게 만든다. 이 디지털 가속 담당 직원은 새롭게 생각하는 것을 돕고 장려하기 위한 집중적이고 몰입도 높은 교육을 받았다. 이 교육에는 디자인 사고(Design Thinking), 감성 지능과 같은 것이 포함되었으며, 한 번에 400-500명의 그룹으로 진행되었다. PwC 경영진은 '선발된' 직원들 앞에 서서 "당신들은 우리의 미래 전략이다."라고 말한다. PwC와 같은 전문 서비스 조직은 시간제로 비용을 청구하고, 일반적으로 직원들 근무 시간 중 90%가 대금 청구 대상이어야 한다. 거의 2,000명의 디지털 가속 담당 직원의 경우, 청구 가능 시간이 약 60%로 떨어졌다. 나머지 30%의 시간은 새로운 아이디어와 일을 하는 방법을 배우고, 탐구하고, 생각하는 데 할애하도록 했다. 이것은 단기적으로는 PwC에 큰 매출 손실을 가져왔지만, 장기적으로는 매우 현명한 전략이었다. 이 프로그램에 대해 정말 놀랐던 점 중 하나는 교육 중에 PwC 경영진이 강단에 올라 이렇게 말한 부분이다. "이 교육이 끝난 후 다시 일을 시작하고 현실 안주를 타파하려고 할 때, 여러분의 상사나 선배가 여러분에게 반발을 하면, 우리에게 전화하거나 이메일을 보내세요. 우리가 직접 해결하겠습니다." 직원들을 기꺼이 도우려 하고, 언제든지 접근이 가능한 경영진에 대해 들은 적이 거의 없다. 이것이 진정한 변화가 일어나는 방식이다. 리더가 한발 더 나아가 이것을 실현하기 위해 노력하고, 변화를 주도하는 직원들을 지원할 때 변화가 일어난다.

스킬과 관련된 도전은 우리가 일반적으로 분류하는 '하드 스킬(hard skills)'
에 국한되지 않는다. 공감, 자기 인식, 의사 소통 등과 같은 '소프트 스킬(soft
skills)'은 필요에 비해 직장에서는 부족하다. 링크드인이 2,000명의 비즈니스
리더를 조사했을 때, 57%는 소프트 스킬이 실제로 하드 스킬보다 더 중요하
다고 답했다.

다양성과 포용성

다양성과 포용성도 인재 환경이 어떻게 변화하고 있는지에 대한 중요한 요소
이며, 전 세계 고위 리더들에게 최우선 순위가 되고 있다. 최근 9,000명의 인
재 담당 리더를 대상으로 한 링크드인 설문 조사에서 78%는 다양성이 매우
중요하다고 응답했다. 보고서에 따르면, "다양성은 지금까지는 기업에서 관
심을 갖는 정도였다. 그러나 오늘날은 다양성을 회사 문화 및 재무 성과와 직
접적으로 연결시키고 있다. 우리의 데이터에 따르면, 기업의 78%는 문화를
개선하기 위해 다양성을 우선시하고, 62%는 재무 성과를 높이기 위해 그렇
게 한다." 딜로이트의 가장 최근 밀레니얼 설문 조사에서도 인력과 경영진에
다양성이 있다고 인식되는 회사에서 일하는 MZ세대는 회사에 5년 이상 근무
할 가능성이 있다는 것을 발견했다.

영국 애슈리지 경영대학원(Ashridge Business School)의 앨리슨 레이놀즈(Alison
Reynolds)와 런던 경영대학원의 고위 리더 프로그램의 데이비드 루이스(David
Lewis)의 연구에 따르면, 우리는 자신의 이미지(인종, 성별 등)에 맞는 사람을 채용
할뿐만 아니라, 자기처럼 생각하고 행동하는 사람들을 채용하는 경향이 있
다. 결과적으로 우리는 같은 생각을 가진 팀이 되고, 낮은 인지 다양성을 갖
게 된다(Reynolds, 2017). 변화 속도는 리더십의 미래를 주도하는 주요 트렌드 중
하나이며, 불확실성이 높다는 것을 의미하기 때문에 문제이다. 이러한 환경
에서 인지 다양성이 낮은 팀은 다양한 접근을 할 수 없으며(예: 분석과 실험), 색다

른 관점에서 사물을 보거나 새로운 옵션을 만들기가 어렵다.

다양성은 우리가 가지고 있는 차이점을 나타내며, 연령, 성별, 인종, 종교, 장소 및 교육과 같은 것을 포함한다. 반면에 포용은 실제로 조직 내에서 이러한 다양한 집단의 사람들에게 실제로 자율권을 주기 위해 행해지는 것이다. 즉, 다양한 사람들이 잠재력을 발휘하도록 하고, 소속감을 느낄 수 있도록 해야 한다. 리더가 해야 할 일이다.

제프 데일리(Jeff Dailey)는 약 20,000명의 직원과 45,000명 이상의 에이전트를 보유한 파머스 인슈어런스(Farmers Insurance) CEO이다. 나는 그가 말한 것을 정말 좋아한다. "궁극적으로 리더의 목표는 모든 직원들이 잠재력을 최대한 발휘할 수 있도록 하는 것이며, 포용적이지 않으면 그렇게 하는 것은 불가능하다."

캘리포니아는 실제로 그 주에 본사를 두고 있는 모든 상장기업의 이사회 멤버에 2019년 말까지 한 명 이상의 여성이 포함되도록 의무화한 최초의 주가 되었다. 이것은 2021년까지 증가하여 이사회의 규모에 따라 5명의 이사가 있는 이사회에는 두세 명의 여성이 포함되어야 한다. 이러한 요구 사항을 충족하지 않는 회사는 재정적 불이익을 받게 된다.

맥킨지 보고서 "성별/민족 다양성이 경영 조직에 미치는 영향(Delivering Through Diversity)"에 따르면, "경영진의 성별 다양성 상위 1/4 기업은 하위 1/4 기업보다 평균 이상의 수익성을 낼 가능성이 21% 더 높았다. 인종/문화적 다양성의 경우, 상위 1/4 기업이 수익성을 능가할 가능성이 33% 더 높았다"(McKinsey, 2018).

마스터카드(MasterCard)는 전 세계에 약 14,000명의 직원이 있으며, 다양성과 포용성은 비즈니스 방식의 근간이 되어 있다. CEO인 아제이 방가(Ajay Banga)는 다음과 같이 설명했다:

마스터카드는 선을 위한 힘이 되는 것을 믿는다. 우리는 모두를

위한 포용적인 기회를 창출하는 것이 비즈니스를 하는 방법이라고 믿는다. 우리는 이러한 것들이 기업으로서 성공하는 방법의 핵심이라고 믿는다. 우리는 우리가 하는 모든 일에 이러한 가치를 포함한다. 포스터에 적힌 단어가 아니다. 우리는 공공 기관과 민간 기관이 선을 행하고, 적절하고 포용적인 방식으로 운영하는 것이 자신의 이익이라고 판단하면, 모두가 번창할 수 있는 건전한 글로벌 경제로 나아갈 수 있다고 믿는다. 그러한 경제는 투명성, 지속 가능성, 그리고 모든 사람들을 위한 번영의 합법성 등을 가진 더 나은 세상을 만들 수 있다. 우리는 일이 이루어지며 혁신을 이끌어 가는 핵심 요소로 다양성을 받아들이고, 생존의 기반으로 혁신을 받아들이는 문화를 가지고 있다.

다우(Dow)는 40,000명의 직원이 있는 재료 과학 조직(이전 Dow Chemical 소속)이다. 그들은 다우의 주요 초점인 다양성과 포용성을 촉진하는 올바른 리더를 확보하기 위한 조치를 하고 있다. 이 리더들은 전통적인 재무지표뿐만 아니라, 기업 스코어 카드의 일부인 D&I(Diversity and Inclusion) 지표에 대해서도 책임을 진다. 리더를 평가하는 요소이다. CEO인 짐 피터링(Jim Fitterling)이 분기 별 회의에서 재무 결과에 대해 이야기할 때, 조직의 다양성과 포용성 및 직원 몰입도에 대해서도 논의한다(Bloomberg, 2019).

구글은 자체 인력으로 연간 다양성 및 포용성 보고서를 출간하는 몇 안 되는 조직 중 하나이다. 이를 통해 구글은 직원뿐만 아니라, 크게는 전 세계에 대한 책임감을 가진다. 포용 노력과 관련하여 구글은 현재 46개국에 99개 사무실과 250개 이상의 지부를 가진 20개 이상의 소그룹 활동을 지원한다. 이 활동에는 직원의 약 20%에 해당하는 20,000명 이상의 직원이 참여하며, 500명 이상의 직원 자원 봉사자들이 이끌어 간다. 구글 직원의 약 80%가 교육을 통해 무의식적인 편견을 이해하기 위해 조치를 했으며, 2,000명 이상의 구글 직원이 근무 시간 중 20%를 업무에 관계 없이 자유롭게 아이디어를 내는 활동을 할 수 있도록 하는 다양성 코어(Diversity Core) 프로그램에 참여함으로써, 회사를 더 다양하고 포용적으로 만드는 방법을 모색한다. 아마도 가장 중요한 통계는 구글 직원 간에 통계적으로 유의미한 급여 차이가 없다는 것이다(Google, n.d.). 그들은 다양한 인력으로 구성하는 것뿐만 아니라, 해당 인력이 구글에 소속감을 느끼도록 하면서 최고의 업무를 수행할 수 있도록 자율권을 부여하는 데 전념하고 있다. 구글은 완벽하지는 않지만, 전 세계 대부분의 다른 조직보다 여기에 더 열심히 노력하고 있다.

인재 환경이 변화하고 있으며, 최고의 인재를 유치하고 유지하려면, 그에 따라 조직을 맞춰가는 것은 리더의 역할이다.

조지 코로나(George Corona)는 약 8,000명의 직원이 있는 인력 관리 및 인력 서비스 회사 켈리서비스(Kelly Services) 사장 겸 CEO이다. 그는 인재가 지금도 중요하지만, 미래에는 회사 운명을 좌우할 것이라고 믿다:

> 성공하는 회사들은 최고의 인재들이 있기 때문에 성공할 것이다. 그 인재를 파악하는 방법, 그 인재를 모집하는 방법 및 그 인재에 동기를 부여하는 방법을 이해하는 것이 미래에는 훨씬 더 중요해질 것이다.

실천을 위한 시사점

◆ 새로운 스킬 교육 및 스킬 향상 교육 프로그램에 투자하라.

◆ 다양성이 있는 팀을 만들기 위해 노력하고, 다양한 팀원들이 소
속감을 느끼도록 하기 위해 무엇을 하고 있는지 질문하라.

◆ 고령 근로자가 조직에 남을 수 있는 프로그램을 만들어라. 예를
들어, 그들이 코치나 멘토로 남아 있게 한다.

◆ 직원들이 자신의 경력과 업무가 어떻게 변화하고 있으며, 회사
에 도움되고 가치 있는 직원이 되기 위해 습득해야 하는 스킬을
이해하도록 지원하라.

◆ 인재 요건을 만들고, 회사가 미래에 갖게 될 잠재적인 일과 기회
를 파악하라. 오늘날의 인재를 넘어서 보라.

◆ 급여 및 인센티브 프로그램에 다양성과 포용성, 교육 및 스킬 향
상 노력을 연결하라.

8장
도덕성, 윤리, 투명성

2012년 1월 2일, 포브스(Forbes)는 "베스트 바이(Best Buy)가 사업을 점진적으로 중단하려는 이유"라는 제목의 기사를 발표했다(Downes, 2012). 온라인에서 이 기사는 400만 가까이 조회됐다. 그러나 포브스는 베스트 바이 새 CEO를 과소 평가했다.

허버트 졸리(Hubert Joly)는 전 세계 125,000명 이상의 직원이 있는 가전 소매업체 베스트 바이 회장 겸 전 CEO(2019년 은퇴)이다. 그는 어려움을 겪고 있던 2012년에 부임했으며, 많은 사람들은 베스트 바이가 사라질 소매 업체 중 하나일 것이라고 생각했었다. 몇 년 후 베스트 바이는 살아 남았을 뿐만 아니라, 실제로 더 높은 수익과 주가 상승(이 글을 쓰는 시점에서 지난 5년 동안 271% 이상)이 이루어지고, 미래에 대한 공격적인 성장 계획으로 번창하고 있다. 라디오 쉑(Radio Shack) 및 서킷시티(Circuit City)와 같은 다른 소매업체는 베스트 바이가 성공할 수 있었던 분야에서 실패했다. 허버트와 그의 팀이 했던 일 중에는 새로운 교육 및 육성 프로그램과 급여 인상을 통해 직원들에게 투자하는 것이 있었다. 허버트는 직원들을 더 성공적으로 만들어서 회사를 성공시켰다. 뿐만 아니라, 그는 회사가 고군분투하는 동안 엄청난 용기를 냈다. 다른 리더들이 힘든 시기에 임금과 교육 프로그램을 삭감할 때, 허버트는 이를 증가시켰다.

허버트와 이야기를 나눌 때, 나는 한편은 비즈니스 리더, 다른 한편은 철학자와 이야기하는 것 같은 느낌이 들었다. 우리의 토론은 리더십의 미래에 관한 것이었지만, 그는 역사, 종교, 사업 및 자신의 삶에 대한 이야기를 했다. 아마도 더 중요한 것은, 도덕적이고 윤리적인 면에서 강력한 기준을 가지고 있는 사람과 이야기하고 있다는 느낌이었다. 베스트 바이가 기업윤리 연구소 에티스피어(Ethisphere Institute)에서 세계에서 가장 윤리적인 기업으로 선정된 것은 놀라운 일이 아니다. 허버트의 말이다:

리더로서 자신의 역할이 가장 똑똑한 사람이 되고, 모든 사람이 자신이 얼마나 똑똑한지 알 수 있도록 하는 것이라고 생각한다면, 잘못된 것이다. 리더로서의 역할이 직원들이 성공할 수 있는 환경을 만드는 것이라고 생각한다면, 올바른 길을 가고 있는 것이다. 가치 중심의 리더가 되어야 한다. 이 투명성의 세계에서 도덕성은 그 어느 때보다 중요하다. 규칙을 준수하는 것만이 아니다. 올바른 일을 하는 것에 관한 것이다.

윤리 vs 도덕성

일반적으로 윤리(ethics)는 옳고 그름에 관한 것이고, 조직의 정책 또는 규정과 같은 기준에서 보는 것이다. 윤리는 일반적으로 모든 사람에게 적용된다. 반면에 도덕성(morality)은 훨씬 더 주관적이고, 특별히 개인에게 적용되는 내부 원칙이다. 리더십의 맥락에서 리더의 도덕성은 조직의 윤리에 영향을 미칠 것이다. 현대 비즈니스 세계에서 가장 큰 기업 사기 사건 중 하나인 엔론(Enron)을 생각해 보자. 분명히 엔론의 리더들은 윤리적이지 않았다. 많은 법률과 규정을 위반했다. 그러나 이러한 리더들이 올바른 방향으로 나아갈 수 있는 강력한 도덕성을 가지고 있었다면, 조직과 모든 이해관계자들은 배신과 비윤리적 행동의 길로 가지 않았을 것이다.

ZF 프리드리히스하펜(ZF Friedrichshafen)의 CEO인 볼프 헤닝 샤이더(Wolf-Henning Scheider: 책 앞부분에도 있었음)는 이에 대한 훌륭한 지침을 제공한다:

> 미래의 리더는 자신뿐만 아니라, 팀과 함께 지속적인 성찰과 투명성을 실천해야 한다. 리더가 회의를 할 때 누구든지 자기 회사의 관행, 정책 또는 행동에 대해 질문할 수 있으며, 리더 자신에 관해서도 질문할 수 있도록 해야 한다. 리더가 조직에서 숨을 곳이 없어야 한다.

인재 육성 협회(Association for Talent Development)에 따르면, 강력한 윤리적 기준을 가진 조직은 재정적으로 더 탄탄하고, 직원 유지율이 높으며, 더 많은 고객 추천과 더 높은 고객 만족도를 보인다(Smith, 2017). 이 수치는 놀라운 일이 아니다. 윤리적 조직은 윤리적 및 도덕적 리더가 만든다. 벤틀리(Bentley) 대학의 추가 연구에 따르면, 2030년까지 75% 이상의 인력을 차지할 밀레니얼 세대 중 86%가 윤리적이고 책임감 있게 행동하는 조직의 일원이 되는 것을 최우선 과제로 생각한다(Bentley, 2018). 안타깝게도 딜로이트의 연구에 따르면, 밀레니얼 세대 중에 기업이 윤리적으로 행동하고, 리더가 사회 전체를 개선하기 위해 노력하고 있다고 믿는 사람이 절반 미만이다(Deloitte 2019). 리더로서 이 부분에 초점을 맞추지 않으면, 전 세계 대부분의 인재를 유치할 수 있는 기회를 놓치게 된다. HBR(Harvard Business Review)에서 발표한 또 다른 연구에 따르면, 15개국의 30개 이상의 글로벌 조직 리더 195명은, "높은 윤리적 및 도덕적 기준"을 가지는 것을 최고의 리더십 역량으로 선정했다(Giles, 2016).

윤리적 리더의 영향

윤리적 리더가 되는 것은 조직의 나머지 부분의 의사결정에 중요한 영향을 미친다. 직장 윤리에 관한 2018년 글로벌 벤치 마크 보고서에 따르면, 기업 문화에서 18개 국가에 걸쳐 윤리가 "약한"것으로 파악되었는데, 직원들은 어떤 것이 윤리적 행동인지가 불명확한 경우에 행동 지침에 대해 도움을 요청할 가능성이 훨씬 적었다. 이것의 반대 측면을 봐도 그렇다. 윤리 문화가 강한 조직에서 직원의 70% 이상이 불명확할 때 도움을 요청한다고 답했다 (Ethics, 2018). 이는 직원들이 윤리적이기를 원한다면, 리더부터 시작해야 한다는 뜻이기 때문에 심오한 의미를 가지고 있다.

　　마크 펠드만(Mark Feldman)은 GSN Games와 게임쇼 네트워크(Game Show Network) CEO이다. 그는 솔선수범을 통해 이를 수행한다: "매일 나 자신에게 묻는 질문은 '내가 직원들에게 기대하는 행동을 내가 모범을 보이는가?'이다. 다른 말로 표현하면, '내가 나 자신에게 요구하지 않거나 기대하지 않는 것을 직원들에게 하도록 요구하거나 그것에 의해 영향을 받는 직원이 한 사람도 없기를 바란다'."

　　오늘날, 직원, 고객 및 모든 이해관계자는 강력한 도덕성을 가진 리더가 있는 윤리적 조직과 일하기를 원하며, 이러한 트렌드는 점점 더 커질 것이다. 콘 커뮤니케이션 밀레니얼 직원 몰입도 연구(Cone Communications Millennial Employee Engagement Study)에 따르면, 밀레니얼 세대의 75%는 사회적 책임감이 있는 회사에서 일하기 위해 급여를 낮출 수 있고, 64%는 고용주가 강력한 사회적 책임감을 가지고 있지 않으면, 입사하지 않을 것이다라는 것을 발견했다(데일리, 2016). 세계적 기업윤리 연구소인 에티스피어(Ethisphere)는 10년 넘게 세계에서 가장 윤리적인 기업을 발표하고 있다. 매년 그들은 리스트에 있는 상장 기업이 지속적으로 시장을 능가하는 성과를 내는 것을 발견했다. HR 컨설팅회사 LRN의 연구에 따르면, 직원의 94%가 자신이 일하는 회사가 윤리적이라는 것이 "매우 중요"하거나 "중요"하다고 말했다(LRN, 2007). 액센추어의 연구에 따르면, 기업의 윤리성과 정직성은 소비자 62%의 구매에 영향을 미친다. 또 다른 74%의 소비자는 기업이 제품 소싱과 안전한 작업 조건 보장 등과 같은 문제를 강조하는 데에 더 투명하기를 원한다(Barton, 2018).

빌 로저스(Bill Rogers)는 선트러스트뱅크(SunTrust Banks, Inc. 직원 약 23,000명)의 회장 겸 CEO로 최근 BB&T(직원 37,000명)와 합병하여 미국에서 6번째로 큰 은행인 트루이스트 파이낸셜 코퍼레이션(Truist Financial Corporation)을 설립한다고 발표했다. 그에 따르면, "리더십은 훨씬 더 대중적인 노력이 될 것이다. 이를 위해서는 사회적 문제에 대한 인식을 높이고, 더 큰 사회적 이익에 기여하는 회사와 거래하기를 고객이 원한다는 인식이 필요하다."

윤리적인 리더가 되는 것이 중요하지만, 의사결정을 하는 데 지침이 되는 것은 종종 도덕성이다. 몇 년 전 인디애나 주에서는 기업이 게이, 레즈비언 및 트랜스젠더에 대한 서비스를 거부할 수 있는 법률을 제정했다. 이것은 윤리적이었다; 사실 그것은 법률이 되었기 때문에 이 법을 따르는 모든 사람들이 윤리적인 일을 하고 있다고 말할 수 있었다. 그러나 이것이 도덕적이었을까? 세일즈포스(Salesforce)의 CEO인 마크 베니오프(Marc Benioff)는 그렇게 생각하지 않았다. 그는 그 주를 떠나고자 하는 직원에게 근무지 이동 기회를 제공했으며, 직원이나 고객이 인디애나로 가는 모든 프로그램을 취소하겠다고 말했다. 이는 그 주에 재정적 영향을 미친다. 결국 이 법률이 변경되었다. 마크는 이 법에 반대하는 유일한 CEO는 아니었지만, 절대적으로 반대를 이끌었다. 그는 윤리 때문에 그렇게 한 것이 아니다. 그는 그의 도덕성 때문에 그렇게 했다.

인터뷰에서 그는 "나는 건강한 마음과 건강한 몸을 원하지만, 나는 또 건강한 지구와 건강한 나라를 만들고, 가난한 사람들을 돌보는 것도 중요하다. 그것이 나의 영성(spirituality)이다." 라고 했다. 그것이 그의 도덕성 기준이다.

안타깝게도 이와 같은 리더는 많지 않다. HR 컨설팅 회사 LRN이 2018년에 실시한 '비즈니스의 도덕적 리더십 현황' 조사에서 응답자의 17%만이 리더가 일반적으로 진실을 말한다고 응답했으며, 안타깝게도 직원의 23%

만이 상사가 도덕적 리더라고 응답했다(LRN, 2018). 300개 이상의 자료에 대한 메타 분석을 수행한 버팔로(Buffalo) 대학의 짐 레모인(Jim Lemoine)이 이끄는 연구에 따르면, "도덕성을 중요시하는 리더는 산업, 회사 규모 또는 역할에 관계없이 비윤리적인 동료를 능가한다."(Biddle, 2018). 서섹스(Sussex) 대학교, 그리니치(Greenwich) 대학교, IPA(International Psychoanalytical Association) 및 CIPD(Chartered Institute of Personnel and Development)의 연구자들이 수행한 또 다른 연구에 따르면, 리더가 강한 도덕성을 보여주는 것과 같은 의도적인 행동을 보일 때, 직원은 그만 둘 가능성이 적고, 만족도가 높으며, 더 나은 성과를 창출한다(Bailey, 2018).

문제는 도덕성이 주관적이라는 것이다. 즉, 모든 사람들이 자신의 도덕성에 동의하는 것은 아니며, 자기도 다른 사람의 도덕성에도 동의하지 않을 가능성이 있다. 괜찮다. 문제는 직원들이 당신의 도덕성 기준이 무엇인지, 리더로서 당신이 무엇을 지지하는지 알지 못할 때 발생한다. 그렇기 때문에 이러한 일에 대해 정직하고 분명하게 하는 것이 매우 중요하다.

 다이앤 호스킨스(Diane Hoskins)는 전 세계 6,000명 이상의 직원이 있는 글로벌 건축, 디자인 및 기획 회사인 젠슬러(Gensler)의 공동 CEO이다. 나는 그녀의 이 말을 정말 좋아한다:

대부분의 성공적인 조직은 명확한 가치 기준을 전달한다. 그것은 기본이다. 조직의 리더로서 우리는 또한 사람으로서 무언가를 옹호해야 한다. 우리 직원과 고객은 우리 회사가 무엇을 중시하고 있는지 알고 싶어하며, 그들은 그들의 직업과 개인적인 삶의 일부인 우리 리더들이 무엇을 중요시하고 있는지 알고 싶어한다.

리더는 투명해야 한다

리더로서 신뢰를 구축하려면, 투명성(transparency)에 초점을 맞춰야 한다. 이 것은 현재와 미래에 회사에서 일어나는 일에 대해 정직하고 솔직하다는 것이 다. 직장 평가 사이트 글래스도어(Glassdoor)에 따르면, 구직자의 90%가 투명 한 회사에서 일하는 것이 중요하다고 말한다(Glassdoor, 2018). 물론 이것은 직 원들만이 원하는 것은 아니다. 고객도 기대한다. 소비자 조사기관 라벨 인사 이트(Label Insight)의 연구에 따르면, 소비자의 94%는 완전한 투명성을 제공하 는 브랜드에 충성할 가능성이 높고, 소비자의 73%는 실제로 모든 특성에서 완전한 투명성을 제공하는 제품에 대해 더 많은 비용을 지불할 의사가 있다 (Label Insight, 2016).

"자신은 속일 수 없다. 투명해야 한다. 솔직해야 한다. 신뢰할 수 있어야 한다." 이것이 암스테드 인더스트리(Amsted Industries)의 CEO인 스티브 스미스 (Steve Smith)가 나에게 했던 말이다. 그는 18,000명이 넘는 직원을 이끌고 있 으며, 회사는 우리사주조합에서 100% 소유하고 있다.

리더는 더 이상 관료제나 계층 뒤에 숨을 수 없다. 우리 모두는 엔론과 같 은 조직과 폭스바겐에서 스캔들과 거짓말의 대가를 보았다. 배출량 스캔들은 아직 밝혀지지 않았음에도 불구하고 몇 년 동안 회사를 극적으로 손상시키고 있다. 당신 조직과 교류하는 모든 사람은 리더로서 당신이 윤리적이고, 투명 한 회사를 만들고, 당신의 도덕성이 이것을 실현하기 위한 나침반이 되기를 기대한다.

앤디 사이먼(Andree Simon)은 10,000명이 넘는 직원이 있는 FINCA 임팩트 파이낸스(Impact Finance) 사장 겸 CEO이다. 그녀는 투명하고, 진정성이 있으 며, 약한 면을 보이는 리더가 되는 느낌을 환상적인 비주얼로 보여주었다:

> 오랫동안 나는 리더들이 확고하게 보이면서 행동을 해야 하고,
> 절대적인 권위를 가지고 행동을 해야 하고, 결코 약점을 보이지

않아야 한다고 생각했다. 나는 놀라운 코치로부터 코칭을 받을 기회가 있었다. 그 코치는 나에게 이렇게 말했다. "당신이 고릴라 수트를 많이 입고 있는 것 같네요. 안에는 덥고 땀이 나는데 지프가 올려져 있네요. 당신은 진짜 당신처럼 행동하지 않는군요." 그말을 듣는 것은 정말 나를 해방시키는 것이었다. 나는 그 고릴라옷을 벗어버리고, 내가 한 사람으로서 믿는 것과 다른 사람들과 의사소통하는 방법에 관해서 나 자신에게 진실해졌고, 나는 정말 자신감을 가질 수 있었다.

실천을 위한 시사점

◆ 자신의 도덕성 기준을 이해하라. 자신이 옹호하고, 믿는 것은 무엇인가?

◆ 올바른 일을 하고, 윤리적이고 도덕적인 사람이 되는 것의 중요성을 지나칠 정도로 강조하라.

◆ 윤리와 도덕성으로 어려움을 겪고 있는 다른 리더와 직원들에게 가이드를 제공하고 지원하라.

◆ 가능한 한 많은 영역에서 가능한 한 투명하게 하라.

◆ 입장을 분명하게 하라. 더 이상 중립적 영역에 있기가 어렵게 되었다.

9장
글로벌화

글로벌화는 다양하게 정의된다. 여기서는 사용하는 언어, 거래하는 통화, 살고 있는 장소, 그리고 원하는 문화가 더 이상 사업에 장애가 되지 않는 더 작은 세상을 만드는 것으로 생각하고 싶다. 세계는 하나의 큰 도시처럼 되고 있으며, 오늘날 모든 기업은 글로벌 기업이 되고 있다.

우리가 만든 상품, 우리의 아이디어, 우리가 사용하는 통화, 우리의 문화가 특정 지역에 머물던 시절이 있었다. 이는 시간이 지남에 따라 확장되어 갔다. 무역상과 탐험가는 새로운 문화, 아이디어, 통화 및 상품을 가지고 다른 땅으로 여행했다. 이민자들이 이주하기 시작했고, 곧 우리의 작은 마을이 다른 마을들과 연결되었다. 이런 현상이 빠르게 진행되어 지금은 우리의 상품과 서비스, 금융 및 기술이 전 세계 여러 국가와 얽혀 있다. 미국에 살면서, 일본에서 만든 차를 타고, 독일 식당에서 식사를 하고, 뉴질랜드에서 수입한 고기를 사거나, 태국에서 만든 옷을 입거나, 한국에서 생산된 전자 제품을 사용한다. 어디에서나 일어나는 일이다

사람, 아이디어, 기술, 정보, 그리고 우리가 생각할 수 있는 거의 모든 것들은 끝임없이 흐르는 강처럼 역동적으로 이동한다. 한 자리에 머무르는 것

은 없으며, 기술의 지속적인 발전으로 이 모든 것들이 지구 곳곳으로 더 빠르고, 더 저렴하고, 더 효율적으로 이동하고 있다. 인재 육성 협회(Association of Talent Development)에서 실시한 연구에 따르면, 다국적 기업의 18%만이 미래 비즈니스 과제를 해결할 수 있는 튼튼한 리더십 체계를 갖고 있다고 생각한다(Wellins, 2016).

다양성과 호기심이 열쇠이다

　　이런 상황들은 현재와 미래의 리더가 글로벌 시민이 되어야 한다는 것을 의미한다. 서로 다른 문화와 의사소통하고 협업하는 방법을 이해하고, 전 세계 여러 지역에서 인재를 유치하고 유지하는 방법, 다양한 원격 팀과 협력하고, 글로벌 인력들이 공동 목표를 달성하도록 하는 것은 모두 미래 리더에게 요구되는 사항이다. 글로벌화는 리더로서 당신이 탐험가, 즉 당신과는 다른 사람들 그리고 당신에게 익숙하지 않은 아이디어와 문화에 호기심과 관심을 갖는 사람이 되어야 한다는 것을 의미한다.

　　안타깝게도 오늘날의 리더십 개발 프로그램은 이 새로운 유형의 미래 리더를 위한 것이 아니다. 이 책 뒷부분에서 더 자세하게 다룰 것이다.

　　전 세계 180,000명 이상의 직원이 있는 건축 및 산업자재 회사 생고뱅(Saint Gobain)의 CEO인 피에르 알드레 드 샬렌다르(Pierre-André de Chalendar)는 다음과 같이 멋지게 말했다:

> 디지털 기술과 인프라로 인해 세계는 더 글로벌화되고 있으며, 동시에 지역 문화에 대한 풍부한 지식이 성공의 중요한 조건인 곳에서는 지역 특화의 강력한 복귀로 더 지역적이 되고 있다. 결과적으로 기업의 리더는 이 두 가지 상반되는 트렌드에 대처해야 한다.

실천을 위한 시사점

◆ 경력 전반에 걸쳐 세계 각지에서 리드하는 경험을 쌓아라.

◆ 외국의 생각, 문화, 사람들을 두려워하는 것이 아니라, 배우는 기회로 보아라.

◆ 특정 부문에만 한정하는 것이 아니라, 비즈니스의 큰 그림을 이해하라.

◆ 글로벌 트렌드에 주목하라.

10장
이 트렌드에 어느 정도 대비하고 있는가?

앞에서는 인터뷰했던 CEO들이 리더십의 미래에 영향을 미칠 것이라고 했던 6개의 트렌드를 살펴보았다. 오늘날 우리는 이 트렌드에 대해 무엇을 대비하고 있는가? 그리고 어느 정도 대비하고 있는가? 약 14,000명의 링크드인 회원을 대상으로 했던 설문 조사에서 자기 자신, 중간 리더 및 고위 리더가 이 트렌드를 알고 있고, 이것에 대응하기 위한 준비를 회사에서 하고 있는지 질문했다. 응답자는 다음 네 가지 중에서 하나를 선택했다:

전혀 아니다
약간 그렇다
매우 그렇다
해당 사항 없음- 상사가 없음

응답을 일반 사원, 중간 리더, 고위 리더로 구분을 했다. 결과는 도표 10.1에서 볼 수 있듯이 놀랍다. (몇몇은 여기에 포함되지 않은 "해당 없음"으로 응답했다.) 이것만으로도 일반 사원들은 이 트렌드에 대비를 하는 자기 조직의 중간 리더나 고위 리더에 대해 확신하지 못한다는 것을 알 수 있다.

리더십 트렌드에 대한 대비

	당신은 트렌드를 알고, 대비를 하고 있는가?	당신의 상사(중간 리더)는 트렌드를 알고, 대비를 하고 있는가?	당신의 상사(고위 리더)는 트렌드를 알고, 대비를 하고 있는가?
전혀 아니다	6%	16%	16%
약간 그렇다	35%	59%	51%
매우 그렇다	56%	20%	28%

도표 10.1 리더십 트렌드에 대한 대비.

　　일반 사원들이 리더 직책에 있는 상사들보다 자신의 행동에 더 자신감이 있다는 것도 흥미롭다. 자기 상사들의 능력에 대한 확신이 없는 직원들이 어떻게 조직을 위해 최선을 다할 수 있겠는가?

　　데이터는 일반 사원의 응답과 중간 리더, 고위 리더로 구분된 리더 직책의 응답을 비교할 때, 훨씬 더 흥미로워진다. 도표 10.2에서는 직급이 높을수록 대비를 잘하고 있다고 믿고 있음을 알 수 있다.

　　리더들(중간 리더 및 고위 리더)에게 대비를 하고 있는지 물었을 때, 61%는 "매우 그렇다"라고 답했다. 그러나 일반 사원에게 리더에 대해 동일한 질문을 했을 때, 21%만이 "매우 그렇다"라고 응답했다. 이것은 리더들이 이 트렌드에 대한 자신의 행동을 보는 것과 직원들이 이 트렌드에 대한 리더들의 행동을 보는 것 사이에 40%의 차이가 있다.

리더십 트렌드에 대비를 하고 있는가?

	응답자 전체	일반 사원	중간 리더	고위 리더
전혀 아니다	6%	9%	4%	2%
약간 그렇다	35%	36%	36%	29%
매우 그렇다	56%	50%	58%	68%
모르겠다	3%	4%	2%	1%

도표 10.2 리더십 트렌드에 대비를 하고 있는가?

일반 사원의 20%만이 자신의 중간 리더가 이러한 트렌드를 확실히 인식하고 조치를 하고 있다고 믿으며, 28%의 일반 사원만이 고위 리더들이 이러한 트렌드를 확실히 알고 있고, 이에 대비하고 있다고 생각한다(도표 10.1). 그러나 스스로에 대해서는 일반 사원의 50%가 대비를 하고 있다고 응답했고, 중간 리더의 58%가 대비를 하고 있다고 응답했으며, 고위 리더의 68%가 대비를 하고 있다고 응답했다(도표 10.2). 일반 사원의 응답을 "매우 그렇다"라고 응답한 리더(중간 리더 및 고위 리더)와 비교할 때, 일반 사원이 리더의 행동을 보는 것과 리더가 자신의 행동을 보는 것 사이에 41%의 차이가 있다(도표 10.3).

마지막으로 중간 리더 응답과 고위 리더 응답을 비교해 보겠다(도표 10.4).

여기에서도 중간 리더와 고위 리더 사이에 큰 차이가 있음을 알 수 있다. 다음은 조직 전체의 차이이다. 예를 들어 일반 사원의 20%는 중간 리더가 대비를 하지 않는다고 생각하는 반면, 중간 리더 중 4%만이 대비를 하지 않는 것으로 스스로 확인했다. 이로 인해 첫 번째 "아니오"열에 표시된 16%의 차이가 발생한다(도표 10.5).

　　모든 설문 조사 데이터와 내가 인터뷰했던 CEO의 피드백을 고려할 때, 그 결과가 우려된다. 그러나 그들은 또한 전 세계의 리더와 조직에게 개선 기회가 많이 있음을 보여준다. 나는 몇 가지 교훈을 얻었다.

리더십 트렌드에 대한 대비:
일반 사원과 리더들 간의 인식 차이

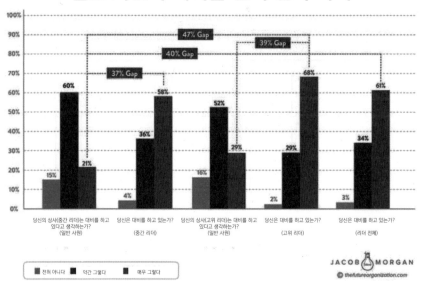

도표 10.3 일반 사원과 리더들 간의 인식 차이.

리더십 트렌드에 대한 대비:
중간 리더와 고위 리더 간의 인식 차이

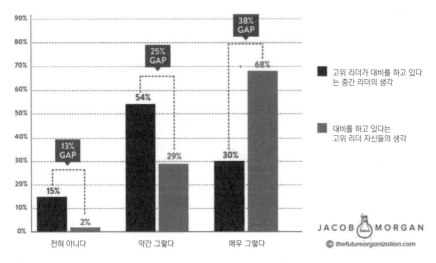

도표 10.4 중간 리더와 고위 리더들 간의 인식 차이.

리더십 트렌드 대비에 대한 인식 차이

	일반 사원과 중간 리더 간의 차이	일반 사원과 고위 리더 간의 차이	중간 리더와 고위 리더 간의 차이	일반 사원과 리더 전체 간의 차이
전혀 아니다	16%	17%	13%	13%
약간 그렇다	22%	22%	25%	25%
매우 그렇다	37%	40%	38%	33%

도표 10.5 리더십 트렌드 대비에 대한 인식 차이.

말이 아닌 행동으로 실천해야 한다

140여 명의 CEO들은 이러한 트렌드가 리더십의 미래에 결정적인 요소라고 했지만, 그들의 말이 그들의 행동과 일치하지 않는 것 같다. 특히 내가 인터뷰했던 CEO들이 계속해서 이러한 트렌드에 관해서 뭔가 대비를 하고 있다고 말했기 때문이다. 나는 전 세계의 많은 리더들이 단순히 말로만 하고 있다고 감히 말한다.

나는 CEO들이 트렌드가 중요하다고 판단하면, 확실히 그 조직에서 이것을 대응하기 위한 준비를 할 것이라고 생각했었다. 물론 트렌드를 알고 있는 것은 트렌드에 대비를 하는 것과는 다르다. 진 세계의 CEO와 리더는 자신과 직원이 이러한 트렌드를 인식하고, 이를 대응하기 위해 적극적으로 준비를 하고 있는지 확인해야 한다. 지금은 말이 행동보다 더 앞서고 있지만, 우리는 행동이 말보다 더 앞설 필요가 있다. 이것은 중간 리더, 고위 리더 및 CEO 등 조직 전체의 리더 직책에 있는 모든 사람들이 서둘러야 한다. 이러한 트렌드에 대한 공개 토론을 하고, 이를 탐색할 자원을 할당하고, 이에 대해 정기적으로 대화하고, 직원들과 함께 자체 연구 프로젝트를 실행하고, 전체 경영진 및 리더십 팀이 제대로 하는지 확인해야 한다.

조직은 단절 되어 있다

조직의 모든 직급 간에 이러한 트렌드에 대한 인식과 현재 어떻게 대비하고 있는가에 대해 뚜렷히 나누어지고 있다. 대다수의 리더는 자신들이 이러한 트렌드를 잘 대비하고 있다고 믿지만, 이 리더와 함께 일하는 직원들 중에는 동의하지 않는 사람이 많다. 이것은 조직의 계층 구조, 의사 소통 및 협력 부족, 자기 보호에 집중하도록 하는 두려움 또는 기타 여러 요인으로 인한 것일 수 있다. 직급이 높아질수록 그들과 직원 간의 격차가 커진다는 사실은 아마도 그들이 조직의 일상적인 면에서 멀어지고 있어서, 현장에서 일어나고 있는 일을 이해하는 데 더 많은 시간을 할애해야 한다는 것을 보여준다.

요점은 리더가 이러한 트렌드를 파악하고, 소통하는 일을 더 잘해야 한다는 것이다. 팀원들에게 실제로 트렌드를 잘 알고 있고, 이에 대해 뭔가 대비하고 있음을 보여줘야 한다는 것이다. 당신이 트렌드에 대해 잘 알고 있다면, 직원들은 그 사실을 알아야 한다. 그렇지 않으면, 효과적인 리더십 발휘에 필요한 신뢰를 얻지 못할 것이다. 직원들이 리더를 믿지 못한다면, 리더는 이끌어 가기가 어렵다. 이러한 트렌드에 대해 자신이 알고 있다는 것을 전달하고, 그것에 대비하기 위해 무엇을 하고 있는지를 보여주고, 직원들도 대비를 잘하도록 돕지 않는 한 직원들은 리더를 믿지 않을 것이다. 직원들은 종종 리더를 모방하기 때문에, 리더가 하고 있는 일에 대해 의사소통을 더 많이 하고, 리더가 하고 있는 것을 보여 줌으로써 직원들의 성공도 돕는다. 직원들에게 이러한 트렌드와 이에 대해 어떻게 생각하는지 물어보라. 직원들이 주목하는 트렌드와 그 이유를 알아보라. 리더와 직원들 간의 원활한 소통을 통해서 이 트렌드를 더 잘 인식하고 대응할 수 있도록 하라.

직원들은 자신에 대해서 더 큰 자신감을 갖고 있다

모든 직급에서는 다른 직급보다 자신들이 트렌드에 대해 더 잘 알고 있으며, 대비를 더 잘하고 있다고 믿는다. 즉, 함께 일하는 사람들보다 자신에 대한 자신감이 더 크다. 심리학에 환상적 우월성 또는 자신이 평균 보다 낫다고 생각하는 현상(the above-average effect)으로 알려진 개념이 있는데, 자신의 능력을 과대 평가하는 인지편향이다. 사실, 우리는 많은 분야에서 이런 현상을 보고 있다. 사람들은 자신이 경청을 잘하는 사람으로 인식하는 등 실제보다 더 좋게 믿는 경향이 있다. 물론 이것은 직원들이 다른 직급보다 트렌드에 대한 대비를 더 잘하고 있다고 믿는 이유 중 하나이다. 다른 하나는 다가오는 변화에 대해 실제로 대비가 되어 있을 수 있다는 것이다. 하지만 내가 경험했던 것에 비추어 보면, 이것은 사실이 아니다. 조직에서 직원들이 리더십의 미래에 대한 준비 상태를 지속적으로 평가할 수 있도록 평가 도구를 만들어 조직에서 대비를 얼마나 잘 하고 있는지에 대해 평가해 보라. 재미 있고 매력적인 활동이 될 것이다. 책 뒷부분에서 PwC가 유사한 활동을 어떻게 하는지에 대한 예가 있다.

　연구 결과는 분명하다: 리더는 더 잘할 수 있고, 더 잘해야 한다. 직원들은 리더가 조직의 미래에 대해, 직원들의 미래에 대해 생각하며 대비하고 있다는 것을 알고 싶어한다. 직원들은 리더가 자신들을 인도하고 이끌 수 있다는 확신을 가져야 한다. 여기에 리더가 해야 할 일이 많다. 그것을 하기 위해 무엇을 할 것인가?

11장
도전 과제

리더들은 항상 도전에 직면해 왔으며, 이것은 변하지 않을 것이다. 그러나 미래의 리더들이 앞으로 극복해야 할 가장 중요한 도전 과제는 무엇일까? 내가 인터뷰했던 140여 명의 CEO에 따르면, 미래의 리더들이 직면하게 될 가장 큰 도전 과제는:

- ◆ 단기적 사고에서 장기적 사고로
- ◆ 다양화된 팀원들 리딩
- ◆ 기술 발전과 변화에 적응
- ◆ 직원들에 대한 스킬 교육
- ◆ 변화의 속도에 맞춤
- ◆ 인재의 유치와 유지
- ◆ 사업을 넘어 선한 영향력 발휘
- ◆ 과거 성공의 집착에서 벗어남
- ◆ 조직을 "인간적"으로 유지

나는 CEO들에게 "미래의 리더에게 가장 큰 도전이 무엇일까요?"라고 물었다. 이 질문에 대한 CEO들의 답변을 듣고, 다양한 카테고리로 분류했다; 위에 열거된 응답이 가장 공통적이었다. 이 답변을 링크드인 회원 설문 조사에 추가했으며, 응답자들에게 상위 3개를 선택하도록 했다. 도전 과제의 우선순위가 직급에 따라 어떻게 다른지 확인할 수 있었다. CEO들의 경우는 설문 조사가 아니고, 인터뷰에서 이야기했던 내용이기 때문에 특정 문제를 언급하는 것을 잊었거나 이미 겪고 있는 도전이라고 생각했을 수도 있다. 그래도 비교를 위해 그들의 답변을 포함시켰다. 도표 11.1은 일반 사원, 중간 리더, 고위 리더, CEO에 대한 상위 세 개 응답을 보여준다. 도표 11.2는 도전 과제와 각 직급의 최우선 순위 비율이다.

일반 사원, 중간 리더, 고위 리더들은 미래 리더의 3대 도전 과제와 위에서 논의한 모든 도전 과제에 대해 거의 일치했다. 그러나 CEO들의 우선순위를 비교했을 때는 차이가 있었다. 직원들에 대한 새로운 스킬 교육 및 스킬 향상 교육이 전반적으로 최우선 과제였지만, CEO들과의 인터뷰에서는 이것은 거의 언급되지 않았다(약 40% vs 11%). 인재를 유치하고 유지하는 것은 다른 직급 모두에서 1위였지만, CEO들에게는 상위 3위 안에 들지 않은 도전 과제였다. 조직이 인간적으로 유지되도록 하는 것은 CEO들에게는 거의 마지막이었지만, 다른 직급에서는 중간에 있었다. 다시 말하지만, CEO들은 인터뷰를 하면서 응답을 했던 것이고, 다른 직급은 CEO가 응답한 것을 설문 조사를 통해 선택을 했기 때문에 이러한 불일치는 여러 가지 이유로 발생할 수 있을 것 같다.

이 도전 과제를 "미래화"와 "인간화"라는 두 카테고리로 묶었다(도표 11.3). 미래화의 도전 과제는 단기적 사고에서 장기적 사고로 바꾸고, 기술 발전에 적응하고, 변화 속도를 따라가며, 과거 성공에 대한 집착에서 벗어나는 것이다. 인간화의 도전 과제는 다양화된 팀원들을 이끌고, 새로운 스킬 및 스킬 향상 교육, 인재 유치 및 유지, 선한 영향력을 발휘하고, 조직을 인간적으로 만드는 것이다.

미래화

미래화란 말 그대로 우리 조직을 미래로 이끌어 가는 것이다. 이것은 기술에서 리더십까지 비즈니스의 모든 측면에 적용된다. 리더가 계속 백미러를 보고 있다면, 앞을 향해 운전해 가기를 기대하기 힘들 것이다.

단기적 사고에서 장기적 사고로

우리는 단기적으로 보는 것에 길들여져 있다. 조직에서는 분기별로 성과를 측정한다. 몇 달 동안 운동하고는 운동 선수가 될 것으로 기대한다. 짧은 기간 동안 홍보하면, 유명해질 것으로 기대한다. 그리고 우리가 무언가에 대해 공부를 좀 했다면, 그것의 전문가가 되었다고 생각한다. 우리는 즉각적인 만족의 세계에서 살고 있으며, 이것이 성공의 중요한 요소인 인내를 소홀히 하게 만들었다.

유니레버(Unilever)의 폴 폴먼(Paul Polman)이 말했듯이 "너무 많은 CEO가 분기별 게임을 하고, 그에 따라 비즈니스를 관리한다. 그러나 전 세계의 많은 과제는 분기별 사고방식으로는 해결할 수가 없다."

HBR(Harvard Business Review)에서 발표한 연구에 따르면, 회사의 단기 성과주의가 혁신 성과와 반비례하고 있음을 실제로 발견했다(Knott, 2017).

미래의 리더는 단기에 초점을 맞춘 관점에서 조직과 직원들의 장기적인 성공에 초점을 맞춘 관점으로 전환할 수 있어야 한다.

과거 vs 미래

우리는 종종 과거에 효과가 있었던 것을 현재 상황에 적용하면, 같은 결과를 얻을 수 없다는 것을 알게 된다. 과거에 효과가 있었다고 해서 현재나 미래에도 효과가 있는 것은 아니다. 체스에서 수십 년 동안 그랜드 마스터는 일반적으로 가장 좋은 것으로 알려진 특정한 첫 수를 두었다. 그러나 지금 우리는

미래의 리더의 3가지 도전 과제

일반 사원	중간 리더	고위 리더	CEO
인재의 유치와 유지	인재의 유치와 유지	인재의 유치와 유지	변화의 속도에 맞춤
기술 발전과 변화에 적응	기술 발전과 변화에 적응	기술 발전과 변화에 적응	다양화된 직원들 리딩
직원들에 대한 스킬 교육	직원들에 대한 스킬 교육	변화의 속도에 맞춤	기술 발전과 변화에 적응

JACOB MORGAN
© thefutureorganization.com

도표 11.1 미래 리더의 3가지 도전 과제

미래 리더의 가장 큰 도전 과제

	일반 사원	중간 리더	고위 리더	CEO
단기적 사고 vs 장기적 사고	27%	26%	29%	10%
다양화된 팀원들 리딩	31%	38%	36%	38%
기술 발전과 변화에 적응	42%	45%	45%	25%
직원들에 대한 스킬 교육	40%	40%	39%	10%
변화의 속도에 맞춤	35%	36%	41%	55%
인재의 유치와 유지	47%	46%	46%	16%
선한 영향력 발휘	22%	20%	20%	10%
과거 성공의 집착에서 벗어남	7%	5%	5%	4%
조직을 "인간적"으로 유지	32%	29%	27%	10%

JACOB MORGAN
© thefutureorganization.com

도표 11.2 미래 리더의 가장 큰 도전 과제.

미래 리더의 도전 과제

JACOB MORGAN
© thefutureorganization.com

도표 11.3 "미래화" 와 "인간화"의 도전 과제.

컴퓨터와 게임이론에 대한 지식을 알게 됨에 따라 이러한 수는 진화했다. 오늘날 그랜드 마스터가 수십 년 전의 지식을 바탕으로 게임을 한다면, 그들은 승리하지 못할 것이다. 비즈니스 세계에도 마찬가지이다.

 나는 지멘스(Siemens)의 바버라 험턴(Barbara Humpton)이 이것에 대해 이야기한 것을 좋아한다: "자기 모래성을 걷어차고, 새로운 것을 지을 의향이 있는가? 우리 주변의 모든 것에서 변화가 빠르게 나타남에 따라, 언제 움직여야 하는가를 알 수 있을 만큼 민첩한가? 그것이 리더들에게 가장 힘든 일이 될 것 같다."

 미래의 리더는 과거로부터 배워야 하지만, 성공하고 싶다면 미래를 위한 새로운 접근 방식을 창안하고 적용해야 한다. 파파존스(Papa John's Pizza) 및 던킨 브랜즈(Dunkin' Brands)의 전 CEO인 나이젤 트래비스(Nigel Travis)의 조언을 들어보자:

> 내 직장 경력 동안 내가 배운 가장 큰 교훈 중 하나는 예측의 중요성이었다. 나는 항상 앞을 내다보고, 역순으로 계획한다. 항상 새로운 지평선을 바라보지만, 그 새 지평선을 일찍 바라보겠다는 의미이다. 나는 과거의 접근 방식을 사용할 수 없는 자리에 지속적으로 배치되었기 때문에, 새로운 방식을 만들어야 했다. 뛰어한 리더가 되는 것 중 하나는 예전 것으로부터 배우면서 새로운 것을 창조하는 능력이다.

기술의 발전과 변화에 적응

미래의 리더가 직면하게 될 가장 큰 도전 중 하나는 지금보다 훨씬 더 빠른 변화에 뒤처지지 않고, 앞으로 다가올 기술 발전에 적응하는 것이다. 주변에서 일어나는 일을 파악한 것처럼 느껴질 때면, 다시 풍경이 바뀌고 외국 환경처럼 보이는 곳에 놓이게 된다. 어떻게 따라잡을 것인가? 어쨌든 무엇을 해야 할지에 대한 청사진이 있는 것 같지는 않다. "따라잡기(keeping up)"에 내재된 것은 미래가 불확실하다는 것이고, 그것이 어렵기 때문이다.

마이클 네이도프(Michael Neidorff)는 세인트 루이스(St. Louis)에 본사를 둔 전 세계적으로 약 50,000명의 직원이 있는 의료 회사인 센텐(Centene) CEO이다. 그는 20년 넘게 CEO로 일해 왔으며, 탁월하게 수행해 왔다. 그는 "불확실성에 대한 도전은 누구나 직면할 수 있는 가장 큰 도전이지만, 혁신과 기술 변화를 수용하는 것은 지속적으로 발전하기 위한 열쇠이다. 이것을 장애물로 보지 말고, 미래를 향한 창문으로 생각하라."고 말했다.

우선 리더는 변화가 자신이 저항해야 하는 것이 아니라는 생각을 받아 들여야 한다. 그것은 불확실한 세상에 존재하는 확실성이다. 많은 사람들이 변화를 두려워하는데, 이는 어떤 일이 일어날지 우리가 모르기 때문에 자연스러운 반응이다. 그러나 변화는 시작점과 끝점이 있는 것이 아니라, 지속적이고 연속적인 것이라고 본다면, 두려워할 것이 훨씬 적다는 것을 깨닫게 될 것이다. 변화에 대한 생각을 바꾸자.

짐 화이트허스트(Jim Whitehurst)는 약 13,000명의 직원이 있는 오픈 소스 소프트웨어 회사인 레드햇(Red Hat)의 사장 겸 CEO로, IBM이 340억 달러에 인수했다. 그는 이 아이디어를 멋지게 표현했다. "세상이 불확실해지고 있으므로 리더의 역할은 불확실한 세상에서 성공할 수 있도록 팀의 역량을 키우는 것이다. 비결은 불확실성을 길들이는 것이 아니라, 포용하는 것이다."

체스 그랜드 마스터는 체스 게임에서 모든 수를 배울 수는 없다; 앞서 언급했듯이 사실상 무한한 게임이다. 그렇다면 그들은 어떻게 훈련하고 향상시킬까? 최고의 선수들이 가장 주목하는 것 중 하나는 패턴이다. 그들은 상대방과 플레이하는 중에, "직감"에 의해 비슷한 위치나 구조를 즉시 인식할 수 있다. 리더는 패턴을 이해하는 데 능숙해야 한다.

리더는 또한 '10의 힘'을 실천해야 한다. IDEO의 CEO인 팀 브라운(Tim Brown, 19년 만에 최근 사임)을 인터뷰했을 때, 그는 1970년대에 개봉된 '10의 힘 (Powers of Ten)'이라는 단편 영화에 대해 이야기했다. 유튜브에서 무료로 제공

되며, 약 9분 소요된다. 잔디에서 피크닉을 하는 부부를 보여주는 것으로 시작한 다음, 더 넓은 공원을 보여주기 위해 10배 줌 아웃(zoom out)한 후, 다시 화면을 10배 줌 인(zoom in)하여 그들이 있음을 보여준다. 화면은 호수 근처, 주변 건물 및 자동차가 다니는 거리. 시청자가 잔디 위의 부부로부터 1억 광년의 거리가 될 때까지 계속 멀어진다. 그런 다음 세포 수준에서 원자 수준까지 0.000001 옹스트롬에 도달할 때까지 다시 줌 인(zoom in)하기 시작한다.

리더는 10의 힘으로 생각해야 한다. 즉, 매우 큰 그림을 볼 수 있어야 하지만, 그 그림이 무엇을 의미하는지, 심지어 그 그림의 구성에 대한 세부 사항도 이해할 수 있어야 한다. 예를 들어 기술 측면에서 리더는 해당 기술이 회사, 산업 또는 세계에 미칠 수 있는 잠재적 영향을 이해해야 하지만, 특정 기술이 직원들이나 조직 업무에 어떤 영향을 미칠 것인지 이해할 수 있어야 한다. 리더는 축소도 하고, 확대도 할 수 있어야 한다. 그렇게 하면, 사물을 균형감 있게 들여다 볼 수 있으므로, 눈 앞에 다가오는 반짝이는 장난감을 쫓지 않게 된다. 10의 힘을 실천할 수 있으면, 시간과 자원을 어디에 투입할지 이해하는 데 도움이 될 것이다.

인간화

세상의 모든 회사는 기술 없이는 존재할 수 있어도, 사람 없이는 존재할 수 없다. 인터뷰했던 CEO들은 사람들이 모든 조직의 가장 가치 있는 자산이며, 앞으로도 계속될 것임을 인식하고 있었다. 인간화의 도전은 다양성이 있는 팀을 이끌고, 직원들에게 새로운 스킬과 기존 스킬을 향상시킬 교육을 하고, 최고의 인재를 유치하고 유지하며, 선한 영향력을 발휘하고, 조직을 인간적으로 만드는 것 등이 있다.

 안토니오 후에르타스(Antonio Huertas)는 스페인에 본사가 있고, 약 40,000명의 직원이 있는 글로벌 보험 회사인 맙프리(MAPFRE) CEO이다. 그는 조직을 인간적으로 만드는 것의 신봉자이다. 인터뷰에서 그는 이렇게 말했다:

앞으로 나아갈 길은 진정성을 갖는 것이다. 진실한 마음으로 이 해관계자와 시간을 보내고, 진실한 마음으로 팀을 이끌고, 소셜 미디어에도 진실한 모습으로 그리고 당신이 실제 행동하는 대로 하는 것이다. 리더로서 스스로 이러한 일을 할 준비가 되어 있지 않다면, 직원들이 진실하고 투명할 것이라고 기대할 수 없다. 이 초연결 세계에서 우리는 인간을 모든 것의 중심에 두고, 휴머니 즘에 의지해야 한다.

다양성이 있는 팀의 리딩

우리 직장 생활의 어느 시점에서 우리는 모두가 같아 보이고, 같은 것을 믿고, 비슷한 배경을 갖고, 같은 종류의 일을 하는 팀의 일원이 된다. 이 책을 읽는 많은 분들이 이런 팀의 일원일 수 있다. 나는 이런 팀을 직접 봤다. 종종 글로벌 조직의 고위 리더들에게 강의를 할 때, 나는 정장 차림의 중년 남성들로 가득하다는 것을 즉시 알아 차린다. 재미있는 점은 강의가 끝난 후, 사람들이 조용히 다가와 사람들이 너무 비슷하다는 사실을 비웃는 것이다. 비웃는 것을 그만두고, 이제는 바꾸어야 할 때이다.

다양성이 있는 팀은 비슷하지 않은 모습의 사람들로만 구성되는 것은 아니다. 사람들이 서로 다른 세대, 배경, 문화, 종교, 물리적 장소 등을 갖고 있다는 것을 의미한다. 동질적인 팀을 이끄는 것은 쉬울 수 있다. 그것은 일반적으로 잘 따르는 사람들과 함께 하는 것으로 끝나는 책임 회피이다. 여기서 도전은 두 가지이다. 리더로서 용기를 가지고 다양성이 있는 팀을 만들고, 이 팀을 효과적으로 리드할 수 있도록 사고방식과 스킬을 갖추는 것이다.

저서 '팀 중의 팀: 복잡한 세상에서의 새로운 몰입 원칙(Team of Teams: New Rules of Engagement for a Complex World)'에서 스탠리 맥크리스탈(Stanley McChrystal) 장군은 이라크 전쟁 중에 겪었던 몇 가지 도전에 대해 이야기한다. 그는 해군 특수 부대, 육군 특수 부대 등 다양성이 있는 팀의 리더였다. 이 팀원들은 개별적으로 뛰어났지만, 협력하는 것이 어려웠다. 따라서 그는 팀을 하나로 묶는 작업을 했다(McChrystal, 2015). 예를 들어, 특공대는 분석가 부대에서 몇 달동안 일하고, 분석가는 특공대에서 몇 달을 근무하도록 했다. 이렇게 한 결과 사일로가 무너지고, 팀은 이전보다 훨씬 강해졌다.

조지 올리버(George Oliver)는 120,000명의 직원이 있는 다국적 기업 존슨 콘트롤즈(Johnson Controls) CEO이다. 그는 "성공을 위해서는 동질적이고 과거에 구축된 팀보다 더 혁신적이고 다양성이 있는 팀을 갖는 것이 필요하다. 존슨콘트롤즈에서 구축하고 있는 것은 팀워크, 팀 인센티브, 결국 모든 사람이 팀과 함께 승리라는 동일한 목표에 초점을 맞추고 자신의 성공을 인정 받는 다양성이 있는 문화이다."라고 말했다.

최고의 인재 유치와 유지

가까운 미래에 모든 조직이 가지고 있는 가장 큰 자산은 사람이다. 사람은 제품과 서비스를 개발하고, 고객과의 관계를 구축하고, 미래를 상상하여 창조하고, 다른 사람들을 리드한다. 조직의 미래 성공을 결정하는 것은 바로 사람이다.

이것은 전 세계 비즈니스 리더들에게 항상 도전이었지만, 해가 갈수록 최고의 인재를 유치하고 유지하는 것이 점점 더 어려워진다. 조직은 더 바람직한 직장을 만들기 위해 직원 경험과 같은 것에 더 적극적으로 투자하고 있으며, 직원들은 그 어느 때보다 자신들의 관심, 가치, 조직에 요구하는 것에 대해 강력한 목소리를 내고 있다. 직원들은 더 이상 자신이 그 조직에서 일을 해야 하는 이유를 조직에 설득하려고 하지 않는다. 이제는 조직이 직원들에게 그 조직에서 일을 해야 하는 이유를 설득해야 된다. 이것은 인재의 세계에서 완전한 반전이다.

최근 맥킨지 글로벌 연구소(McKinsey Global Institute)의 연구에 따르면, 유럽과 북미 기업에서는 2020년에 대학 교육을 받고 취업을 할 수 있는 인원보다 1,600만~1,800만 명이 더 필요할 것으로 예상한다. 기업은 10개 일자리 중

1개에 대해 직원 채용이 힘들 것이며, 이 일자리에 최고의 인재로 채우는 것은 더욱 어려울 것이다(Keller, 2017).

배리 래퍼티(Barri Rafferty)는 2,000명 이상의 직원이 있는 글로벌 커뮤니케이션 컨설팅 회사인 케첨(Ketchum)의 CEO이다. 그녀는 인재에 대해 이렇게 말했다:

최고의 인재를 유치하고 유지하려면, 그들의 경험에 투자해야 한다. 직원들은 더 많은 힘을 가지고 있으며, 이 힘은 계속해서 증가할 것이다. 우리는 그들을 위해서가 아니고, 그들과 함께 조직을 구축해야 한다. 리더들은 자기 조직에서 일할 사람들 없이는 아무것도 하지 못한다는 것을 이해해야 한다

직원에게 새로운 스킬 교육과 스킬 향상 교육

새로운 기술이 지속적으로 등장하고 있으며, 기술 발전 속도는 엄청나다. 새롭게 등장한 기술은 새로운 업무 방식, 이전에는 볼 수 없었던 비즈니스 모델, 새로운 도전과 기회를 가능하게 한다. 미래 리더의 도전 과제는 신입 직원이 적응하는 데 필요한 스킬을 교육하는 것뿐만 아니라, 기존 직원이 새로운 역할을 할 수 있도록 하는 것이다. 우리는 학교와 자기 조직에서 배운 내용이 대부분의 직장 생활 동안 유용할 것이라고 생각해 왔다. 대부분의 조직은 미래 인력에게 어떤 업무, 스킬 또는 사고방식이 필요할지 잘 모른다. 그렇다면 어떻게 그들을 교육을 하고, 또 고용을 할 수 있겠는가?

많은 직원들이 기술로 인해 대체되는 것을 걱정할 경우, 리더로서 어떻게 대응하겠는가? 리더십에 대한 진짜 테스트는 팀원들에게 지속적으로 투자할 수 있는 능력이다. 우리는 현장 직원에

게 특별히 투자하여 표준 승진 단계를 추월하여 성장할 수 있는 기회를 제공하고 있다. 전문성 개발은 추가적으로 개인적인 자기 인식과 마음 챙김에 대한 투자를 필요로 한다. 직원들에게 투자하면, 새로운 기술이 등장할 때 동기 부여와 회복 탄력성을 전체적으로 높인다.

이것은 직원이 80,000명에 달하는 의료 회사인 다비타(DaVita Inc.) CEO이자 이사회 회장인 켄터 시리(Kent Thiry)가 했던 말이다.

나는 더 많은 리더들이 이런 사고방식을 받아들였으면 좋겠다. 직원을 재교육하고 기술을 향상시키는 것은 업무상 필요하기 때문만이 아니라, 당신이 어떤 리더이고, 당신이 기꺼이 직원들을 배려하는지를 보여주기 때문이다.

예를 들어, 아마존은 최근에 "Upskilling 2025"라는 것을 발표했다. 여기에서 2025년까지 10만명의 직원(직원의 1/3)을 교육하기 위해 7억 달러 이상을 투자하고 있다. 조직 전체의 직원들은 교육 프로그램을 이용할 수 있게 될 것이다. 즉, 직원이 다른 역할을 하기로 결정하면, 회사 내에서 이동 가능성을 더 높일 수 있게 된다. 예를 들어, 제조 분야 근로자는 기계 학습과 같은 좀 더 기술적인 것으로 전환하는 데 필요한 스킬을 배울 수 있다. 이러한 프로그램에는 Associate2Tech, 아마존 기술 아카데미(Amazon Technical Academy), 기계학습 대학(Machine Learning University) 등이 포함된다. 아마존이 이것에 집중하는 것은 당연하다. 이 글을 쓰는 현재, 회사에서는 충원을 위해 노력하는 20,000개 이상의 일자리를 가지고 있다. 아마존은 또한 다른 회사에서 사용할 수 있는 인증을 제공하여 자기 조직을 넘어서고 있다(Matsakis, 2019).

액센추어(Accenture), AT & T, JP모건(JPMorgan Chase & Co.) 등과 같은 조직도 미래의 업무에 수억 달러를 투자하는 장기 재교육 계획을 수립했다.

선한 영향력 발휘

개인적으로 우리는 단순히 돈을 버는 것 이상에 관심이 있는 조직에 소속되거나 그런 조직과 거래하는 데 관심이 있다. 우리는 지역 사회 및 전 세계에 선한 영향력을 미치는 데 초점을 맞춘 조직의 일원이 되기를 원한다. 이것이 가장 큰 도전으로 인식되는 것은 조금 슬픈 일이지만, 분기별 수익과 이익 창출에 대한 끊임없는 집착으로 인간적인 일이 옆으로 밀려나는 경향이 있다. 리더는 이러한 변화를 일으켜야 할뿐만 아니라, 모든 이해관계자를 포함하여 다른 사람들도 이러한 변화를 이룰 수 있도록 지도하고 가르쳐야 하기 때문에 도전이다.

　　주리치(Lynn Jurich)는 4,000명 이상의 직원이 있는 미국 최고의 가정용 태양광 및 에너지 서비스 회사인 선런(Sunrun)의 CEO이다. 그는 이에 대해 매우 열정적이다:

> 자본 시장뿐 아니라, 다른 분야에서 어떻게 운영하고 있는지에 대한 리더의 광범위한 인식이 있어야 한다. 리더는 자기 조직이 우리의 정치 시스템, 사회 시스템, 공동체 등에 어떤 작용을 하는지 이해해야 한다. 모든 기관의 리더는 자신이 더 큰 선한 일(the greater good)에 어떤 기여를 하고 있으며, 사람들에게 어떤 영향을 미치고 있는지 스스로에게 물어볼 필요가 있다.

　　미래의 리더는 조직에서 하는 일이 세상을 더 좋은 곳으로 만드는 데 어떤 도움이 되는지 보여주고 설명할 수 있어야 한다. 훌륭한 재무적 수익과 성과를 보여주는 것만으로는 충분하지 않다.

　　스마일 브랜즈(Smile Brands)는 5,000명 이상의 직원이 있는 미국의 치과 서비스 조직이다. 이 회사는 세계 최대 규모의 직장 평가 사이트인 글래스도어(Glassdoor)에서 거의 완벽한 별 5개 등급을 받았을 뿐만 아니라, CEO인 스티브 빌트(Steve Bilt)도 98%의 직원 지지율을 가지고 있다. 다른 조직에는 거의 없는 일이다. 회사 문화는 '모두를 위한 미소(Smiles for Everyone®)'라는 간단한 세 단어 미션을 중심으로 구축되었다. 광고 카피처럼 들릴지 모르지만, 이 회사에서 이것은 환자, 보호자, 직원, 공급 업체 및 지역 사회 파트너와의 상호작용을 안내하는 강력한 만트라이다. 2013년 소유권이 바뀌어 회사 설립자인 스티브 빌트(Steve Bilt)와 브래드 슈미츠(Brad Schmidt)가 물러났다. 새 소유주는 조직에 자신들의 흔적을 남기려고 했으며, 미션을 바꾸고 모든 업무 장소에 새 미션을 게시하여 그것을 실행했다. "공급자와 치과 팀에게 환자를 우선시하여 지역 사회에서 가장 선호하는 치과 진료실이 될 수 있는 자유를 제공하는 것"이라는 새로운 미션은 업무적인 말로 가득 차 있었고, 직원의 마음을 움직이지 못했다. 이전 미션처럼 단순성이 부족했을 뿐만 아니라, 더 중요한 것은 경영자의 행동과 새로운 미션 사이에 큰 단절이 있다는 것이다. 2016년 빌트(Bilt)와 슈미츠(Schmidt)가 다시 돌아 왔을 때, 오래 근무했던 직원들은 "모두를 위한 미소"를 되찾자고 간청했다. 그리고 그것은 다시 그들의 미션이 되었다. 빌트에 따르면, "우리의 사업은 언제나 사람들에 관한 것이며, 우리의 직원들과 우리 문화에서 시작된다. 우리가 그것을 올바르게 하면, 자연스럽게 환자와 우리의 더 넓은 커뮤니티로 확장된다. 궁극적으로 우리 직원들과 우리의 목적과의 연결은 모두를 위한 미소를 전달하는 우리의 'why' 뒤에 있는 'how'이다."

조직을 인간적으로 만듦

대부분의 조직이 성과가 나빠지면 무엇을 하는지 생각해 보자. 마치 소모성 부품처럼 직원들을 해고한다.

조직을 더 인간적으로 만든다는 것은 리더로서 우리와 함께 일하는 직원들을 근로자 이상으로 보는 것을 의미한다. 우리는 그들을 가족과 친구, 두려움과 스트레스, 희망과 꿈, 감정과 생각, 목표와 열망을 가진 개인으로, 무엇보다도 당신과 똑같은 인간으로 봐야 한다. 기술 중심 세상에서 우리는 종종 인간성을 잃어버린다. 하지만 기억하라. 리더는 항상 직원들을 바위가 있는 곳이 아닌 미래와 안전한 곳으로 인도하는 등대이다.

마이크 맥더먼트(Mike McDerment)는 자영업자들을 위한 회계 소프트웨어를 판매하는 300명 규모의 회사인 프레시북스(FreshBooks) CEO이다. 나는 그의 이 말을 아주 좋아한다: "기술 혁신의 속도에도 불구하고, 변하지 않는 한 가지가 있다. 사람들은 여전히 인간의 경험을 찾고 있다." 프레시북스에서는 조직을 보다 인간적으로 유지하기 위해 직원들은 블라인드 데이트를 할 수가 있다. 하지만 로맨틱한 데이트는 아니다; 서로 교류할 기회를 거의 갖지 못하는 다른 팀 사람들과 업무적인 데이트를 하는 것이다. 그들은 함께 커피를 마시거나 점심을 먹으러 간다. 요점은 직원들이 단지 근로자가 아닌 인간으로 서로를 알아가는 것이다. 리더는 직원을 더 잘 파악하고, 현장과 조직 전체에서 일어나는 일을 파악하고, 부서 및 직급 간에 아이디어를 배우고 공유할 수 있다. 재미있고, 인간적이다.

12,000명의 제조 회사인 배리 웨이밀러(Barry-Wehmiller)에서는 다른 회사와 마찬가지로 이직률과 유지율을 측정한다. 그러나 그들은 인원수라고 부르지 않는다. 대신, 그들은 그곳에서 일하는 사람들이 인간이고, 소모품이나 교체가 가능한 부품이 아니라는 것을 스스로 상기시키기 위해 심박수라는 용어를 사용한다. 조직의 모든 직원을 단지 머리 하나와 손 둘 대신 마음과 영혼으로 생각하라.

바비 차코(Bobby Chacko)는 2,000명 이상의 직원이 있는 농업 협동조합 오션 스프레이(Ocean Spray)의 CEO 겸 사장이다. 그는 이러한 방식으로 직원을 보는 것의 중요성을 이해한다: "조직이 점점 복잡해지고, 리더가 더 많은 기술을 활용하기 시작함에 따라 종종 인간 요소를 놓치게 된다. 대신 리더는 기술을 사용하여 업무의 인간적인 측면에 연결하는 방법에 대해 지속적으로 생각해야 하며, 얼마나 많은 기술을 도입하든 관계없이 이를 잃지 않도록 해야 한다."

이러한 도전에 대비하고 있는가?

링크드인 설문 조사에서 물었던 질문 중 하나는 응답자들이 이러한 문제에 얼마나 대비하고 있는지였다. 이 질문은 또한 직급에 따라 분류되었다(도표 11.4). 자료는 중간 리더와 고위 리더가 이러한 과제를 해결할 대비가 되어 있다는 확신이 전반적으로 없다는 것을 분명히 보여준다.

일반 사원 중 63%는 자기 상사가 미래의 리더십 도전에 직면할 대비가 되어 있지 않거나 전혀 대비가 되어 있지 않다고 응답했다. 이것은 "꽤 잘" 또는 "매우 잘"이라고 응답한 중간 리더의 62%와는 완전히 대조적이다. 이 수치는 고위 리더와도 비슷했다. 일반 사원은 고위 리더의 62%를 이 두 하위 항목에 넣었다. 한편 고위 리더의 69%는 스스로 상위 2개 항목에 속한다고 응답했다. 중간 리더는 또 고위 리더의 61%를 하위 2개 항목으로 인식했다.

데이터를 살펴보면, 전 세계의 리더와 조직이 실제로 대비를 할 경우, 엄청난 가능성이 있다는 것을 포착할 수 있을 것이다.

이것이 미래의 리더가 극복해야 할 가장 큰 도전이다. 사실, 우리는 이미 오늘날 이러한 도전을 보고 있지만, 10년 후에는 더 심각한 도전이 될 것이다.

이것은 미래의 리더로서 앞서 설명한 트렌드에 적응할 수 있는 방법에 대해 무엇을 의미하며, 당신은 위에서 설명한 도전을 극복하기 위해 무엇을 할 수 있는가? 내가 "주목할 9가지(The Notable Nine)"라고 부르는 새롭고 업그레이드된 사고방식과 스킬로 무장하는 것으로 시작하기 바란다.

미래의 리더가 직면할 도전에 대한 대비가 부족하다

	당신의 상사(중간 리더)는 도전에 얼마나 대비하고 있는가? (일반 사원)	당신(중간 리더)은 도전에 얼마나 대비하고 있는가? (중간 리더)	일반 사원과 중간 리더 간의 인식 차이	당신의 상사(고위 리더)는 도전에 얼마나 대비하고 있는가? (일반 사원)	당신(고위 리더)은 도전에 얼마나 대비하고 있는가? (고위 리더)	일반 사원과 고위 리더 간의 인식 차이	당신의 상사(고위 리더)는 도전에 얼마나 대비하고 있는가? (중간 리더)	중간 리더와 고위 리더 간의 인식 차이
전혀 대비 안됨	23%	4%	19%	23%	3%	20%	21%	18%
약간 대비됨	40%	33%	13%	39%	28%	11%	40%	12%
상당히 대비됨	28%	47%	19%	27%	47%	20%	30%	17%
매우 잘 대비됨	8%	15%	7%	9%	22%	13%	8%	12%

JACOB MORGAN
© thefutureorganization.com

도표 11.4 미래의 리더가 직면할 도전에 대한 대비 부족.

주목할 9가지 사고방식과 스킬

이 책을 위해 수행된 모든 연구에서, 5가지 스킬과 함께 4가지 사고방식이 미래의 리더가 가져야 하는 필수 요소인 주목할 9가지(도표 11.5)로 계속 나타났다. 4가지 사고방식은 탐험가, 요리사, 서번트, 글로벌 시민의 사고방식이다. 이것은 3부에서 자세히 다룰 것이다. 5가지 스킬은 코치, 미래학자, 기술의 10대, 통역사 및 요다(Yoda)의 스킬이다. 4부에서 자세히 다룰 것이다.

도표 11.5 주목할 9가지: 사고방식과 스킬.

주목할 9가지(Notable Nine)를 마스터하고 사용하는 것은 자신뿐만 아니라, 주변의 다른 사람들도 똑같이 하고 있는지 확인할 수 있는 도구가 된다. 이를 통해 미래를 대비할 수 있는 진정한 리더가 되고, 미래에 직장이 보장될 것이며, 조직의 가치를 획기적으로 높일 수 있을 것이다.

제3부

리더에게 필요한
4가지 사고방식

탐험가

12장
탐험가의 사고방식

사고방식 4가지를 하나씩 살펴보기 전에 사고방식(Mindset)이 무엇을 의미하는지 이해할 필요가 있겠다. 사고방식은 생각하는 방식을 의미하며, 이것은 결국 행동에 영향을 미친다.

예를 들어, 직원들에게 업무를 지시하는 것이 리더의 책임이며, 자기 지시에 반대를 해서는 안된다고 생각하는 철저한 권위 의식을 가지고 있는 리더를 생각해 보자. 이런 리더는 직원들의 관점과 아이디어에 훨씬 더 폐쇄적이고, 공감과 자기 인식을 못하고, 결국 해로운 조직문화를 만들 것이다. 반면에, 주변 사람들을 섬긴다고 믿는 리더, 즉 자기 생각에 의문을 제기하고, 현실 안주를 타파하는 리더, 일과 삶의 경계가 모호해지는 것을 이해하는 리더를 생각해 보자. 이런 리더는 공정하게 평가되고 대우를 받는다는 직원들의 신뢰와 심리적 안전감을 바탕으로, 훨씬 더 인간적인 조직문화를 만들 것이다.

리더인 당신이 믿고 있는 것은 조직문화에 영향을 미치게 된다. 우리 중 많은 사람들이 더 이상 효과적이지 않거나 적합하지 않은 리더십 스타일과 방식을 습득했기 때문에 이것을 바꾸기가 쉽지 않다. 사고방식을 속일 수는 없다. 즉, 리더의 역할이 지시와 통제하는 것이라고 마음 속으로 생각하면서, 개방성과 투명성의 모습을 드러내기는 어렵다. 직원들은 알게 될 것이고, 리더로서 실패할 것이다.

미래 리더의 4가지 사고방식

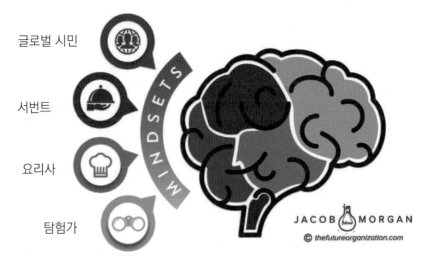

도표 12.1 미래 리더의 4가지 사고방식.

　　인터뷰에서 CEO들이 말했던 미래의 리더들에게 꼭 필요한 사고방식은 12개가 조금 넘었다. 그 사고방식들 중 몇 가지는 서로 밀접하게 연결되기 때문에, 그것들을 합쳤다(도표 12.1 참조). 예를 들어 호기심과 학습은 별개의 사고방식이지만, 하나는 다른 하나 없이는 있을 수 없기 때문에 탐험가 사고방식에 포함시켰다. 여기에서 설명될 사고방식은 CEO 140여 명이 앞으로의 리더에게 가장 중요할 것으로 확인한 것들이다. 현재 또는 미래의 리더는 모두 이것을 이해하고 실천해야 된다는 것이다. 리더가 생각하는 방식이다.

탐험가 사고방식의 개요

역사는 새로운 땅, 사람, 사물, 아이디어를 발견한 탐험가들의 이야기로 가득 차 있다. 탐험가는 미지의 세계를 발견하려는 사람들이지만, 모든 탐험가가 리더는 아니다. 어니스트 헨리 섀클턴 경(Sir Ernest Henry Shackleton)은 두 가지 모두였는데도, 대부분의 사람들은 그를 잘 모른다. 그는 아일랜드에서 태어났지만, 영국에서 살았다. 1914년에 그는 남극을 탐험하기 위한 원정대를 만들었다. 1,800마일의 바다로 남극을 횡단하는 것이 목표였다. 그들은 탐험을 완수하지 못했지만, 위대한 리더십 교훈을 남겼다

섀클턴은 대원을 모집하기 위해 신문에 투박하지만 정직한 광고를 냈다. "위험한 여행을 할 남자들을 원함. 적은 임금, 혹독한 추위, 몇 개월 간의 어두움, 끊임없는 위험, 불확실한 귀환. 성공할 경우에는 명예와 인정이 주어짐." 회사에서 일하는 것이 어떤지에 대해 아주 정직하게 말해 준다고 해도, 직원들이 여전히 지원할까? 회사에서의 대부분 업무가 섀클턴의 광고 내용과 비슷하지 않은가! 성공할 경우에도 직원들은 명예와 인정을 받지 못하는 것을 제외하고 말이다.

수십 명의 남성들이 대원으로 선발되었고, 탐험이 시작되었다. 재난이 닥치는 데는 오래 걸리지 않았다. 남극 해안선 근처 웨델 해(Weddell Sea)를 항해할 때 그들의 배, 인듀어런스(Endurance) 호는 10개월 동안 얼음에 갇히게 되었다. 결국 배는 얼음에 부서져 가라앉았다. 배가 물에 잠기기 전에 선원들은 3대의 구명정에 모든 물품을 옮겨 싣고, 5개월 동안 부빙(ice floe)에서 살았다. 그들은 얼마나 오래 살아남을 수 있을지 알 수 없었다.

얼음이 얇아지기 시작하여 대원들은 다시 구명정에 올랐다. 섀클턴은 강풍과 파도와 싸우며 5일 동안 가야 하는 코끼리 섬(Elephant Islan)으로 향했다. 그들이 도착했을 때, 땅에 발을 디딘 지 1년이 넘은 시점이었다. 코끼리 섬은 사람이 살지 않았고, 살 수 없는 곳이었다. 섀클턴은 그곳에 머물면, 모두 죽게 될 것이라는 것을 알았다. 그는 가장 손상이 적은 보트로 5명의 대원과 함

께 800마일 떨어진 사우스 조지아 섬(South Georgia Island)으로 도움을 요청하려 갔다. 그들은 흐린 하늘과 폭풍 속에서 며칠 만에 나타난 태양의 방향을 따라 여행하다가 16일 후에 섬에 도착했다. 그러나 여정은 여기서 끝나지 않았다. 포경 기지는 섬 반대편에 있었다. 섀클턴은 2명의 대원과 구조 요청을 하러 포경 기지로 가기로 했다. 그들은 구명정에서 나사를 뽑아 신발 바닥에 붙여 눈에 미끄러지지 않게 하고서 거의 이틀 동안 빙하와 설원을 걸었다.

그들은 굶주리고, 지치고, 허약해졌지만, 마침내 포경 기지에 도착했다. 구명정에 남아 있던 대원들은 곧바로 구할 수 있었지만, 코끼리 섬에 있는 대원들을 구하는 데는 세 번의 시도와 3개월의 기간이 더 소요되었다. 결국 28명의 대원 모두 살아 남았다. 몇 년 후 섀클턴은 남극 대륙으로의 또 다른 탐험을 시작했지만, 시작과 동시에 심장마비로 47세에 사망했다. 그는 사우스 조지아 섬에 묻혔다.

이 이야기가 놀라운 이유는 모두 살아 남았다는 사실뿐만이 아니다. 그들이 살아 남은 방법이다. 그들이 부빙(ice floe)에 있을 때에도 섀클턴은 그들의 불안정한 상황에 대해 생각을 하지 않도록 대원들을 즐겁게 하려고 노력했다. 그는 대원들에게 사랑하는 사람들에 관한 이야기를 하도록 격려했다. 그들은 하키도 하고, 함께 노래도 불렀다. 섀클턴의 끊임없는 메시지는, 역경을 이길 힘은 단결에 있다는 것이었다. 대원들의 눈에는 그의 정신력이 결코 흔들리지 않았다. 함께 탐험했던 대원들의 일기가 그것을 증명했다. 그의 낙관주의, 강인함, 존중, 감탄이 기록되어 있었다. 그는 대원들의 필요를 자기 것보다 우선시했다.

1등 항해사인 리오넬 그린스트리트(Lionel Greenstreet)는 그들이 "보스"라고 불렀던 그를 이렇게 설명했다: "섀클턴의 첫 번째 생각은 대원들을 위한 것이었다. 그는 대원들이 충분한 옷을 입는 한, 자기는 셔츠가 없어도 상관하지 않았다"(Dartmouth, n.d.).

섀클턴에 대해 쓰여진 많은 이야기를 읽으면서 오늘날 기업 리더들이 섀클턴 입장이었다면, 얼마나 그런 방식으로 리드할지 궁금했다. 우리 모두는

답을 가지고 있다: 답은 많지 않다. 오늘날의 리더들은 수익에 초점을 맞추고 있지만, 돈이 아니라 자신을 포함하여 직원들의 삶에 초점을 맞춘다면, 어떻게 리드할 것 같은지 상상해 보라.

샤클턴의 이야기와 역사는 매우 흥미롭고, 그에 관한 많은 책과 여러 영화가 있다. 그는 단지 위대한 탐험가만이 아니라, 위대한 리더였기 때문에 미래의 리더가 가져야 할 탐험가의 진정한 사고방식을 드러내고 있다. 이것은 리더가 호기심이 많고, 평생 학습자이며, 성장 마인드를 갖고 있고, 열린 마음과 민첩하다는 것을 의미한다.

호기심

마이클 델(Michael Dell) CEO에게 미래의 성공에 필요한 특성 하나만 선정해 달라고 요청했을 때, 그의 대답은 "호기심(curiosity)"이었다. 월트 디즈니(Walt Disney)도 "여기서는 오래 뒤돌아 보지 않는다. 우리는 호기심이 많고, 호기심이 우리를 새로운 길로 인도하기 때문에 우리는 계속 전진하고, 새로운 문을 열고, 새로운 일을 하고 있다."라는 유명한 말을 했다. 위대한 알버트 아인슈타인(Albert Einstein) 조차도 "나에게 특별한 재능이 없다. 나는 오직 호기심이 왕성하다."라고 했다.

우리 모두 어려서는 호기심과 경이로움을 갖고, 일이 어떻게 이루어지며 우리의 한계가 무엇인지 알기를 원하면서 성장한다. 그러나 우리가 학교 교육을 받고, 기업에 들어가면, 호기심을 표현하는 능력이 감소한다. 학교에서 우리는 시험에 합격하기 위해 항상 정답을 찾도록 배운다. 그리고 회사는 우리에게 일을 하고, 돈을 벌고, 실패를 하지 말고, 효율적으로 하라고 강조하고 있다. 호기심은 이러한 원칙에 어긋난다; 호기심에 내재되어 있는 것은 기회를 포착하고, 틀리고, 현실 안주를 타파하는 것이다. 파블로 피카소(Pablo Picasso)는 "모든 아이들은 예술가이다. 문제는 그가 자라나서도 예술가로 남는 방법이다."라고 했다.

기업 세계에서 분명한 것은 직원들이 호기심이 있어도 그 호기심을 표현하거나 추구할 수 없다는 것이다. 아이들은 호기심을 보이고 질문을 하는 데 문제가 없으며, 권위에 도전하고 현실 안주에 의문을 제기하는 데 확실히 어려움이 없다. 그러나 대부분의 조직에서 이렇게 하는 사람은 문제 직원으로 간주된다. 그렇기 때문에 많은 직원이 여전히 질문을 하지만, 마음 속으로만 한다. 우리 모두는 우리가 탐구하고 싶은 아이디어, 시도하고 싶은 것, 제안하고 싶은 개선점을 가지고 있지만, 안타깝게도 우리는 이것을 밖으로 표현하지 않는다. 호기심을 갖는 것과 호기심에 따라 행동하고 표현하는 것에는 큰 차이가 있다.

세상이 계속 변함에 따라 조직은 이에 적응해야 한다. 이런 상황에서 리더가 되어야 할 사람은 호기심이 많아야 한다. 호기심은 새로운 아이디어, 제품, 서비스, 일하는 방식을 찾도록 하는 사고방식이다.

브래드리 제이콥스(Bradley Jacobs)는 100,000명 이상의 직원이 있는 엑스포 로지스틱스(XPO Logistics) CEO이다. 그는 이전에 캘리포니아 북부에서 가장 큰 장비 렌탈 회사인 유나이티드 렌탈스(United Rentals)를 설립했으며, 재임 기간에 500개 이상의 기업을 인수했다. 미국 투자 전문 주간지 바론즈(Barron's) 및 글래스도어(Glassdoor)에서 세계 최고의 CEO 중 한 명으로 선정되었다. 그는 호기심을 자극한다. 그는 "호기심은 효과적인 리더십에 있어서 젊음의 샘과 같다."라고 말했다.

일반적으로 리더가 경험이 많아질 수록, 자신이 오랫동안 해왔던 방식을 유지하는 것에 대한 믿음이 강해진다.

인터내셔날 SOS(International SOS)는 11,000명 이상의 직원이 있는 세계 최대의 의료 및 여행 보안 서비스 회사이다. 이 회사 CEO는 40년 전에 회사를 공동 설립한 아르노 바이시에(Arnaud Vaissié)이다. 그는 인터뷰했던 다른 어떤 CEO보다 오랫동안 CEO 역할을 했다. 그는 모든 것을 보았고, 경험해 보았다고 생각하기 쉽다. 그가 나에게 말했듯이, "내가 오랫동안 리더십을 발휘해 왔기 때문에 나는 호기심에 신경을 써야 하며, 심드렁하지 않아야 한다. 어떤

점에서 '나는 모든 것을 보았고, 어떻게 바뀌어 왔다는 것을 솔직히 나 만큼 아는 사람이 없다.'라고 말할 수 있기 때문이다."

나는 연구 논문(Kashdan et al. 2017)에 제시된 다음과 같은 호기심의 정의를 좋아한다: "호기심은 일반적으로 새롭고 불확실하며, 복잡하고 모호한 사건을 탐색하려는 인식, 갈망, 추구로 정의될 수 있다." 기본적으로 "만약?" "왜?" 그리고 "어떻게?"를 질문하는 것이다.

마크 스머크(Mark Smucker)는 7,000명 이상의 직원이 있는 J.M. 스머크(J.M. Smucker Company) CEO이다. 그는 "조직이 그 어느 때보다 지금, 우리가 변화하는 이유, '이렇게' 하는 이유, 비즈니스에 어려움을 겪는 이유를 이해하는 데 그 어느 때보다 굶주리고 있다고 생각한다. 우리는 무엇을 다르게 할 수 있는가? 그러나 그 이유가 매우 중요하다."라고 나에게 말했다.

지난 몇 년 동안 토드 카시단(Todd Kashdan) 박사는 호기심을 연구하는 팀을 이끌었다. 그는 Merck KGaA와 공동으로 2016년과 2018년에 다시 발행된 "호기심 현황 보고서(State of Curiosity Report)"를 냈다. 2018년 버전은 3,000명 이상의 설문 응답자로부터 수집한 데이터를 기반으로 한다(Kashdan, 2018). 연구에 따르면, 조직 내에서 혁신할 가능성이 가장 큰 호기심 많은 사람은 다음과 같은 4가지 특성을 가지고 있다.

즐거운 탐구(Joyous exploration)

우리는 새로운 지식과 정보를 찾음으로써 큰 즐거움을 얻고, 학습과 성장에서 기쁨을 얻는다. 토드(Todd)에 의하면, 이것은 대부분의 사람들이 호기심이 생길 때 얻게 되는 것이다; 그들은 호기심을 아이들처럼 새로운 것을 시도해 보고, 탐구하는 것이라고 가정한다.

결핍 민감성(deprivation sensitivity)

이것은 자신이 알고 싶은 것과 알고 있는 것 사이에 차이가 있음을 인식하고, 그 차이를 메우려고 할 때 발생한다. 예를 들어, 호기심이 리더십의 미래에 대한 최고의 사고방식 중 하나라는 것을 확인한 후, 나는 지식 격차를 줄이기 위해 이 주제에 대해 최대한 많이 배워야 했다. 나는 책을 읽고, 연구 자료를 검토하고, 토드와 같은 전문가와 이야기했다. 이것은 마치 이 책을 쓰는 것과 같은 바쁘고 스트레스가 많은 경험이 될 수 있다! 토드는 이것이 우리의 전통적인 호기심(즐거운 탐구) 개념과는 다르기 때문에 리더가 혼란을 겪는 영역일 수도 있다고 지적했다.

다른 사람 아이디어에 개방(openness to people's ideas)

호기심을 키우려면, 다른 사람들의 다양한 관점과 아이디어에 개방적이어야 하며, 의도적으로 새로운 일을 하는 방법을 모색해야 한다. 리더는 자신이 리더이기 때문에 본질적으로 더 현명하고, 더 나은 결정을 하며, 조직에 더 가치가 있다고 가정하는 대신, "모르겠어요"라고 말하고, 다른 사람들의 관점과 아이디어를 소중히 여길 필요가 있다. 내가 인터뷰한 CEO 중 거의 20%는 미래의 리더에게 중요한 요소로 "열린 사고"라고 특별히 강조했다.

 캔디도 보텔류 브라허(Candido Botelho Bracher)는 남반구에서 가장 큰 금융기업인 이타우 우니방쿠(Itau Unibanco)의 CEO로 매출 420억 달러 이상, 자산 4천억 달러 이상, 전 세계에 100,000명 이상의 직원이 있다. 인터뷰에서 그는 열린 사고가 미래와 현재의 리더들에게 필수적이라는 생각을 강조했다:

비즈니스 혁신이 훨씬 더 빈번해지고 필요해짐에 따라 미래의 리더는 항상 자신의 아이디어와 가정에 직원들과 다른 이해관계자들이 의문을 제기할 수 있어야 한다. 이러한 상황에서 리더는 항상 모든 지식, 정보 및 답을 가지고 있을 것으로 기대할 수 없다. 점점 더 많은 리더들이 최상의 결정을 내리기 위해 다양한 배경과 관점을 가진 사람들에게 의존해야 할 것이다. 즉, 성공적인 회사를 갖기 위해서는 리더가 다른 사람들의 아이디어에 대해 열린 사고를 가져야 한다.

스트레스 내성(stress tolerance)

마지막 특성은 우리가 호기심과 관련하여 생각할 때 필연적인 것은 아니다. 결국 호기심은 재미 있고, 편안하고, 자율적이며, 탐구적이어야 한다. 모두 즐거운 탐구이어야 한다. 그런데 위에서 언급했듯이, 토드와 그의 팀은 새롭고, 생소하며, 불확실한 것을 탐구하기 때문에 호기심은 스트레스를 가져올 수 있다는 것을 발견했다. 리더는 이것을 관리하는 방법을 알아야 할뿐만 아니라, 팀원들이 이것에 대처하는 방법도 이해하도록 도와야 한다.

호기심이 더욱 더 필요하다

이 4가지 특성을 살펴보면, 왜 우리가 직장에서 더 많은 호기심이 없는지 쉽게 알 수 있다. 우리 대부분은 직장에서 새로운 지식을 찾을 시간이 없으며, 현재의 업무를 하는 것도 벅차다. 전 세계 4,000명의 직원을 대상으로 한 LinkedIn의 '2018 직장 학습 보고서'에 따르면, 94%의 근로자가 경력 개발에 투자하면, 회사에 더 오래 근무할 것이지만, 직원들이 직장에서 경력 개발에 필요한 스킬을 배울 시간이 없다는 것이 가장 큰 장애 요소라고 한다 (LinkedIn, 2018).

어떤 장애 요소는 특히 눈살이 찌푸려지는데, 많은 조직에서 이용할 수 있는 자료와 학습 프로그램은 오래된 것으로 직원들이 이용하려고 애쓰지 않는다는 것이다. 학교와 조직에서는 우리가 실수를 하지 말고, 수익을 최대한 많이 내고, 효율성을 최대한 유지하고, 위험을 최소화하는 데 초점을 맞추도록 가르친다. 또 팀원들은 서로 비슷해 보이고, 같은 행동을 하고, 같은 것을 믿고, 같은 장소에서 일하고, 심지어 유사한 업무를 하는 개인들로 구성되어 있어서 인지적 다양성(cognitive diversity)이 부족하다.

엘레나 도니오(Elena Donio)는 전 세계 2,000명 이상의 직원이 있는 법률 서비스 제공 업체 액시엄(Axiom) CEO이다. 그녀는 말했다: "회사 모든 곳의 아이디어에 대해 호기심을 가지고, 듣고 기록하며, 겸손해 질 필요가 있다.

최상의 답은 최고 경영자로부터 나오는 것이 아니라, 오히려 고객과 가장 가깝고, 우리가 현장의 문제와 기회에 가장 가까운 직원들에게서 나오기 때문에, 대화 기회를 만들고 적극적으로 참여시키는 것이 정말 중요하다."

멜리사 스미스(Melissa Smith)는 전 세계에 약 4,000명의 직원이 있는 웩스(Wex Inc.) CEO이다. 우리가 이것에 대해 이야기했을 때, 그녀는 "나는 생각의 다양성을 좋아한다; 서로 다른 유형의 리더십이 발휘되어 서로 다른 방식으로 연결될 것이기 때문에, 생각의 다양성은 회사의 경쟁 우위를 만든다."라고 했다.

우리 조직에서 호기심이 약화되는 이유 중 하나는 단기에 초점을 맞추는 집착과 익숙한 것에 대한 편안함 때문이다. 계층 구조는 지금까지 만들어진 가장 바뀌지 않는 구조 중 하나이며, 새롭거나 익숙하지 않은 것을 받아들이지 않도록 설계되었다. 즉, 어떤 변화도 이루어지기 어렵다. 호기심은 기존 체계를 교란시키기 때문에 대부분의 조직에서 문제로 간주된다. 리더는 새롭고 익숙하지 않은 것을 위협이 아니라, 기회로 보아야 한다. 스타 트렉: 넥스트 제너레이션(Star Trek: The Next Generation) 시리즈에서 장뤽 피카르 선장(Captain Jean-Luc Picard)은 쇼가 시작될 때 다음과 같은 해설을 한다:

우주: 최후의 개척지. 이것이 스타쉽 엔터프라이즈의 항해이다. 계속되는 임무는 새로운 세계를 탐험하는 것이다. 새로운 삶과 새로운 문명을 찾는 것. 아무도 가보지 않은 곳으로 대담하게 가라!

오늘날 대부분의 리더가 자신의 해설을 만들면, 다음과 같이 할 것이다:

우주: 새로운 개척지. 왜 귀찮게 하지? 이것이 바로 스타쉽 엔터프라이즈의 항해이다. 계속되는 임무는 현실 안주를 확실히 하는 것이다. 고개를 숙이고 변화를 피하는 것. 이미 가봤던 곳으로 가라!

멋진 쇼처럼 들리는가?

앞서 언급했듯이 리더십 필터는 리더가 되는 사람들의 유형을 결정한다.

순전히 단기적인 결과에만 초점을 맞추는 리더들과 함께 일하는 직원들은 호기심으로 인해 힘들어 할 것이고, 장기적인 것에 초점을 맞추는 리더들은 그 반대일 것이다. 허버트 졸리(Hubert Joly)와 베스트 바이(Best Buy)의 이야기를 떠올려 보자. 그의 회생 노력이 나타나기까지 몇 년이나 걸렸다. 그가 분기별 성과에만 집중했다면, 베스트 바이는 더 이상 존재하지 않았을 것이다.

조직에서 호기심이 장려되지 않으면, 모든 직원들이 호기심을 차단하고 결국은 기계의 부품처럼 될 것이다. 그런 환경에서 호기심이 어떻게 배양될 수 있겠는가? 될 수가 없다.

3M은 전 세계에 100,000명의 직원이 있으며, 제조, 의료, 소비재, 심지어 작업자 안전을 포함한 다양한 산업 분야의 제품과 서비스를 만들고 있다. 직원들은 자신이 흥미를 느끼고 관심이 있는 아이디어를 고민하고 연구하는데 15%의 시간을 사용할 수 있는 독특한 문화를 가지고 있다. 물론 직원들은 여전히 기존 책임을 완수해야 한다. 그들은 호기심을 가질 시간이 주어지는 것이다. 그 결과 3M은 다층 광학 필름, 큐비트론(Cubitron) 연마재(자동차 수리 및 제조용 샌딩 디스크와 같은 도구에 사용), 포스트잇(Post-it Notes) 및 하이브리드 공기 청정기를 포함하여 직원들의 호기심에서 많은 혁신을 가져왔다. 그러나 이 15%의 시간은 제품을 만들거나 서비스를 만드는 데만 사용할 필요가 없다. 프로세스 개선을 하거나 직원이 특별한 관심을 가진 그룹을 만드는 것과 같은 데에도 사용할 수 있다. 인튜이트(Intuit)는 직원들이 관심 있는 일을 하는 데 10%의 시간을 사용할 수 있는 유사한 것을 갖고 있다.

조직이 모두 이렇게 일정 시간을 배분하는 방식을 취하는 것은 아니다. 다른 조직에서는 직원들에게 단순히 공간을 제공하거나 직원들이 자신의 아이디어를 탐색할 시간과 자원을 받는 곳을 선택할 수 있는 프로그램을 만든다. 마이크로소프트에는 직원들이 물건을 자르고 만드는 것이 권장되고 지원되는 차고지가 있다. 캐피털 원(Capital One)에서 모든 직원은 회사 내 직책이나 직위에 관계없이 새로운 아이디어를 제안하고, 질문하고, 현실 안주에서 벗어나도록 권장된다. 그들은 모든 계층을 망라해서 나오는 아이디어의 가치에 초점을 둔다.

경영컨설팅 회사인 베인은 직원들이 6개월 동안 전 세계 여러 회사와 비영리 단체에서 일할 수 있는 인턴십 프로그램을 운영하고 있다. 그렇게 함으로써 직원들은 새로운 아이디어, 문화 및 관점에 지속적으로 노출된다. 이것은 호기심을 키우는 데 도움이 된다.

당신의 역할이 회사에서 "최고의 호기심 책임자"이라면, 이러한 사고방식을 장려하기 위해 어떤 프로그램이나 아이디어를 실시하겠는가? 현재 그렇게 하지 않는 이유는 무엇인가?

나는 약 70,000명의 직원이 있는 이탈리아 에너지회사인 에넬(Enel)의 CEO인 프란체스코 스타레이스(Francesco Starace)와 이야기할 수 있는 특권을 가졌었다. 에넬은 시가 총액 기준으로 유럽에서 가장 큰 유틸리티 회사이며, 전 세계 고객이 7,300만 명 이상이다. 그는 리더십을 위한 호기심의 중요성을 강조한 많은 CEO 중 한 명이다. "리더는 감을 잃지 않기 위해 그들 자신의 주변에서 일어나는 어떤 변화와도 연결되도록 하는 타고난 호기심을 가져야 한다."

"감을 잃지 말라."는 그의 말을 나는 좋아한다. 호기심을 멈출 때, 감을 잃는 것이 정확히 발생하기 때문이다: 팀원, 고객, 조직 및 주변 사람들과 단절된다.

이미 번창하고 있는 조직의 직원과 리더는 호기심을 보이기를 더 주저할 수 있다. 어쨌든 분명히 호기심이 작동하고 있지 않으면, 회사가 잘되지 않을 것이다. 일이 잘 안될 때에만 현실 안주에서 벗어나, 호기심을 보이려는 경향이 있다. 회사가 나빠질수록 우리는 호기심이 더 생긴다. 이것은 혁신에서 일반적이다. 조직은 위기에서 벗어나기 위해 새로운 것을 생각해야 할 때, 혁신을 우선시한다. CEO는 일종의 회의를 열고, "우리는 힘든 분기를 겪었으므로 개선을 위한 새로운 아이디어가 정말 필요하다."라고 말한다. 배가 가라앉을 때, 호기심을 불러 일으키는 것보다 일이 잘 진행될 때 새로운 아이디어와 그 적용 방법을 탐색하는 것이 훨씬 중요하다.

성공적인 조직일지라도 호기심 많은 리더와 직원이 필요하다. 픽사 애니메이션 스튜디오(Pixar Animation Studios)는 인사이드 아웃(Inside Out), 토이 스토리(Toy Story), 카(Cars), 니모를 찾아서(Finding Nemo), 몬스터 주식회사(Monsters, Inc.) 등과 같은 인기 영화의 실적을 보유한 엄청난 성공을 거둔 회사이다. 회사에 입사한 신입 직원은 회사가 이미 성공한 방식에 대해 질문을 하는 것을 주저한다. 공동 창립자이자 사장인 에드 캣멀(Ed Catmull)은 이러한 현상과 싸우기 위해 픽사가 잘못된 선택을 했던 경우를 항상 언급한다. 그는 신입 직원이 호기심을 갖고, 첫날부터 일이 수행되는 방식에 도전하도록 장려한다.

리더들에게는 그는 리더가 위험을 예방해야 된다고 생각하는 대신, 불가피하게 실패를 했을 때, 복구할 수 있는 역량을 구축해야 한다고 말한다. 이것은 절대적으로 옳다.

셸리 아르샹보(Shellye Archambeau)는 1,500명 이상의 직원이 있는 컴퓨터 소프트웨어 회사인 메트릭 스트림(Metric Stream)의 전 CEO이다. 버라이즌(Verizon)과 노드스트롬(Nordstrom)의 이사이기도 하다. 이에 대해 물었을 때, 그녀는 "배우며, 최고의 위험을 감수할 수 있는 사람이 최고의 성과를 낼 것이다. 우리 주변에서 모든 것들이 변화하고 있기 때문에 위험을 감수하지 않는한, 외부에 존재하는 기회를 활용할 수가 없다."라고 말했다.

토드(Todd)와 그의 팀이 했던 연구에 따르면, 호기심을 강화하는 가장 중요한 3가지 요소는 자율(업무 수행에 대한 독립성); 책임(프로젝트에 대한 직접적인 책임); 그리고 자유(새로운 아이디어를 탐구하는 데 필요한 시간을 받음)이다. 당신과 당신의 직원들은 이런 것들을 가지고 있는가?

하버드 경영대학원 프란체스카 지노(Francesca Gino)가 실시한 3,000명의 직원을 대상으로 실시한 최근 연구에 따르면, "약 24%만이 자신의 업무에 대해 정기적으로 호기심을 느낀다고 답했으며, 약 70%는 직장에서 질문을 하는 데 장애가 있다고 답했다"(Gino, 2018). 이 연구는 또한 호기심이 촉발될 때 의사 결정 오류가 줄어들고, 혁신이 증가하며, 그룹 갈등이 줄어들고, 더 열린 의사 소통이 이루어져 팀 성과가 향상된다는 것을 발견했다.

프란체스카에 따르면, "모든 직급에 호기심을 키우면, 리더와 직원이 불확실한 시장 조건과 외부 압력에 적응하는 데 도움이 된다. 우리의 호기심이 촉발될 때, 우리는 의사 결정에 대해 더 깊고 합리적으로 생각하고, 더 창의적인 해결책을 찾는다. 또 호기심은 리더에게 직원들로부터 더 많은 존경을 받을 수 있게 해 주고, 직원들에게 동료들과 더 신뢰하고 협력적인 관계를 발전시키도록 고무시킨다." 프란체스카는 또 특히 리더들에게서 호기심에 대한 두 가지 공통 장벽을 발견했다. 첫 번째는 직원들이 호기심을 갖도록 장려하면, 직원들이 자신의 관심 분야를 탐구할 수 있기 때문에 회사를 관리하는 것이 더 어려워질 것이라고 믿는 것이다. 또 리더들은 호기심이 의견 불일치로 이어질 것이며, 의사 결정이 늦어져 회사 비용이 늘어날 것이라고 믿는다. 호기심에 대한 두 번째 장벽은 효율성을 추구하는 과정에서 탐구를 희생시키는 것이다. 이것은 우리가 현재의 프로젝트를 수행하는 데 집착하고, 현재의 업무 방식이나 생각하는 방식에 실제로 질문을 하거나 도전하는 데 시간을 보내지 않는다는 것을 의미한다. 호기심에 대한 장벽은 돈으로 귀결된다는 점에 유의하라. 리더가 다른 무엇보다 수익을 우선시 할 때, 그들과 직원들은 모든 것을 희생하며, 그것을 쫓아 갈 것이다.

1990년대에 리드 헤이스팅스(Reed Hastings)는 톰 행크스(Tom Hanks)가 출연한 Apollo 13 비디오 테잎을 대여했다. 달에 착륙하려는 일곱 번째 유인 임무에 관한 멋진 영화였다; 물론 실패한 스토리다. 안타깝게도(또는 이 경우에는 매우 다행스럽게도!) 리드(Reed)는 테잎을 잘못 놓아 두어 연체료 $40를 지불해야 했다.

리드(Reed)는 아내에게 연체료에 대해 이야기해야 한다는 것이 짜증났고, 머리 속에 한 생각이 떠 올랐다. 비디오 대여 사업을 헬스 클럽처럼 운영한다면 어떨까? 헬스 클럽에서는 월 이용료를 내고, 원하는 만큼 가는데 왜 비디오 대여에 비슷한 것이 없을까? 그렇게 해서 넷플릭스가 탄생했다. 오늘날 넷플릭스는 엔터테인먼트 산업에 혁명을 일으키고 있으며, 끊임없이 스스로에게 "만약 ~하면, 어떨까?" "왜?" 그리고 어떻게?"라고, 지속적으로 묻고 있다. 호기심이 이제 넷플릭스의 9가지 회사 가치 중 하나라는 것은 놀라운 일이 아니다. 오늘날 넷플릭스는 7,000명 이상의 직원이 있으며, 가치는 1,520억 달러가 넘는다. 호기심 많은 리더는 현실 안주를 타파하고, 세상을 바꾸는 사람이다.

평생 학습자

YAHOO!의 전 CEO 마리사 메이어(Marissa Mayer)는 월마트 이사회 멤버이다. 우리가 만났을 때, 그녀는 월마트 글로벌 CEO와 미국 월마트 대표가 직원들과 했던 미팅 이야기를 했다. 미팅 중에 누군가가 손을 들고 "두 분은 만나서 시간을 어떻게 보내시나요?"라고 물었다. 두 CEO는 서로를 바라보며, 시간의 4분의 3을 함께 배우는 데 사용한다고 대답했다는 것이다.

　샤클턴과 같은 탐험가는 평생 학습자이다. 그의 대원들은 언제든지 와서 그에게 이야기할 수 있다. 이는 오늘날의 비즈니스 세계에서 자주 언급되는 일종의 "오픈도어(open door)" 정책이다. 샤클턴은 또한 생물 학자, 예술가, 사진가, 물리학자 및 기상학자를 포함한 다양한 사람들로 팀을 구성했다. 이 사람들은 미국, 스코틀랜드, 영국, 독일, 호주 및 인도를 포함한 세계 여러 지역에서 왔다. 그는 또한 대원들에게 각자의 분야에 대해 상호 학습하고, 배와 탐험 이외의 것에 대해 배우도록 장려했다. 샤클턴은 탐험을 시작하기 전에 웨델 해(Weddell Sea)를 탐색하기 위해 남극에서 고래 잡이를 했다. 그는 어렸을 때에도 열성적인 독서가였으며, 독서를 통해 모험에 대한 열정이 생겼다. 16세에 학교를 그만두었으나, 집이 가난하여 해군이나 선원 양성기관에 들어갈 수 없었다. 대신에 그는 범선의 견습 선원이 되어 세계를 여행하고, 관계를 구축하고, 각계 각층의 사람들과 함께 지내며, 소통하고, 협력하는 방법을 배웠다. 마침내 그는 자신의 배를 갖고 선원들을 리드할 수 있을 정도가 되었다 (PBS, 2002).

　리더 또는 실무자로서 당신이 지금 있는 곳은 미래에 있을 곳이 아니다. 당신의 조직이 현재 있는 곳도 미래에 있을 곳이 아니다. 리더가 학습할 때,

함께 일하는 직원들도 학습한다.

수십 년 동안 우리는 업무적으로 또 개인적으로 성공하기 위해 알아야 할 것을 교육 기관이나 우리를 고용하는 조직에서 가르쳐 줄 것이라고 생각했다. 이 생각은 한동안 옳았지만, 이미 낡은 사고방식이 되었으며, 향후 몇 년 내에 완전히 없어질 것이다. 대학을 졸업할 때까지 배운 내용의 대부분은 이제 낡았다.

 조 앤 젠킨스(Jo Ann Jenkins)는 50세 이상의 사람들에게 권한을 부여하는 데 전념하는 세계 최대의 비영리 단체인 미국 은퇴자 협회(AARP) CEO이다. 이 조직에는 3,800만 명 이상의 회원과 2,300명의 직원이 있다. 조 앤(Jo Ann)은 학습이 귀중한 자산이라고 믿고 있다:

> 미래의 리더는 조직에 학습 문화를 구축해야 한다. 지속적으로 학습하고 적응하지 않는 조직은 경쟁 우위를 잃고, 궁극적으로 생존하지 못할 것이다. 우리는 이것을 계속해서 보아 왔고, 앞으로 더 자주 그리고 더 빨리 일어날 것이다. 더욱이 학습 문화를 형성하지 않는 조직은 성공에 필요한 인재를 고용하고 유지할 수 없다. 그 사람들은 다른 곳으로 갈 것이다. 미래의 리더들에게 이러한 유형의 평생 학습은 공기와 물만큼 필수적이다.

평생 학습에는 몇 가지 요소가 있다. 첫 번째는 매우 분명하다. 새로운 것을 지속적으로 배우는 것이다. 그러나 새로운 것을 배우는 것도 삶의 일부일 뿐이다. 전년도에는 몰랐고 경험하지 못했던 것을 금년에는 알고 경험한다. 그러나 평생 학습은 단지 멍하니 앉아 새로운 것이 오게 하는 것이 아니다; 새로운 것, 사람, 아이디어를 적극적으로 찾는 것이고, 이것은 중요한 차이이다. 평생 학습의 두 번째 요소는 학습한 내용을 정기적으로 새로운 상황과 시나리오에 적용하는 것이다. 이 책에서는 업무 현장이다. 평생 학습의 마지막 요소는 학습한 내용을 적용한 결과 또는 피드백을 이해하는 것이다.

학습은 일반적으로 몇 가지 방법으로 일어난다. 첫 번째는 공식적인 학습으로, 기본적으로 교육 기관에서와 같이 구조화된 방식으로 배우는 것이다. 두 번째는 비공식적 학습으로, 본질적으로 더 자기 주도적이지만, 여전히 일부 구조를 가질 수 있다. 예를 들어, PwC 디지털 피트니스(PwC Digital Fitness) 앱은 새로운 것을 배우는 것을 목표로 팟 캐스트나 TED를 듣는 것과 같이 비공식 학습의 일부가 될 것이다. 세 번째는 경험적 또는 비공식적 학습으로, 좀 더 자연스럽게 배울 수 있다. 아이들이 어떻게 태그를 하는지 생각해 보자. 태그에 대한 체계적인 커리큘럼이나 인증은 없지만, 아이들은 실천하고 경험함으로써 배운다. 직장에서 이것은 동료와 대화를 나누거나 회사 협업 플랫폼을 통해 통찰력을 얻는 것일 수 있다. 이러한 유형의 학습은 의도적일 수도 있다.

공식적인 학습은 일반적으로 우리 개인이 통제하지 못하는 것이다. 이는 미래의 리더들에게 비공식적이고 경험적인 학습이 필수적이라는 것을 의미한다. 이것은 또한 자신의 학습에 대해 더 많은 책임감이 필요함을 의미한다. 자신의 시간에 연구하고, TED 강연을 보고, 새로운 개념이나 아이디어를 배우고, 팟 캐스트를 찾아 다른 비즈니스 리더의 통찰력을 듣고, 동료들과 커피를 마시는 시간을 가지라. 그의 저서 '비공식적 학습'에서 제이 크로스(Jay Cross)는 다음과 같이 썼다. "일하는 사람들은 교실보다 커피룸에서 더 많이 배운다. 이들은 비공식 학습을 통해 업무를 수행하는 방법을 발견한다: 다른 사람과 대화, 시행 착오, 단순히 아는 사람들과 함께 작업하는 것이다. 공식적인 학습은 직원들이 직장에서 배우는 내용의 10~20%에 불과하다"(Cross, 2011).

내가 '일의 미래(The Future of Work with Jacob Morgan)' 팟 캐스트를 시작한 이유 중 하나는 배우기 위해서이다. 나는 세계의 최고의 비즈니스 리더, 작가, 미래학자를 정기적으로 인터뷰해서, 진정으로 궁금한 점을 물어 볼 기회를 갖는다. 지금까지 나는 300명 이상의 리더를 인터뷰했으며, 당분간 중단할 계획이 없다. 리더는 자신을 배움의 위치에 두어야 한다. 즉, 칸막이나 아름다운 사무실에 머물러 있지 않아야 한다.

평생 학습자가 되는 두 번째 요소는 배운 것을 적용하는 것이다. 결국 무언가를 배우는 것은 좋지만, 배운 것은 실제로 적용할 수 없다면, 비즈니스에 별로 도움되지 않는다. 이것은 다양한 형태를 취할 수 있다. 여가 시간에 업무 자동화에 대한 온라인 과정을 수강했다면, 학습한 것을 자신이나 조직의 반복적인 업무에 적용할 수 있는가? 공감이나 자기 인식에 대해 읽어 본 것이 있다면, 실제로 고객을 응대할 때 또는 직원과 긴장된 상황에서 그러한 개념을 적용하고 있는가?

평생 학습자가 되기 위한 마지막 요소는 당신이 받는 피드백을 살펴보고, 그 피드백에서 배운 것을 다시 적용하는 것이다. 당신이 새롭게 배운 내용을 적용하는 것에 대해 주변 사람들이 인지하고 있으며, 당신의 변화에 대한 피드백을 받고 있는가? 당신의 변화 결과로 주변에서도 변화가 일어나고 있는가? 당신이 공감과 자기 인식을 실천할 때, 아마도 직원들은 당신을 리더로 더 신뢰하고, 그들의 업무에 더 몰입할 것이다. 고객과의 어려운 상황을 해결할 수 있는 당신의 능력에 대해 동료가 칭찬을 할 수도 있다. 이러한 것에 주의를 기울이고, 필요하면 변경을 하라.

전 세계의 조직들은 평생 학습을 그들의 조직 문화와 일하는 방식의 더 핵심적인 것으로 만들고 있다. AT&T는 전 세계에 270,000명 이상의 직원이 있으며, 최근 직원에 대해 놀라운 사실을 발견했다. 그곳에서 일한 사람들의 절반은 회사가 요구하는 다양한 분야에서 필요한 스킬을 가지고 있지 않았고, 직원 100,000명은 향후 10년 안에 없어질 하드웨어로 업무를 해야 하는 일에 종사했다. 이로 인해 회사는 10억 달러의 '미래 준비(Future Ready)'로 알려진 엄청난 계획을 시작했다. 이러한 노력의 핵심은 교세라(Coursera) 및 유다시티(Udacity)와 같은 기관과 협력하여 직원들이 자신의 스킬을 향상시키는 데 사용할 수 있는 다양한 교육 프로그램을 온라인으로 학습할 수 있도록 하는 것이다. 이것은 전문화되고, 집중되어 있으며, 4년제 대학의 재정적, 시간적 노력이 필요없기 때문에 마이크로 학위라고 한다. 실제로 이러한 프로그램의 대부분은 단 며칠 또는 몇 주 안에 수료할 수 있다. 프로그램의 가장 매력적인 부분은 커리어 인텔리전스(Career Intelligence)라는 플랫폼이다.

주식에 투자해 본 경험이 있다면, 플랫폼에서 의사결정을 하는 데 필요한 트렌드, 실적, 전망 등의 관련 데이터를 확인할 수 있다. 이것이 AT&T가 커리어 인텔리전스를 계획한 취지이지만, 스킬과 업무를 위한 것이다. 이것은 직원들이 회사 내에서 할 수 있는 업무, 특정 업무에 필요한 스킬, 급여의 범위 및 해당 분야가 향후 몇 년 동안 성장 또는 축소될 것으로 예상되는지에 대한 통찰력을 제공하는 온라인 포털이다. 회사의 미래 방향에 자신을 맞출 수 있는 이러한 종류의 스킬 및 업무 로드맵에 모든 직원들이 액세스할 수 있다고 상상해 보자.

직원들은 지금까지 300만 개 이상의 온라인 스킬 향상 과정을 이수했으며, 200,000개 이상의 자격증을 받았다.

AT&T의 CEO도 직원들에게 다가가서 평생 학습자가 되고 싶지 않으면, 회사를 떠나야 한다고 말한다. 즉, 회사는 직원이 평생 학습자가 되기 위해 필요한 자료나 프로그램을 제공하지만, 때로는 직원들이 무언가를 배우기 위해 자신의 시간과 노력을 투자해야 한다. 이것은 우리가 살고 있는 새로운 세상이며, 우리 개인은 일과 삶에서 성공할 수 있는 것들을 배우기 위해 더 많은 책임을 져야 한다.

윤활유와 세정제를 생산하는 WD-40에서는 모든 직원이 "배움의 서약(Maniac Pledge)"을 준수해야 한다:

나에게는 행동을 하고, 질문을 하고, 답을 얻고, 결정을 해야 할 책임이 있다. 나는 누군가가 말해 줄 때까지 기다리지 않을 것이다. 내가 알아야 필요가 있을 경우, 물어볼 책임이 나에게 있다. 나는 "이것을 더 빨리" 알아내지 못했다고 화를 낼 권리가 없다. 내가 다른 사람들이 알아야 할 일을 하고 있다면, 그들에게 말할

책임이 있다.

이것은 그곳에서 일하는 모든 사람들에게 학습의 책임을 부여한다. 이 책의 뒷부분에서 게리 릿지(Garry Ridge) CEO의 말을 듣게 될 것이다.

온라인 교육 플랫폼인 유데미(Udemy)가 실시한 연구에 따르면, 미국 밀레니얼 세대의 42%는 일할 곳을 결정할 때, 학습과 역량 개발이 건강 보험에 이어 두 번째로 중요한 조건이라고 말한다(Udemy, 2018). HR 및 인력 관리 회사인 로버트 하프(Robert Half)가 실시한 또 다른 연구에 따르면, 영국에서는 절반 미만의 조직이 직원의 스킬을 향상시키고, 경력 개발을 지원하는 데 도움이 되는 교육 및 역량 개발 프로그램을 운영하고 있다(Robert Half, 2018).

미래의 리더로서 당신은 새로운 것에 대한 배움은 결코 끝나지 않는다는 것을 받아 들여야 한다. 1800년대의 작가인 에드윈 팩스턴 후드(Edwin Paxton Hood)는 오래 전에 이것을 알고 있었다:

> 우리의 삶 전체가 배움이다. 우리는 계속 배우고 있다. 모든 순간, 모든 곳, 모든 상황에서 우리의 이전 성취에 무엇인가 추가되고 있다. 생각은 일단 작동이 시작되면, 항상 일을 한다. 모든 사람은 직업이 무엇이든, 궁전이나 오두막이나 공원이나 현장에서 학습자이다. 이것이 인류에게 각인된 법칙이다.

평생 학습자인 나의 가족

평생 학습자를 생각하면, 나는 가족이 생각난다.

나는 이민자 가정 출신이다. 부모님은 모두 1970년대 말 조지아 공화국을 떠났다. 그들은 공산주의 정권과 유대인 박해로부터 탈출했다.

아버지는 "아메리칸 드림" 유행병에 걸려 미국으로 이주하기를 원했기 때문에 이곳에 왔다(나는 그때 존재하지 않았다). 아버지 꿈은 로스앤젤레스에 사는 것이었지만, 결국 뉴저지에서 숙련된 엔지니어 일자리를 찾기 시작했다. 아버지의 가장 큰 문제는 영어를 못했고, 미국 문화나 사회에 대해 전혀 몰랐다는 것이다.

　뉴저지에서 러시아어를 구사하지 않는 지역을 선택하여 자신의 안락한 지역에서 벗어나 배우고 살아남아야 했다. 몇 달 동안 영어-러시아어 사전으로 자니 카슨(Johnny Carson)과 머브 그리핀(Merv Griffin) 쇼를 시청하며 단어를 이해하고 연습했다. 엔지니어이기 때문에 사전의 도움을 받아 기술 서적을 읽었다. 아버지는 발음 연습을 하기 위해 거울을 보면서 하루에 8시간 이상 노력했다. 단순히 단어를 아는 것만으로는 충분하지 않다; 러시아 억양없이 정확하게 말할 수 있어야 한다. 그는 또한 미국 문화와 사회에 대해 더 많이 이해할 수 있도록 TV에서 유명인에 대해 파악하는 데 시간을 보냈다. 아버지는 컴퓨터가 아직 보편화되지 않았기 때문에 매일 자신의 손글씨 연습에 시간을 할애했다. 멜버른 대학에서 철학을 공부하고 인기있는 팝송을 외우고 부르며 영어를 배웠던 어머니처럼 그는 미국 생활과 문화에 적응하기 위해 열심히 노력했다.

　이것은 모두 인터넷과 현재 우리가 사용할 수 있는 자원이 있기 이전의 일이다. 우리 아버지는 구식 초강력 학습자이다. 어머니와 아버지는 지금도 배우려고 끊임없이 노력하고 있다. 그들의 개인적인 가치관에는 지속적인 개선, 성장 및 학습의 삶이 포함된다. 두 분 모두 내가 평생 학습자를 생각할 때, 영감을 준다. 아버지는 계속해서 새로운 것을 배우고 성장하기 위해 직장에서 사전을 가지고 있으며, 새로운 영어 단어를 찾기 위해 그것을 사용한다. 어머니는 끊임없이 새로운 책을 읽고, 세미나에 가고, 전 세계를 여행하며 새로운 경험과 지식을 추구하고 싶어한다. 어머니는 실제로 컴퓨터 프로그래머로 경력의 대부분을 보냈지만, 직업을 바꿀 때라고 생각했다. 그리고 가족 상담사가 되기 위해 다시 학교에 입학했었다. 두 분은 더 배우는 것에 대한 배고픔을 멈추지 않았고, 나 역시 그렇다.

성장 사고방식

당신은 가장 최근에 실패한 것이 언제인가? 시험, 프로젝트, 일종의 경쟁에서 실패한 후 개선할 수 있다고 생각했는가? 아니면 낙담하여 발전할 수 없다고 결정했는가?

　스탠포드 대학교의 교수인 캐롤 드웩(Carol S. Dweck)은 수십 년 동안 사고방식(mindset)을 연구해 왔다. 베스트셀러 '마인드셋: 원하는 것을 이루는 태도의 힘(Mindset: The New Psychology of Success)'에서 발견한 내용을 공유했다. 읽어 볼 가치가 있는 책이다. 그녀는 학생들이 실패에 접근하는 방법을 연구하면서 나른 사람들은 그렇지 않은데, 일부 사람들은 빨리 회복하고 너욱 발전하는 것을 발견했다. 이 두 그룹을 구분한 것은 그들의 사고방식이었다. 캐롤 교수에 따르면, 우리는 고정(fixed)과 성장(growth)이라는 두 가지 사고방식을 가지고 있다(Dweck, 2016). 고정 사고방식(fixed mindset)을 가진 사람들은 창의성, 지성, 성격과 같은 것은 결정된 것이며, 그것에 대해서 할 수 있는 것이 없다고 믿는다. 이 사람들은 또 도전을 피하려고 한다; 그들은 장애물에 직면했을 때 쉽게 포기한다; 그들은 종종 노력을 무익한 것으로 여긴다; 그들은 건설적인 피드백을 통한 변화를 믿지 않다; 그리고 그들은 다른 사람들의 성공에 위협을 받는다(Mindset Works, n.d.).

　반면에 성장 사고방식(growth mindset)을 가진 사람들은 창의성, 지능, 성격과 같은 것이 개발될 수 있고, 향상과 개선의 여지가 있다고 믿는다. 이들은 도전을 받아들이고, 장애물을 극복하고, 노력은 성장을 향한 길이라 믿고, 건설적 피드백을 배울 수 있는 기회로 보며, 다른 사람들의 성공에서 영감을 얻고 그들로부터 배우려고 노력한다. 마이크로소프트 사티아 나델라(Satya Nadella)는 실제로 이 사고방식을 중심으로 회사 문화를 구축했다.

　고정 사고방식을 가진 사람들은 지속적으로 승인 받기를 원하지만, 성장 사고방식을 가진 사람들은 지속적으로 배우고 성장하고자 한다. 이 설명을 읽고, 당신은 어떤 사고방식을 가지고 있다고 생각하는가: 성장 혹은 고정?

우리는 두 가지 다 가지고 있다. 사고방식은 환경이나 우리가 직면한 상황에 따라 달라질 수 있다. 캐롤 교수는 성장 사고방식을 자주 갖는 사람의 예를 사용하지만, 이들도 자신보다 더 성공적이거나 더 나은 사람을 만나면, 고정 사고방식으로 바뀔 수 있다. 요점은 당신의 사고방식을 바뀌는 계기가 무엇인가와 실제로 당신에게 어떤 반응이 나타나는가를 파악하는 것이다. 불안하거나 긴장하거나, 자세가 바뀌거나, 목소리가 바뀔 수 있다; 내 경우에는 화가 나거나 좌절감을 느낀다. 바뀌는 계기와 자신의 반응을 파악한 후에는 사고방식이 성장에서 고정으로 이동하지 않도록 하는 방법과 사고방식을 고정에서 성장으로 바꾸는 방법을 생각해 낼 수 있다.

그레이바(Graybar)는 공급망 관리 서비스를 전문으로 하는 포춘 500대 기업이다. 그들은 약 10,000명의 직원이 있으며, 내 나이보다 더 오랫동안 회사에 근무한 CEO 캐시 마짜렐리(Kathy Mazzarelli)가 이끌고 있다. 그녀는 포춘 500대 기업을 대표하는 24명의 여성 CEO 중 한 명이다. 그녀는 고객 서비스 및 영업 담당자로 시작하여 마케팅, 고객 서비스, 인적 자원, 회계 관리, 전략 기획, 운영 및 다른 분야에서는 제품 관리를 했다. 그녀는 비즈니스 안팎을 잘 알고 있으며, CEO가 된 이유 중 하나는 그녀가 평생 학습자이기 때문이다. 그녀는 "리더는 끊임없이 새로운 아이디어를 배우고, 혁신하고, 탐구하는 성장 마인드를 가져야 한다. 그들은 의사결정을 하기 위해 과거의 경험과 오래된 가정에 의존하기 보다는 새로운 질문을 하고, 문제를 비판적으로 분석하는 법을 배워야 한다."라고 했다.

탐험가는 이것의 달인이다. 섀클턴은 자신의 장애물을 실패가 아니라 극복해야 하는 도전으로 보았다. 그가 고정 사고방식만 가지고 있었다면, 그와 그의 대원들은 원정 중에 모두 죽었을 것이다. 당신은 항상 성장하고, 배우고, 발전할 수 있는 잠재력이 있다고 믿어야 한다. 이것을 믿고 보여 주면, 직원들도 그렇게 할 것이다.

적응력과 민첩성

샴푸 병 뒷면에 '세척, 헹굼, 반복'이라는 설명을 발견할 수 있다. 이것은 리더들이 사용하도록 권장 받는 방식이었다. '학교와 MBA 과정에서 배운 내용을 한 회사에 적용한 다음, 다른 팀 또는 합류한 다른 회사에서 재활용한다.' 리더십 템플릿이다. 그러나 전 세계의 CEO들이 확인했듯이, 변화의 속도는 리더십과 업무의 미래를 만드는 강력한 트렌드 중 하나이다. 이는 리더가 더 이상 이 방식을 따를 수 없음을 의미한다. 과거에 효과가 있었던 것 중에 무엇이 미래에는 효과가 없을 것인가?

　13,000명 이상의 직원으로 구성된 팀을 이끌고 있는 뉴몬트(Newmont Mining) CEO 게리 골드버그(Gary Goldberg)를 만나보자. 그는 적응력의 중요성을 강조한 많은 CEO 중 한 명이다. "사람들이 시간을 투자하는 방식에 점점 더 영향을 미치는 트렌드를 이해하려면, 미래의 리더는 적응력이 있어야 한다. 여기에는 로봇 공학에서 기후 변화에 이르기까지 모든 것이 포함된다."

　섀클턴은 전 대원의 생명을 구하기 위해 민첩해야 했다. 그는 목표를 남극 탐험에서 대원들의 생명을 구하는 것으로 바꿔야 했었다. 대부분의 리더는 하던 것을 빨리 바꾸는 데 매우 어려움을 겪는다. 섀클턴의 경우, 배를 잃고 부빙에서 살거나, 대원들의 사기를 유지하는 방법을 찾거나, 포경기지에 가기 위해 눈 속을 걸을 신발에 마찰력을 주는 방법을 찾는 등 매일 새로운 장애물이 던져졌다. 리더는 원하는 만큼 계획하고, 읽고, 분석할 수 있지만, 자신의 방식을 설정한 후에 주변에서 지속적으로 일어나는 변화에 적응할 수 없다면, 성공적으로 이끌 수 없다.

　존 페티그루(John Pettigrew)는 전 세계 약 23,000명의 직원이 있는 영국의 다국적 전기 및 가스 유틸리티 회사인 내셔널 그리드(National Grid) CEO이다. 그는 인터뷰에서 이 개념을 멋지게 요약했다. "변화와 파괴가 보편화 되고 있다. 따라서 리더는 일을 신속하게 할 수 있어야 하고, 정기적으로 바꿀 필요가 있고, 민첩해야 한다는 의미이다."

그러나 단순히 변화에 대처할 수 있는 것과 실제로 적응하고 그것에 직면해서 번창할 수 있는 것은 차이가 있다. 대처한다는 것은 생존을 유지시키는 것을 의미하지만, 리더는 그 이상을 해야 한다. 적응력이 있고 민첩해지려면, 겸손하고 약한 부분이 있음을 인정해야 한다. 자기가 가장 똑똑한 사람이 아니라는 것을 알고, 도움을 요청하고 무언가를 모른다는 것을 인정해야 하며, 자신보다 똑똑한 사람들을 주변에 있도록 해야 한다.

실비아 메타에(Sylvia Metayer)는 시설 관리 및 식품 서비스 회사 소덱소(Sodexo)의 전 세계 기업 서비스(Worldwide Corporate Services) CEO이다. 이 회사는 전 세계적으로 460,000명의 직원이 있으며, 그녀는 1억 7,400만 명 이상을 책임지고 있다. 우리가 이야기할 때, 그녀는 요가(그녀가 많이 하는)와 민첩함 사이에 멋진 비유를 이끌어 냈다. "요가를 해 본 사람은 첫 날에 모든 자세를 할 수 없다는 것을 안다. 다양한 요가 자세를 하기 위해서는 시간과 연습이 필요하다. 리더에게도 동일한 개념이 적용된다." 당신은 자신의 스킬과 사고방식을 새로운 일의 세계에 적응시키면서 안락한 지대를 벗어나기 위해 기꺼이 노력해야 한다. 시간과 연습이 필요하지만, 당신은 거기에 도달할 수 있을 것이다.

탐험가 사고방식을 어떻게 개발할 것인가?

섀클턴 경은 "유일한 실패는 전혀 탐험하지 않는 것이다."라고 말했다.

역사를 통틀어, 탐험가들은 목숨을 걸고 다양한 이유로 지구상 가장 먼 곳으로 여행했다. 여기에는 종교 전파부터 물품 탐색, 새로운 땅의 소유, 또는 명성의 획득에 이르기까지 다양한 것이 포함되었다. 그러나 사실은 탐험이 인간 본성의 일부라는 것이다. 우리는 끊임없이 탐구와 질문과 대답에 대해 집착을 한다; 우리는 존재 이후로 그렇게 했으며, 앞으로도 계속할 것이다. 이것을 억제하려는 조직은 우리 인간의 본성 중 하나에 그야말로 어긋나는 것이다.

우리는 이미 그 탐험가의 사고방식을 가지고 있지만, 어떤 사람들은 그것을 자유롭게 잘 실천하는 반면, 어떤 사람들은 그것을 억누르려고 한다. 리더는 탐험가가 되어야 할뿐만 아니라, 탐험가적인 회사를 만드는 데에도 도움을 주어야 한다. JM 스머커 컴퍼니(JM Smucker Company)의 마크 스머크(Mark Smucker)는 외부에서 일어나는 일 가운데 회사에 영향을 미칠 수 있는 것에 대해 매주 한 개 이상의 아티클을 공유함으로써 이것을 실천한다. 마크에 따르면, 이것은 비즈니스에 영향을 미칠 수 있는 모든 외부 요인과 조직이 조화를 이루도록 한다. 단순한 행동이지만, 마크가 하는 말이 정말 중요하다.

리더로서 할 수 있는 가장 영향력 있는 일 중 하나는 질문을 하고, 현실 안주를 타파하는 것이다. 오래 전부터 수십 년 동안 이어져 온 고객이나 직원들에 대한 정책, 절차 및 업무 방식이 조직에 있을 가능성이 크다. 그러나 세계 최고의 비즈니스 리더가 확인한 것처럼, 변화의 속도가 리더십과 업무에 영향을 주는 가장 큰 트렌드 중 하나라면, 업무가 어떻게 이루어지고 우리가 어떻게 리드해야 하는지 다시 살펴볼 때이다. 리더가 질문을 하고 관행에 도전하면, 직원들도 그렇게 할 것이다.

약 5,000명의 직원이 있는 영국의 유틸리티 회사인 앵글리안 워터(Anglian Water)의 CEO인 피터 심프슨(Peter Simpson)이 했던 말이다:

> 리더는 혁신적인 문화를 만드는 데 익숙해야 한다. 이것은 비즈니스의 모든 직급과 모든 부서에 있는 사람들에게 열려 있고, 실제로 새로운 아이디어와 사고방식을 가지고 리더인 당신에게 질문하고 도전할 수 있도록 격려하는 것을 의미한다. 리더에게 질문을 하고 도전하며, 현실 안주를 문제로 보는 것; 오늘날 이것은 칭찬해야 할 일이다.

호기심에는 특히 시간과 공간이 필요하다. 업무, 프로젝트, 회의로 인해 정신없이 일한다고 느낀다면, 변화를 주도하는 데 필요한 질문을 할 수 없다. 우리는 다른 사람들에게 자기가 얼마나 바쁜지 말하는 것에 집착하고 있으며, 어떤 사람은 다 읽을 수 없을 정도로 많은 이메일을 받는 것에 자부심을 느낀다. 바쁘면 중요한 사람으로 여겨지기도 하지만, 대신 시간 관리 스킬이 부족하고, 다른 사람에게 위임을 하지 않는 사람으로 보아야 한다. 우리가 얼마나 바쁜지에 집착하는 대신 호기심을 가질 시간을 더 많이 갖는 방법을 찾는다면 어떻겠는가?

　　전자기기를 사용하지 않고, 혼자서 생각하고 질문할 수 있는 자기만의 시간을 매일 가지라. 여기에는 정해진 시간이 없지만, 하루 한 시간 정도 할 수 있다면, 아주 좋다. 그렇지 않다면; 30분이라도 가져라. 리더로서 팀원들이 이렇게 하기를 바란다면, 여기에는 '아니오'라고 말할 수 있는 환경의 중요성이 내재되어 있다. 스티브 잡스(Steve Jobs)는 "사람들은 지금까지 하던 일에 '예'라고 말하는 것이 집중이라고 생각한다. 하지만 집중의 의미가 전혀 아니다. 집중은 100개의 다른 좋은 아이디어를 '거절'하는 것을 의미한다. 신중하게 선택해야 한다. 사실 나는 우리가 했던 일만큼 우리가 하지 않았던 일이 자랑스럽다. 혁신은 1,000가지를 거절하는 것이다."라고 말했다. 모든 기회에 '예'라고 말하기는 쉽다. 그리고 우리 대부분은 포착되는 기회를 거절하는 대신 모두 응하려고 한다; 이것은 우리가 살아가고 리드하는 끔찍한 방법이다.

　　나의 경우, 모든 일과 모든 사람에게 "예"라고 말하며 수년 동안 살았다. "내 의견을 듣고" 싶은가?; 물론이다! 하고 싶은 질문이 있는가?; 당연히 해봐! 서로 인사를 나누기 위해 채팅을 하겠는가?; 물론, 그렇게 하길 좋아한다. 누군가를 만나고, "알려지기" 위해 이벤트에 오기를 원하는가?; 그거 참 좋겠다!

　　항상 예라고 말한 후에 나는 하루가 끝나면 피곤할뿐만 아니라, 실제로 아무것도 하지 않았음을 깨달았다. 내가 모든 것에 대해 '예'라고 말하는 것을 중단하고, '아니오'라고 말하기 시작하자 사업이 성장했다.

　　토드 카시단(Todd Kashdan)이 연구를 통해 발견했듯이, 호기심도 스트레스가 될 수 있으며, 그럴 경우 리더는 호기심을 부정적인 것으로 오해할 수 있다. 우리 모두가 경험하고 있는 빠른 변화 속도로 인해 스트레스를 받았을 때를 이해하고, 그 스트레스에 대처할 수 있는 메커니즘을 갖는 것도 도움이 된다. 명상, 운동, 체스, 음악 듣기 등이 될 수 있지만, 당신을 도울 수 있는 도구가 있는지 파악하라. 이것이 많은 조직에서 다양한 건강 및 웰빙 프로그램에 투자하는 이유이기도 하다.

장기적으로 보는 것에 초점을 맞추라. 섀클턴과 대원들은 1년 넘게 땅에 발을 딛지 못하고 보냈지만, 오늘날의 리더들은 분기별 수익에 집착한다. 배가 부두에 계속 묶여 있으면, 탐험가가 될 수 없다. 단기에만 집중하는 것은 실험, 아이디어 테스트, 성장 및 적응에 관한 탐험가의 사고방식과 완전히 상반된다. 단기간에 결과가 나오지 않는 경우가 많으며, 실제로 부정적인 결과를 초래할 수 있다. 리더는 장기적인 관점에 초점을 맞추며, 당면하는 분기별 압력에 맞설 수 있어야 한다.

탐험가는 평생 학습자이지만, 이를 수용하기 위해서는 당신이 어떤 리더가 되고 싶은지 스스로 결정해야 한다; 의식적인 결정이다. 일단 당신이 지금까지 배운 것이 개인과 직업의 성공에 충분할 것이라는 가정을 없애야 한다. 더 이상 "세척, 헹굼, 반복"은 없다. 이렇게 생각하는 것은 리더에게 치명적이다. 대신, 함께 일하는 직원과 마찬가지로 빠르게 변화하는 세상에서 자신의 학습과 역량개발에 대한 궁극적인 책임이 자신에게 있음을 인정해야 한다 (하지만 리더는 직원들에게 자료 및 자원에 대한 접근 권한을 부여하여 지원할 수 있음). 체스는 사실상 무한한 게임이다. 체스 게임에는 무한히 많은 수가 있다. 리더십은 또한 무한한 게임이다. 즉, 완벽할 수는 없지만, 항상 더 나아질 수 있다. 이것은 평생 학습자가 아니면, 불가능하다.

하지만 좋은 소식은 많은 자료와 자원을 마음대로 활용하여 새로운 것을 배울 수 있다는 것이다. 조직에서 자원 일부를 제공할 수 있으며, 제공되는 경우 이를 최대한 활용하라. 그렇지 않은 경우 TED 강연, 유튜브, 유데미 (Udemy), 코세라(Coursera) 또는 MIT, Stanford, Harvard 및 기타 여러 기관에서 제공하는 무료 프로그램(www.edx.org)을 활용하라.

　　우리가 배우는 방법에는 여러 가지가 있으며, 가장 효과적인 방법 중 하나는 관계를 이용하는 것이다. 고객, 파트너, 공급 업체, 직원 및 가능한 경우 경쟁 업체와 대화하라. 혼자서 배울 수 없고, 당신처럼 생각하고 행동하며, 당신 같은 사람들만 주변에 있을 때도 배우기 어렵다.

　　성공적인 결과가 나올 것이라고 확신하지 못하더라도, 배운 것을 적용하라. 실수로부터 배워서 앞으로 나아갈 수 있다. 성장 및 고정 사고방식의 개념을 기억하고, 하나의 사고방식에서 다른 사고방식으로 바뀌게 하는 요인을 파악하라.

　　도미노 피자(Domino's Pizza)의 전 CEO인 패트릭 도일(Patrick Doyle)은 "성공적인 미래의 리더는 위험을 감수하고, 담대한 사람이 될 것이다. 미래의 리더는 일을 잘못할 수 있지만, 적응하고 나아갈 수 있는 능력이 있어야 한다. 중요한 것은 실수와 실패가 아니다; 당신이 그것에 반응하는 방식이다."라고 나에게 말했다.

　　경력을 쌓는 동안 여러 번 자신을 재창조해야 할 것이며, 어쩌면 경력을 바꿀 수도 있다. 하지만 당신이 무엇을 하든, 어디에서 끝나든, 탐험가의 사고방식이 당신에게 도움이 될 것이라고 약속할 수 있다.

　　리더십의 섀클턴이라 생각하고, 탐험을 시작하자!

요리사

13장
요리사의 사고방식

미국 대중에게 프랑스 요리를 제공하는 데 크게 기여한 사람이 있다: 줄리아 차일드(Julia Child)이다. 그녀는 고급 요리를 미국에 가져 왔을 뿐만 아니라, 프랑스 요리가 접근하기 어렵고 너무 이국적이라는 인식을 없앴다. 그녀는 사람들이 프랑스에서 온 훌륭한 음식과 요리사에 감사하기를 원했다. 줄리아는 1912년 캘리포니아 주 패서디나에서 태어났다. 그녀는 스미스칼리지(Smith College)에 다녔으며, 1934년에 역사학 학위를 받았다. 스미스 대학교에 다니는 동안, 그녀는 시니어 무도회 및 가을 댄스를 위한 다과위원회 위원장으로 요리하는 것을 처음 접했다.

줄리아가 뉴욕에서 가구점 광고 카피를 쓰는 일을 잠시 했을 때, 제2차 세계 대전이 일어났다. 여군에 입대하려 했지만, 6피트 2인치의 키는 여군에 입대하기는 너무 컸고, 대신 미국 전략정보국에 들어갔다. 그녀는 스리랑카와 중국 쿤밍 등에 파견되었다. 줄리아는 독일 잠수함을 공격하기 위한 어뢰를 상어가 건드려서 폭발시키지 않도록 하는 방법을 찾으라는 지시를 받고 요리를 하게 되었다. 그녀는 다양한 아이디어를 실험했고, 결국에는 물 속에 뿌리는 상어 퇴치제를 만들게 되었다. 줄리아는 중국에서 폴(Paul)을 만나서 결혼했고, 폴이 살던 파리로 갔다.

줄리아는 파리 요리에 반했다. 그녀는 유명한 르 꼬르동 블루 요리 학교에 다녔고, 파리의 많은 마스터 셰프들과 함께 일했다. 그녀는 시몬 베크 (Simone Beck)와 루이제트 베르톨(Louisette Bertholle)과 함께 726페이지의 '프랑스 요리의 기술(Mastering the Art of French Cooking)'을 공동 집필해서 대단한 명성을 얻었다. 책의 인기는 폭발적이어서 유명 잡지에 다양한 기고를 하게 되었다. 그녀의 TV쇼 '프랑스 요리사(The French Chef)'는 10년 넘게 방영되었고, 오늘날 우리가 즐기는 많은 요리 쇼와 콘테스트의 길을 닦았다. 줄리아는 또 1981년에 미국 와인 및 식품 연구소를 설립하고, 1995년에 줄리아 차일드 요리법 재단(Julia Child Foundation for Gastronomy and Culinary Arts)을 설립했다. 줄리아는 요리하는 것을 좋아할 뿐만 아니라, 요리사가 되고 싶어하는 많은 사람들에게 영감을 주었다.

줄리아를 생각하면, 균형의 달인이 떠오른다. 맛있는 요리를 만들기 위해 재료의 균형을 맞춰야 할 뿐만 아니라, 맛과 영양의 균형을 맞추고, 프랑스 요리를 미국의 기대와 문화에 맞춰야 했다. 그녀의 균형을 맞추는 능력은 그녀를 성공으로 이끄는 데 큰 도움이 되었다. 훌륭한 요리사라면, 요리의 맛을 뛰어나게 하는 것 중 하나가 재료의 균형이라고 말할 것이다. 너무 많은 재료를 사용하면, 요리의 특성이 사라지고, 재료가 너무 적으면 요리의 특별한 맛이 안난다. 완벽한 요리를 만들고, 맛과 재료의 균형을 맞추는 것은 과학만큼이나 예술이다. 미래의 리더는 이 요리사의 사고방식을 가져야 한다.

우리는 HumanIT가 필요하다

내가 인터뷰를 했던 CEO들이 업무의 사람 측면과 기술 측면의 균형을 지속적으로 언급하고 있음을 알게 되었다. 즉, 리더는 모든 비즈니스에서 이 두 가지 가장 중요한 요소의 균형을 유지하는 요리사여야 한다. 나는 이것을 HumanIT라고 부른다(도표 13.1 참조.)

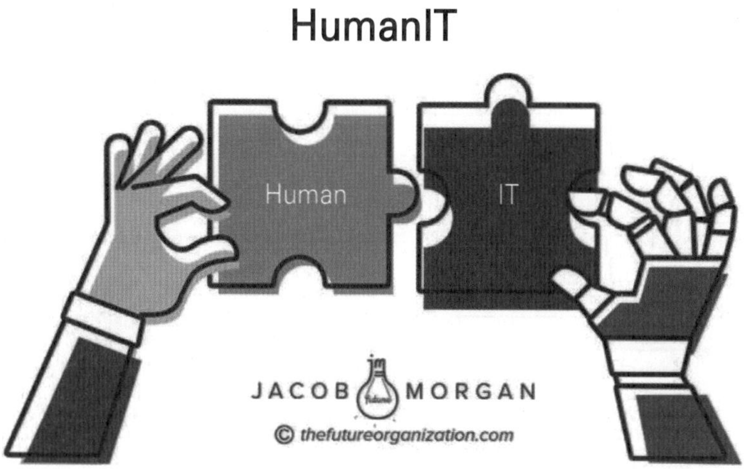

HumanIT

도표 13.1 HumanIT.

내시 브라운(Nancy Brown)은 3,000명 이상의 직원이 있는 미국에서 가장 오래된 자원봉사 의료 기관인 미국 심장 협회(American Heart Association) CEO이다. 그들의 사명은 "더 길고 건강한 삶을 위한 끊임없는 힘이 되는 것"이다. 내시는 나에게 말했다:

> 기술이 워크 플로, 업무 결과물, 고객 및 직원과의 의사소통 방식을 바꾸는 방법에 많은 초점이 맞춰져 있다. 하지만 사람들 사이의 관계 때문에 세상이 계속 돌아가는 광경을 잃지 않는 것이 중요하다. 현재와 미래의 리더는 사람과 기술 모두와 함께 일할 수 있어야 하므로, 더 많은 협업과 팀워크가 필요하다.

업무의 사람 측면은 1차적으로 함께 일하는 직원에 대한 목적 및 배려와 같은 것이다. 여기에는 관계 구축, 직장에서 친구 사귀기, 직원 경험 및 심리적 안전감이 포함될 수 있다. 업무의 사람 측면은 아이디어, 관계, 충성도 높은 고객, 리더 및 사회적 영향과 같은 것들이 나오는 곳이다. 업무의 인간적인 측면은 궁극적으로 우리가 속한 조직에서 일을 하는 이유이다.

업무의 IT 측면은 도구, 소프트웨어, 하드웨어, 앱, 장치, AI 및 우리가 실제로 일을 수행하는 데 사용할 수 있는 자동화 측면에서 더욱 기술에 관한 것이다. 업무의 IT 측면은 효율성, 생산성, 속도, 종종 비용 및 의사 결정이 이루어지는 곳이다.

키란 마줌다르 쇼(Kiran Mazumdar-Shaw)는 약 10,000명의 직원이 있는 생명공학 회사인 바이오콘(Biocon) 회장 및 설립자이다. 나는 그녀가 이것에 대해 말하는 방식을 정말 좋아한다:

> 미래의 리더는 자동화와 사람의 손길이 균형을 이룰 수 있을만큼 기민해야 한다. 사람들이 고부가가치 활동에 더 많은 시간을 할애할 수 있도록 자동화할 업무를 결정해야 하며, 또한 어떤 비즈니스가 사람의 판단으로 하는 것이 좋을지 결정해야 한다.

기술에만 의존하면서 사람 요소를 제거하면, 직원들이 일하기를 원하지 않고, 고객이 거래를 원하지 않는 조직이 만들어질 수 있다. 반면에 현대 기술이 없이 사람에게만 의존하면, 이동 속도가 느리고 잘못된 결정을 내리고, 비효율적이거나 생산적이지 않은 조직을 만들 수 있다. 이러한 시나리오 중 어느 것도 최적이 아니다. 리더는 과학만큼이나 예술인 균형이 무엇인지 찾아야 한다. 리더는 기술이 단순한 도구이며, 그 도구가 어떻게 적용되는지가 중요하다는 것을 기억해야 한다. 기술은 사람을 대체하는 것이 아니라, 사람을 위한 파트너로 보는 것이 중요하다. 이것은 선택이다. 당신이 기술을 사람을 대체하기 위한 것으로 본다면, 그것이 바로 당신이 만들 조직의 유형이 된다. 그러나 기술을 사람의 파트너로 본다면, 또 그런 결과가 일어날 것이다. 기술은 당신을 통제하지 않는다. 당신이 기술을 통제한다.

리더로서 당신은 목적의 균형을 유지하고, 직원들을 진정으로 배려하면서 기술을 수용해야 한다. 요리사처럼 생각하라: 팀과 조직은 요리이며, 당신은 그것이 멋지게 보이고 맛있기를 원할 것이다. 즉, 당신은 재료의 균형을 올바르게 유지해야 한다는 의미이다.

기술을 받아들인다

"기술을 활용하는 방법과 데이터 분석 등을 이해하는 리더는 미래에 실질적인 혜택을 받을 것이다. 이것은 지금도 사실이지만, 앞으로 몇 년 안에 절대적으로 필요할 것이다. 미래의 리더가 되려면, 기술에서 벗어나지 말고 수용해야 한다." 이것이 마이크 카포네(Mike Capone)가 나에게 했던 말이다. 그는 2,000명이 넘는 직원이 있는 비즈니스 인텔리전스 및 데이터 시각화 회사인 클릭(Qlik)의 CEO이다.

인터뷰 했던 CEO들은 기술을 두려워하거나 기술에 대해 회의적이며 주저하는 것은 도움이 안될 것이라고 했다. 마이크 카포네가 나에게 했던 말은 수십 명의 다른 CEO들도 했던 말이다. 그러나 리더는 비용을 절감하고, 생산성을 높이기 위해 기술에 너무 많이 의존하는 경우가 있는데, 조직을 인간적이지 않게 만드는 대가를 치른다. 흥미롭게도 우리는 기술을 희생하여 조직을 더 인간적인 조직으로 만들고자 하는 리더에 대한 이야기는 듣기가 어렵다. 사실, 우리는 조직을 더욱 인간적으로 만들기 위해 기술을 사용할 수 있고, 사용해야 한다.

많은 조직에서 명확한 목적의식 없이 기술을 사용하기 때문에 이것은 강조해야 할 중요한 포인트이다. 예를 들어, 고객센터 번호로 전화를 걸어 '자동 응답 시스템'을 이용한 적이 있는가? 나는 아무 버튼이나 계속 눌러서, "담당자에게 연결해 드리겠습니다."라는 메시지가 나오도록 하는 경우가 있다. 왜 처음부터 사람이 응대하지 않는가? 현재 모든 회사에서 사용하는 챗봇 상담은 어떤가? 챗봇이 충분히 도움 되는가? 기술을 사용하여 사람 사이에 추가 단계를 만들어서는 안된다. 사람들을 더 가깝게 만들기 위해 단계를 없애는 방법으로 사용해야 한다.

짐로리(Jim Loree Loree)는 1843년에 설립된 산업용 도구 및 가정용 하드웨어 제조업체인 스탠리블랙앤데커(Stanley Black & Decker) CEO이다. 현재 직원 수는 약 60,000명이다. 짐(Jim)은 조직을 보다 인간적으로 만드는 데 신념을 갖고 있다. "리더의 임무는 모든 것을 인간화하는 것이다. 결국 사람은 영감을 얻기 위해 사람의 손길을 필요로 한다. 로봇 및 인공 지능과의 상호 작용에서 영감을 받을 수는 없다."

리더는 인간과 기술의 능력과 한계를 이해해야 한다. 미래는 기술 vs 인간에 관한 것이 아니다. 인간과 협력하는 기술에 관한 것이다. 그러나 이것은 인간과 기술이 할 수 있는 것과 할 수 없는 것을 이해하는 경우에만 가능하다. 우리는 이미 제조 현장의 로봇, 사무실의 스마트 비서나 일상적인 업무를 자동화할 수 있는 봇 등 우리 업무의 여러 측면에서 더 많은 기술이 통합되는 것을 보기 시작했다. 이것은 향후 10년 동안 극적으로 증가할 것이며, 당연히 두려움, 긴장, 심지어 분개까지 유발할 수 있다. 조직을 인간적으로 유지하는 것과 기술을 사용하여 조직을 보다 효율적이고 생산적으로 만드는 것 사이의 균형을 맞추는 것이 리더에게 요구되는 것이다.

에이스 하드웨어(Ace Hardware Co.)는 전 세계 100,000명 이상의 직원이 있는 세계 최대의 소매업 하드웨어 업체이며, 고객 경험 부문에서 최고의 기업 중 하나로 지속적으로 선정되었다. 존 벤히젠(John Venhuizen) CEO는 "인간이 감정적으로 서로 연결된 방식으로 다른 인간과 상호 작용할 때 무언가를 자극한다. 그것이 충성심을 불러 일으킨다."라고 말했다.

고객을 대하든, 직원을 대하든, 전 세계 대부분의 비즈니스는 기본적으로 인간의 기본적인 상호 작용과 참여를 기반으로 운영된다. 차이점은 이제 기술을 사용하면 업무의 인간적인 측면에 더욱 집중할 수 있는 반면, 기술이 우리 업무의 보다 일상적인 측면을 처리하도록 할 수 있다는 것이다.

"협업 지능(Collaborative Intelligence): 인간과 AI가 힘을 합치고 있다"라는 제

목의 최근 기사에서는 1,500개 조직에 대한 연구에서 가장 중요한 성과 향상을 달성한 것은 인간과 기술이 함께 일한 조직이라고 지적한다(Wilson, 2018). 오늘날 어떻게 팀을 구성할지 생각해 보자. 이상적으로는 서로의 강약점을 보완할 수 있도록 하는 것이 좋다. 기술도 마찬가지이다. 예를 들어, 인간은 창의성, 인간 관계 형성 및 리더십과 같은 일에 탁월하지만, 기술은 데이터 분석, 속도, 의사 결정 등의 영역에서 더 나을 것이다. 이것들은 조직에 모두 필요하다.

유니레버(Unilever)는 전 세계에 160,000명 이상의 직원이 있으며, 최근 채용을 돕기 위해 AI 기술을 도입했다. 매년 30,000명 이상의 직원을 모집하고, 거의 200만 명의 입사 지원서를 처리한다. 이 일은 지금까지 수동으로 수행되었으며, 예상할 수 있듯이 많은 시간과 인력이 필요했다. 이제 유니레버에 입사 지원을 하면, 전화나 데스크톱에서 일련의 게임을 하라는 요청을 받는다. 이 게임을 통해 논리, 리스크 관리, 합리적 추론 등의 특성과 관련된 지원자의 데이터를 수집한다. 그런 다음, 이 데이터를 사용하여 지원자가 해당 업무에 적합한지를 확인한다. 유니레버의 최고 HR 책임자인 리나 나이어(Leena Nair)에 따르면, 이로 인해 70,000시간 이상 절약되었다. 인터뷰의 두 번째 단계는 30분 정도의 비디오 인터뷰를 하지만, 여기서도 기술은 입사 지원자가 말하는 내용뿐만 아니라, 신체 언어를 파악하는 데도 사용된다. 이 데이터는 모두 누가 적합한 사람인지 결정하는 데 사용된다. 최종적인 결정은 사람이 한다.

직원이 회사에 입사를 하면, 디지털 동료처럼 행동하는 챗봇인 유나봇(Unabot)을 활용한다. 유나봇에게 주차 가능 여부를 문의하고, 셔틀 버스 시간을 확인하고, 복지 프로그램에 대한 정보를 얻거나, 다음 급여 조정이 언제 진행될지 물어 볼 수도 있다. 어떤 사람들은 기술에 너무 많이 의존하고 있다고 주장하는데, 타당한 비판이라고 생각할 수 있지만, 여기에는 미묘한 균형이 있다. 궁극적인 목표는 기술을 사용하여 사람을 돕고, 조직이 더 인간적이 되도록 하는 것이다.

기술이 분명히 인간에게 유익한 영역이 있다. 또한 유니레버는 직원들이 조직 전체에서 실시간으로 경력 기회를 알 수 있도록 하는 플렉스 익스피어리언스(FLEX Experiences)라는 AI 기반 플랫폼을 오픈했다. 이 플랫폼은 직원의 강점, 스킬 및 경험과 같은 직원들의 프로필을 기반으로, 그들의 경력 목표를 고려해서 경력 계획을 수립할 수 있게 한다. 이것은 수동으로 해 왔던 일이며, 그다지 잘 하지 못한 영역이었다. 이제 기술 덕분에 유니레버는 경력 관리와 역량 개발 권한을 직원들 손에 직접 넘기고 있다.

데이비드 미크(David Meek)는 직원이 6,000명 이상인 제약 회사 입센(IPSEN) CEO이다. 그는 이것을 맥락에 맞추는 멋지게 표현했다:

사람들은 계속해서 "아, 기술, 기술"이라고 말한다. 글쎄, 나는 기술과 함께 점심을 먹거나 기술과 관계를 구축한 적이 없다. 나는 사람들과 점심을 먹고, 관계를 쌓았다. 당신은 훌륭한 기술을 가질 수 있지만, 훌륭한 사람이 없다면, 그러한 기술을 최대로 활용할 수 없을 것이다. 오늘날 중요한 것은 사람이고, 감성 지능이며, 미래에는 더욱 그럴 것이다. 나는 언제든지 소프트웨어보다 감성 지능이 있는 사람을 데려 갈 것이다. 두 가지를 결합하고, 획기적인 결과를 얻기 위하여!

기술을 반드시 받아들이되, 조직을 위해 함께 일하는 직원들의 감정, 생각, 영혼보다 기술을 우선시하지 마라.

목적 지향과 보살핌

CEO들은 미래 리더의 핵심 특성으로 목적 지향적이라는 것을 구체적으로 확인했지만, 많은 인터뷰에서 나는 직원들이 수행하는 업무를 결과와 연결하는 관점에서 목적에 대해 이야기하는 것이 아니라는 것을 깨달았다; 그들은 직원들이 느끼는 의미에 대해 이야기하고 있었다. 앞서 언급했듯이 우리 대부분은 '목적'과 '의미'를 같은 뜻으로 사용하는 경향이 있으므로, 여기에서 명확히 하는 것이 필요하겠다.

폴 폴먼(Paul Polman)은 인터뷰에서 이 사실을 나와 공유했다. "나는 리더의 가장 중요한 특성이 더 깊은 목적 의식에 의해 좌우된다는 것을 항상 열정적으로 믿었다. 리더는 주변 사람들과 세상과 연결되어야 하고, 자신의 이익보다 더 큰 대의를 위해 헌신해야 한다. 결정적으로 다른 사람을 섬기는 것이다." 폴(Paul)은 유니레버의 전 CEO(2019년 사임)이며, 그의 경력 대부분을 직장에서의 목적과 의미를 열렬히 지지하는 사람이었다. 사실 그는 기업에서 이것을 옹호한 선구자 중 한 명이었다.

1970년대 저명한 경제학자이자 노벨상 수상자인 밀턴 프리드먼(Milton Friedman)은 다음과 같이 말했다. "비즈니스의 사회적 책임은 단 하나뿐이다. 게임의 규칙 안에서 자원을 사용하고 수익을 높이기 위해 계획된 활동에 참여하는 것이다." 실제로 그는 뉴욕 타임즈 매거진에 "비즈니스의 사회적 책임은 이익을 증대시키는 것"이라는 유명한 기사를 썼다(Friedman, 1970). 이것은 수십 년 동안 전 세계 경영자들의 기본 원칙이었다. 다행히 모든 사람이 밀턴 프리드먼에 동의하는 것은 아니다. 퀘이크 오츠(Quaker Oats)의 케니스 메이슨(Kenneth Mason) 사장은 이렇게 반론했다. "충분한 음식을 얻는 것이 삶의 목적이 아니듯이, 이익을 얻는 것만이 기업의 목적은 아니다. 충분한 음식을 얻는 것은 삶의 필수 조건이다. 하지만, 인생의 목적은 더욱 넓고 도전적이다. 사업과 이익도 마찬가지다."

목적과 의미가 리더십의 미래를 만드는 주요 트렌드 중 하나였지만, 목적 지향적이고 배려하는 것은 미래의 리더가 가져야 할 사고방식이기도 하다.

제임스 다우닝 박사(James Downing, MD)는 약 5,000명의 직원이 있는 세인트 주드 어린이 연구 병원(St. Jude Children's Research Hospital) CEO이다. 이 조직은 전 세계 소아암과 아동기 질환의 연구 및 치료에 중점을 둔다. 나는 최근에 그들의 리더십 팀과 이야기하고, 그들의 시설을 둘러보고 그들이 하는 놀라운 일을 볼 기회를 가졌다. 다우닝 박사는 나에게 말했다. "리더는 경력을 쌓기 위해 그곳에 있는 것이 아니다. 뛰어나다는 찬사를 받기 위해 그곳에 있는 것이 아니다. 리더의 임무는 직원들을 돌보고, 직원들이 최대한 기여할 수 있는 환경을 만드는 것이라고 알고, 확실히 하는 것이다."

사회에 기여하기 위해서는 수익이 있어야 한다고 리더들은 생각하지만, 오늘날 많은 리더는 사회가 조직의 수익성을 높일 수 있도록 하는 방법을 찾는다. 이것은 사고의 반전이다. 함디 울루카야(Hamdi Ulukaya)는 미국에서 가장 많이 판매되는 그리스 요구르트 브랜드인 초바니(Chobani) CEO이자 설립자이며, 세계에서 가장 큰 요구르트 공장을 운영하고 있다. 최근 TED 강연에서 그는 이렇게 말했다. "오늘의 비즈니스 책에 따르면, 주주의 이익을 극대화하기 위해 사업이 존재한다. 제 인생에서 들어 본 것 중 가장 멍청한 생각이다. 기업은 직원을 먼저 보살펴야 한다."(Ulukaya, 2019).

최근 그는 그곳에서 일하는 2,000명 이상의 직원 모두에게 회사 주식을 준다고 발표했다. 어떤 사람들은 홍보용이라고 했지만, 그는 이것이 회사를 만들고 성장시키는 데 도움을 준 사람들에 대한 선물이라는 것을 분명하게 알고 있으며, 그들을 배려함으로써 감사를 표현하고 싶었다. 그는 직원들에게 줄 주식을 자신과 회사를 위해 사용할 수 있었을 것이다. 그러나 그는 그렇게 하지 않았다. 그는 이익 증대를 생각하기 전에 직원들을 배려했다. 그것이 목적 지향적이고, 보살피는 리더가 되는 것이다. 사람들이 초바니에서 일하는 이유와 회사가 큰 성공을 거둔 이유이다. 더 많은 돈을 벌기 위해 목적 지향적이고 보살피는 리더가 되는 것이 아니고, 목적 지향적이고 보살피기 때문에 비즈니스가 성장할 수 있는 것이다. 큰 차이가 있다.

맨디 진스버그(Mandy Ginsburg)는 매치 그룹(Match Group) CEO인데, 1,400명 이상의 직원이 있고, Tinder, Match.com, OkCupid 등을 포함하여 여러 인기 있는 데이트 웹 사이트를 소유하고 있다. 인터뷰하는 동안, 그는 바로 이 아이디어를 언급했다:

나의 철학은 훌륭한 리더가 되기 위해서는 함께 일하는 사람들을 사랑하고 존중해야 한다는 것이다. 직원들을 이끌기 위해서는 직원들이 정말로 성공하는 것을 보기를 원해야 된다. 나는 충성도를 높이기 위해서는 조직에 있는 직원들이 누군가가 자신과 경력을 보살피고 있는 것을 알아야 한다고 생각한다. 나는 훌륭한 사람을 찾아서 그들과 실질적인 협력 관계를 구축하여 그들로 하여금 동기 부여와 영감을 유지하도록 한다. 그러면 그들은 계속해서 놀라운 결과를 창출한다.

"사랑과 존중"- 리더가 직원들에 대해 이렇게 말을 하는 것을 들은 적이 있는가? 당신은 직원들을 얼마나 자주 생각하고, 어떻게 이야기하는가?

요리사 사고방식을 어떻게 개발할 것인가?

이 사고방식의 근간은 리더의 업무가 단지 더 많은 수익을 창출하는 것이 아니라는 점을 이해하는 것이다. 당신이 하고 있는 일이 지역 사회 및 세계에 어떤 영향을 미치는지 알려면, 조직을 넘어서야 한다.

다시 유니레버 CEO 폴 폴먼(Paul Polman)이 인터뷰에서 했던 말이다:

세계는 최근 그 어느 때보다도 혼란스럽고 예측할 수 없다. 심한 불평등은 일, 교육, 의료, 위생과 같은 인간의 기본적인 필요에 접근하지 못한 채 수십억 명의 사람들을 어렵게 한다. 이념적 차이로 인해 국가적 결속력이 저하되고, 이로 인해 대량 이주와 난민 위기가 촉발되었다. 급속한 기술 발전으로 정의되는 4차 산업혁명은 산업과 일의 세계를 근본적으로 변화시키고 있다. 그리고 가장 놀랍게도 우리는 인류의 미래를 위협하는 기후 변화 위기에 직면해 있다. 이러한 변화는 당연히 엄청난 불안과 환멸을 불러

일으켰으며, 특히 정치 지도자와 정부에 대한 신뢰가 극도로 낮
은 세상으로 이어졌다. 이는 시민들과 다시 연결하고, 보다 포용
적이고, 공정하며, 지속 가능한 개혁된 경제 및 사회 시스템에 대
한 신뢰를 회복할 방법을 찾아야 하는 미래의 리더들에게 엄청난
도전이다.

이것은 사람들을 정말로 돌봐야 한다는 것을 의미한다. 그러나 이것은 어
려운 부분이다; 사람들이 관심을 갖게 하려면, 어떻게 해야 하는가? 나는 전
세계 모든 리더들이 일의 인간적인 측면에 대해 더 관심을 갖도록 만들 수 있
는 방법을 알고 싶었다.

단순히 사람들에게 돌보라는 말을 한다고 해서 그렇게 하지 않을 것이다.
목적 지향적이고 돌보는 리더에게서 내가 관찰한 바에 따르면, 그들은 몇 가
지 공통점을 가지고 있다(도표 13.2 참조). 첫째, 대부분의 시간을 사무실에서 보
내지 않는다. 그들은 지속적으로 고객, 지역 사회 및 직원들과 이야기를 나눈
다. 내가 직원이라고 말할 때, 나는 다른 경영진을 의미하는 것이 아니다. 현
장 직원을 포함한 모든 사람을 의미한다. 둘째, 이 리더들은 공감과 자기 인
식을 실천한다(둘 다 이 책의 뒷부분에서 살펴볼 것이다). 셋째, 이 리더들은 그들이 싸워
야 하는 이유나 대의가 있다. 그것은 기후 변화, 난민, 다양성과 평등, 불우 아
동 등이 될 수 있을 것이다. 리더는 비즈니스를 넘어서 싸워야 한다. 넷째, 이
리더들은 직원들을 인간으로 본다. 이 책에서 여러 번 언급했다. 직원들은 스
프레드시트의 숫자가 아니고, 부품도 아니고, 직무 설명서도 아니다. 그들은
당신과 똑같은 사람이다. 마지막으로, 리더는 목적 지향적이고 보살피는 것
이 자기만이 할 수 있는 선택임을 인식한다.

'죽음의 수용소에서(Man's Search for meaning)'의 저자인 빅터 프랭클(Viktor E.
Frankl)은 "자극과 반응 사이에는 공간이 있다. 그 공간에서 반응을 선택할 기
회가 우리에게 있다. 우리의 반응 가운데 우리의 성장과 자유가 있다."(Frankl,
1984)라고 했다. 리더는 자신이 하는 선택에 대해 책임이 있다. 올바른 것을 선

택하는 것은 리더에게 달려 있다.

　요리사는 어떻게 요리 재료의 균형을 잡는가? 그들은 일반적으로 두 가지를 한다. 첫 번째는 맛을 자주 본다. 요리사가 요리하는 것을 보면, 그들이 만드는 것이 무엇이든 계속 맛을 본다. 맛이 싱겁거나 짠지, 매운지, 너무 단지, 무엇이 조금 더 필요한지 계속 확인하는 것을 알 것이다. 두 번째는 다른 사람들이 자신의 요리에 대해 말하는 것에 주의를 기울인다. 고객이 제공하는 피드백은 무엇인가? 그들은 주문한 요리를 깨끗이 비우는가? 요리에 대해

목적 지향적이며 보살피는 리더

도표 13.2 목적 지향적이고 보살피는 리더의 특성.

이야기가 많이 나오는가? 주문이 많은 메뉴는 무엇인가? 이 모든 것이 중요하다.

리더는 예외없이 항상 사람이 우선이라는 것을 이해해야 한다. 기술은 항상 두 번째이다. 예외는 없다.

요리사가 사용하는 동일한 기법을 리더십에도 적용할 수 있다. 첫째로, 자주 맛을 보아야 한다. 즉, 조직에서 일어나고 있는 일에 지속적으로 주의를 기울이며, 기술로 인력을 대체하는 것이 아니라 일자리를 늘릴 수 있는 방법을 항상 찾는다는 의미이다. 직원들이 반복적인 일로 어려움을 겪는 것을 본다면, 아마도 기술 요소를 더 추가할 수 있을 것이다. 전문 서비스 회사가 좋은 예이다. 딜로이트(Deloitte)에서는 세금 환급 또는 위험 평가와 같은 업무를 지원하기 위해 기술을 사용한다. 조직에서 일반적으로 사업부를 매각할 때, 경영권 변경에 필요한 서류를 검토하는데 6개월 동안 수십 명의 직원이 필요했다. 오늘날은 동일 작업을 직원 6-8명으로 구성된 팀이 30일 안에 가능하다. 또한 인수 합병 과정에서 수백만 개의 미지급금 및 미수금 데이터를 처리하는 데 기술을 사용해서 4개월 이상 걸렸던 것을 지금은 1주일 이내에 한다. 액센추어(Accenture)는 직원 한 명도 해고하지 않고, 회계 및 재무 분야 일자리 17,000개 이상을 자동화했다. 기술이 인간보다 더 빠르고, 정확하고, 명확하게 수행할 수 있는 숫자 처리 업무였다. 이 업무를 했던 직원들은 숫자의 의미를 고객이 이해하도록 돕고, 해야 할 조치에 대한 조언을 하는 등 전략적 업무를 할 수 있도록 재교육 및 배치되었다.

기술에 지나치게 집중되어 있고, 인간적 요소가 빠진 경우에는 부족분을 추가할 수 있다. 테슬라 CEO인 일론 머스크는 최근 자동화에 너무 많이 의존한 자신의 공장을 "미친듯 복잡한 컨베이어 벨트"라고 표현했다. 품질관리도 떨어졌고 부품이 파손된 자동차를 고객이 받기도 했다. 공장은 기존 생산 방식이 폐기되고, 사람을 더욱 강조하는 방향으로 재창조 되었다.

리더는 팀원들과 함께 주방에 있어야만 요리를 맛볼 수 있다. 사무실에 앉아서 요리에 대해 언급할 수는 없다. 앞치마를 입고, 숟가락을 손에 들고,

바로 현장에 있어야 한다.

둘째로, 주변 사람들로부터 받는 피드백에 주의를 기울여야 한다. 고객, 직원, 파트너 등이 될 수 있다. 예를 들어, 일론(Elon)은 고객이 자동차에 만족하지 않는다는 것을 알았기 때문에 생산 시스템을 변경했다. 실제로 그는 고객과 직원들의 피드백에 따라 자주 변경한다. 최근 그는 자동차에 반려 동물만 있을 수 있도록 고객이 제안했던, "도그 모드(Dog Mode)"를 출시했다. 자동차에 주인이 곧 돌아올 것이라는 메시지와 차 내부의 온도를 표시해 준다. 이렇게 하면, 지나가는 사람들이 안에 있는 반려 동물을 염려하지 않아도 된다.

단순히 듣거나 데이터 수집만으로는 부족하다. 피드백을 받고 리더가 하는 반응은 매우 중요하다. 활용하지 않으면, 정보가 무슨 의미가 있겠는가?

조직에 영향을 줄 수 있는 기술을 받아들이고, 두려움을 갖지 마라. 팀의 강점에 초점을 맞추고 기술이 이 강점을 더욱 강화할 수 있는 방법을 찾아보자. 기술이 직원이나 고객에게 어떻게 도움 되는지 이해하고, 그들이 더 가치 있다고 느끼도록 하라. 기술은 직원과 고객에게 더 나은 경험을 할 수 있도록 하는 엄청난 잠재력을 가지고 있다.

자, 이제 요리를 시작하자!

서번트

14장
서번트 사고방식

❝ 하인(servant)"이라는 단어는 13세기로 거슬러 올라가서, 앵글로-프랑스어 servir에서 유래했다. 봉사하다 또는 유용하다는 의미이다. 나는 역사를 통틀어 하인들이 일반적으로 더 높은 스킬을 가지고 있음에도 불구하고, 능력이 없는 하급인으로 여겨져 왔다고 생각한다. 이들은 더 부유하고, 자신보다 더 똑똑하고, 더 나은 사람으로 인식되는 사람들을 위해 일했다. 아이러니하게도, 이 단어가 소개된 지 수 세기가 지난 지금, 리더가 가져야 할 가장 가치 있는 것이 서번트 사고방식이 되었다. 우리가 서번트 리더십에 대해 계속 듣는 이유이다.

리더가 된다는 것은 피라미드 꼭대기에 앉아 다른 사람들에게 무엇을 해야 하는지 알려주는 것이 아니다. 서번트 리더십은 리더가 피라미드 아래에 서서 다른 사람들을 떠받쳐 준다는 것을 의미한다. 이것은 비즈니스 세계에서 익숙한 것과 완전히 대조적이다.

약 20,000명의 직원이 있는 암웨이의 사장인 덕 디보스(Doug DeVos)는 이것을 다소 간단하고 감동적으로 표현한다. "리더십은 주변 사람들이 최선을 다할 수 있도록 도와주고, 조직이나 팀을 위한 성과를 달성하도록 주변 사람들을 섬기는 것이다."

리더의 섬김은 상사에 대한 섬김, 팀원에 대한 섬김, 고객에 대한 섬김, 자신에 대한 섬김의 4가지로 나타난다. 서번트 리더라는 이야기를 듣는 대부분의 경우, 리더가 직원들을 섬기는 것과 관련이 있다. 이것이 중요하지만, 직원에 대한 섬김은 더 큰 그림의 한 부분이다. 자주 놓치는 또 다른 부분인 리더 자신을 섬기는 것에 대한 논의는 많지 않다. 섬김은 양방향이며, 조직에서 이상적으로는 직급이나 부서에 관계없이 모든 사람이 다른 사람들을 섬기는 것이다. 이 네 가지 구성 요소가 모두 합쳐지면, 리더뿐만 아니라, 조직 전체를 위한 진정한 서번트 사고방식이 개발될 것이다. 인간이 되는 것이다.

상사에 대한 섬김

상사가 있는 경우, 그들을 섬기는 것을 말한다. 조직에서 대부분의 리더는 상사와 함께 일한다. 상사를 섬긴다는 것은 상사와 좋은 관계를 유지하고, 상사를 지원하고, 가능하면 상사를 돕는 것을 의미한다. 예를 들어, 상사가 회의에 참석하려고 할 때, 상사가 알아야 할 유용한 정보를 가지고 있다면, 상사에게 알려 주는 것이다. 상사가 스트레스를 받고, 프로젝트에 압도될 경우, 자신에게 여력이 있으면 도움을 제공하는 것이다. 상사를 섬길 수 있는 가장 좋은 방법 중 하나는 문제에 대한 해결책을 찾는 것이다. 무언가가 잘 되지 않는다는 것을 알았다면, 문제만 이야기하지 말고, 문제의 해결 방안을 제안하는 것이다.

워싱턴 포스트(Washington Post)에 실린 최근 연구에 따르면, 직속 상사를 일반적인 상사가 아닌 파트너로 생각하는 사람들은 일상 생활과 전반적인 삶에서 훨씬 더 행복하다(Ingraham, 2018). 상사와 좋은 관계를 유지하는 것은 경력뿐만 아니라, 자신의 웰빙에도 중요하다. 스톡홀름의 스트레스 연구소에서는 10년 동안 3,100명의 남성을 연구했다. 존경하지 않는 리더가 있다고 보고한 남성은 심장 마비나 생명을 위협하는 다른 심장 질환을 겪을 가능성이

60% 더 높았다(Nyberg, 2008).

상사도 당신과 똑같은 인간이다. 그들은 다른 사람들과 마찬가지로 지치고, 스트레스를 받고, 화나고, 좌절하고, 행복해 한다.

직원들에 대한 섬김

르브론 제임스(LeBron James), 로저 페더러(Roger Federer), 세레나 윌리엄스(Serena Williams)와 같은 운동 선수가 인터뷰를 할 때마다, 그들은 늘 같은 말을 한다. "내 팀원들이 없었다면, 승리할 수 없었다." 그들은 일반적으로 팀이 이길 때, 자신의 팀을 인정하고, 팀이 졌을 때(또는 패배했을 때) 비판이나 결과로부터 팀원들을 보호한다.

이 책의 앞부분에서 언급했듯이, 리더의 임무는 자신보다 직원들을 더 성공적으로 만들기 위한 일을 하는 것이다. 당신이 이것을 믿는다면, 당신이 하는 행동은 이 믿음을 반영할 것이다. 그러나 그 반대도 마찬가지이다. 섬기는 것은 직원들의 몫이라고 믿는다면, 그것이 당신의 행동으로 나타날 것이다.

SMG는 고객 피드백 관리 회사로 최근 레스토랑 및 소매업 종사자 40,000명 이상을 대상으로 설문 조사를 실시하여, 리더에 대해 가장 중요하게 생각하는 것을 물었다. 가장 많이 응답한 것은 지원적이고 배려하는 리더이었다.

리더의 책임은 다른 리더를 만드는 것이다. 회계감사 및 컨설팅 회사인 EY와 글로벌 리더십컨설팅 회사 DDI가 발표한 가장 최근의 글로벌 리더십전망(Global Leadership Forecast)에서 "차세대 리더 개발"은 전 세계 1,000명의 CEO가 가장 큰 도전으로 꼽았다.

루치아노 스넬(Luciano Snel)은 600만 명 이상의 사람들에게 서비스를 제공하는 브라질 최대 보험회사 중 하나인 아이카투 세구로스 S/A(Icatu Seguros S/A) 사장이다. 그는 나에게 "리더의 목적이 다른 리더를 만드는 것"이라고 말했다. 직원을 섬기는 것은 직원 코칭과 멘토링, 프로젝트를 완료하기 위해 함께 일하고, 직원들의 노력을 인정하고 보상하는 등 다양한 방식으로 나타날 수 있다.

게리 리지(Garry Ridge)는 샌디에고에 본사를 두고 있으며, 전 세계적으로 약 500명의 직원이 있는 WD-40의 CEO이다. 그는 실행하기 쉽고 영향력 있는 다소 독특한 리더십 방법을 가지고 있다. 그가 세계 어디에 있든 상관없이 매일 오전 7시에 그는 이메일을 통해 직원들에게 메시지를 보낸다. 그는 "오늘은 ~" 이라고 시작하는 이메일을 샌디에고, 시드니, 쿠알라룸푸르 또는 그가 여행하는 어떤 곳에서도 보낸다. 이메일에서 그는 조직이나 커뮤니티에서 보거나 느꼈던 것 또는 단지 보내고 싶은 것을 기반으로 영감을 주는 인용문을 보낸다. 이것을 통해 자기 "직원들"과 연결되고 있음을 느낄 수 있으며, 또한 직원들도 항상 그가 어디에 있는지를 알고, 그에게 연락할 수 있다는 것을 알게 된다. 그가 나에게 말했듯이, "매일 나를 그들의 존재 속에 두어서 의사 소통의 통로를 열어둔다." 직원들은 또한 그가 보내는 인용문이나 다른 것에 대해 이야기하려고 그에게 자주 찾아오는데, 그들은 첫 화제로 인용문을 사용한다. 즉, 직원들이 무엇이든 가지고 그에게 올 수 있다는 것을 더 편안하게 느끼도록 도와준다.

다음은 그가 보내는 인용문의 몇 가지 예이다:

"오늘 할 일: 감사할 일을 세어보고, 통제할 수 없는 것을 버리고, 친절을 베풀고, 내 마음에 귀를 기울이고, 생산적이면서 침착하고, 호흡을 한다."
"달라이 라마의 통찰: 끊임없는 두려움, 끊임없는 분노, 증오는 실제로 우리의 면역 체계를 파괴한다. 차분한 마음, 따뜻한 마음은 몸에 긍정적인 요소를 증가시킨다."
"당신이 너무나 중요해서 다른 사람들을 친절하게 대할 수 없는 것은 아니다."

게리(Garry)는 보통의 리더가 아니다. 그와 이야기를 나눈 결과, 그는 직원들을 위해 무엇이든 해 주겠다는 인상을 받았는데, 이것은 보기 드문 특성이다. 리더로서 팀원들을 섬기는 것은 단순히 업무 관련 문제를 넘어서는 것이다.

알렉산더 윈아엔츠(Alexander Wynaendts)는 전 세계 30,000명의 직원이 있는 금융 서비스 조직인 에이곤(Aegon) CEO이다. 나는 어떤 행사에 강연을 하러 갔던 네덜란드 헤이그에서 그를 만났고, 그는 나에게 감동적인 이야기를 들려 주었다. 어느 날 그는 사무실을 돌아 다니다가 직원 중 한 명이 울고 있는 것을 발견했다. 그는 그 직원의 남편이 말기 암에 걸렸다는 사실과 생존 확률이 20분의 1이라는 것을 알게 되었다. 알렉산더는 직원에게 남편이 가서 만나야 할 의사를 알고 있다고 말했다. 대부분의 사람들은 만나기 어렵지만, 알렉산더는 가능했다. 치료 끝에 직원의 남편은 완치되었다. 이 이야기가 정말 마음에 들었다. 직원을 섬기는 것이 사무실 밖에서도 멈추지 않는다는 것을 보여주기 때문이다. 그는 일과 삶의 경계를 구분하지 않고, 직원임과 동시에 한 개인을 지속적으로 섬기고 있는 것이다.

리더가 직원들을 섬길 수 있는 가장 효과적이고 쉬운 방법 중 하나는 그들이 하는 일에 대해 인정해 주는 것이다. 이것은 우리 모두에게 필요하고 가치가 있는 것이다.

데이비드 노박(David Novak)은 얌! 브랜즈(Yum! Brands) 전 CEO이다. 그가 CEO였을 때, 이 회사는 프랜차이즈를 포함하여 전 세계에 약 150만 명의 직원이 있었다. 나는 그가 자기 경력에서 가장 큰 영향을 미친 순간에 대해서 했던 이야기를 결코 잊지 못할 것이다. 몇 년 전 그는 펩시 콜라(Pepsi-Cola)에서 경영을 했다. 그는 새로 역할을 맡았으며, 가능한 한 많이 배우고 싶었다. 그는 세인트 루이스에서 12명의 직원들과 토론을 하고 있었다. 그가 물었다. "머천다이징을 잘하는 사람은 누구인가요?" 모두가 밥(Bob)이라는 사람을 칭찬하기 시작했다. "밥이 최고입니다." "여기에서 처음 3년 동안 배운 것보다 하루에 더 많이 가르쳐 주었습니다." "밥이 고객을 어떻게 응대하는지 보셔야 합니다." 그는 밥 쪽을 바라보았는데, 밥은 울고 있었다. 그는 당황하여 밥에게 무슨 일이 있는지 물었다. 밥은 "저는 47년 동안 근무를 했는데, 2주 후에 퇴직합니다. 사람들이 저에 대해 이렇게 생각하는 줄은 몰랐습니다." 그는 1톤짜리 벽돌로 맞는 것처럼 느껴졌고, 그 후로 직원들을 인정하기 위해 자신이 할 수 있는 모든 일을 할 것이라는 결심을 했다. 그는 "밥"과 같은 직원이 더 이상 생기는 것을 원치 않았다.

데이비드는 인정 운동을 시작했고, 그 과정에서 많은 즐거움을 누렸다. 그가 KFC 사장이었을 때는 직원들에게 고무 닭을 주었다. 그는 그것에 번호를 매기고, 그 직원이 그것을 받기까지 무엇을 했고, 어떤 결과를 이루어 냈는지 썼다. 그런 다음 그는 직원과 그 고무 닭과 함께 사진을 찍고, 액자에 넣어 그들에게 주며, 직원에게 말했다. "당신은 사진을 마음대로 하고, 나는 당신 사진을 내 사무실에 두겠다. 당신은 일을 이루어 내는 사람이다. 당신이 한 일은 우리 사업을 훌륭하게 만들 것이다." 그는 또한 그들에게 100달러를 주었다. 고무 닭은 먹을 수가 없기 때문이었다.

그가 피자헛(Pizza Hut) 사장이 되었을 때, 그는 치즈 모자를 활용하여 동일한 것을 했다. 그리고 다시 얌! 브랜드(Yum! Brands)의 CEO가 되었을 때, 그는 치아 모형 장난감을 주며 수상 이유를 쓰고, 번호를 매기고, 직원들과 사진을 찍었다. 이 관행은 여러 회사로 퍼졌다. 타코벨(Taco Bell) 사장은 소스 패키지로 이것을 했으며, 다른 리더들은 "경쟁자를 KO시킨 성과"에 대해 권투 장갑과 같은 것을 사용했다. 많은 사람이 인정 상을 받았다. 가장 좋은 점은 중국, 인도, 미국, 영국 등 전 세계 모든 곳에서 효과가 있다는 것이다. 리더가 이름을 붙이고, 직원들이 이에 반응했다. 그는 이 프로그램을 의무화한 적이 없었지만, 모두가 이 프로그램을 시작했다. 당신이 그 회사의 리더였다면, 당신의 인정 상은 무엇으로 할 것 같은가?

고무 닭, 치즈 모자, 치아 모형 장남감과 같은 단순한 것들이 사람들에게 엄청난 영향을 미칠 수 있다는 것이 놀랍다. 모든 것이 밥(Bob)에서 시작되었다. 지금 당신 회사에 근무하고 있는 "밥"은 얼마나 될까? 그 사람들을 파악하기 위해 무엇을 할 수 있는가?

나의 이전 저서인 '직원 경험의 이점(The Employee Experience Advantage)'에서 누군가의 삶의 과정에서 '중요한 순간(Moments That Matter)'이라는 개념에 대해 썼다. 리더는 이러한 순간을 이해해야 하며, 직원의 첫 출근 날보다 중요한 순간이 낭비되는 경우는 없다는 것을 알아야 할 것이다.

당신이 이제 막 일을 시작한다고 상상해 보자. 전날 밤, 당신은 내일 입을 옷을 골라 놓고, 일찍 알람을 해 두고, 그 첫날을 기대한다. 그 다음 날이 되면, 알람 시계가 울리고, 침대에서 튀어나와 골라 놓은 옷을 입고, 아침 식사를 하고, 배우자의 "첫 출근 날, 멋질 것이라고 확신해요!"라는 배웅을 받고, 직장에 나타나지만, 주차 공간을 찾을 수 없어서 먼 곳에 주차해 놓고 사무실로 전력 질주한다. 출근 시간에 몇 분 늦고 땀을 흘린다. 누군가가 로비에서 당신을 맞이하며 보안 검사를 통과한 후 자리로 안내한다. 책상에 도착하면, "환영합니다"가 적혀 있는 포스트잇이 붙은 노트북을 발견한다. 컴퓨터를 열었을 때, 아직 설치된 프로그램이 없어 아무것도 할 수가 없다는 것을 알게 된다. IT부서와 몇 시간을 보낸 후에는 점심 시간이다. 혼자 앉아서 샐러드를 먹고, 회의에 몇 번 참석하면, 하루가 끝나고 차로 돌아갈 시간이다. 집에 돌아 오면, 배우자가 "첫 출근, 어땠어요?"라고 묻는다. 당신의 대답은 "내가 좋은 선택을 했는지 잘 모르겠어. 나를 반기는 사람이 없었고, 내가 첫 출근했다는 것도 몰랐어!" 이것은 전 세계 많은 직원들의 첫 출근날 모습이다. 고치기 어려운 일이 아니다. 이 순간이 바뀌면, 큰 영향을 미칠 것이다.

220명의 직원이 있는 캘리포니아 신용 협동조합 베이 페드랄 크레딧 유니온(Bay Federal Credit Union) CEO인 캐리 버크호프(Carrie Birkhofe)는 그녀가 첫 출근날부터 - 실제로는 출근 첫 시간부터 자기 직원을 섬기는 것에 있어서 신봉자라고 말했다.

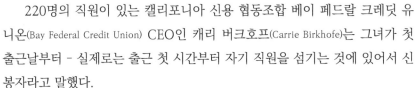

나는 직원들이 신용 협동 조합에서 시작하는 첫 시간에 만난다. 신입 사원을 환영하고, 신입 사원들이 시작하는 그 자리에 함께

있다. 나는 그들을 맞이하고, 환영하며, 그들의 모든 질문에 대답
한다. 직위에 관계없이 모든 리더는 신입 사원을 존중하며, 귀를
기울이고 있다. 신입 사원들로 하여금 내가 그들을 섬기기기 위
해 거기에 있다는 것을 알게 한다.

직원들을 섬기기 위해 당신이 있다는 것을 직원들에게 알리기 위해 출근
첫날부터 당신이 할 수 있는 일은 무엇인가?

고객에 대한 섬김

고객에게 서비스를 제공하고, 고객에게 놀라운 경험을 제공하는 것이 서비스
의 핵심이라는 것은 이제 놀라운 일이 아니다. 우리는 고객이 당신의 것과 비
슷한 많은 제품과 서비스 중에 선택할 수 있는 세상에 살고 있다. 제품 가격
은 서로 비슷하며, 기능도 비슷하다. 이러한 환경에서 고객에게 서비스를 제
공하고, 고객을 위해 더 나은 경험을 만들어 돋보일 수 있는 것은 조직이다.
요즘 사람들은 단순히 제품을 구매하는 것이 아니라, 경험을 구매하는 경향
이 있다. 실제로 소비자의 89%는 불만족스런 고객 경험을 한 후에는 거래 회
사를 바꾸었다.

경영 컨설팅회사인 워커(Walker)의 연구에 따르면, 2020년까지 고객 경험
이 차별화의 핵심 요소로 가격과 제품을 추월할 것으로 예상된다(Walker, 2013).

운 좋게도 나는 세계 최고의 고객 경험 전문가인 블레이크 모건(Blake
Morgan)과 결혼했다. 그녀의 새 책 '미래의 고객(The Customer of the Future)'에서는
아래에 설명된 대로 리더가 고객 서비스를 위해 따라야 하는 10가지 기본 원
칙을 설명하고 있다.

사고방식의 힘을 깨달아라

태도가 전부이다. 향상된 고객경험을 제공하는 리더는 회사 전체의 초점과

사고방식에 완전히 일치한다. 블레이크(Blake)는 원래 기술에 관한 책을 집필하려고 했지만, 시애틀에 있는 아마존 본사를 방문한 후, 그녀는 모든 차이를 만든 것이 단순히 사고방식이라는 것을 깨달았다. 우리가 만난 모든 리더들은 모두가 고객 경험 담당이 아니더라도 고객 중심에 대해 이야기했다.

고객 중심의 조직 문화를 구축하라

고객은 결국 직원들 조직의 문화를 느낄 것이다. 기업은 외부의 고객 경험을 생각하기 전에 먼저 조직 문화에 초점을 맞춰야 한다. 조직 문화는 종종 고객 경험으로 어려움을 겪는 기업들의 끊어진 연결고리이다.

고객 중심의 리더십을 개발하라

뛰어난 리더는 태어나는 것이 아니라 육성된다. CEO는 자주 바뀐다. 리더를 위한 지속적인 역량 개발 및 교육 프로그램을 만드는 것은 회사의 몫이다.

무결점 고객 경험을 디자인하라

고객 생활의 일부 영역에서 무결점의 아주 매끄러운 고객 경험을 얻고 있다. 예를 들면 아마존, 넷플릭스, 애플 및 스포티파이가 그렇다. 그러나 다른 회사들에서는 고객이 너무 많은 노력을 해야 한다. 무결점이 목표이어야 한다.

고객 경험 중심의 마케팅을 창조하라

CMO는 고객 경험을 추진하는 책임을 맡는다. 마케팅은 고객의 맥박을 재는 회사 내 그룹이다. 이제 마케팅은 고객이 참여하려는 채널의 수를 늘림에 따라, 그 어느 때보다 영향력이 커졌다. 마케팅이 기여할 수 있는 기회이다.

고객과 직원들 삶의 향상을 위해 기술을 활용하라

기술이 전부는 아니지만, 점점 더 가장 사랑받는 고객 경험을 만든다. 훌륭한 기술 전략은 직원과 고객 경험 모두에서 엄청난 향상이 될 수 있으며, 둘 다 중요하다.

디지털 전환에 투자하라

리더는 기술을 활용하여 기존 및 새로운 비즈니스 과제를 해결해야 한다. 디지털 전환에는 장기적인 투자가 필요하지만, 블레이크의 연구에 따르면, 디지털 전환을 하고 있는 기업은 장기적으로 주가가 더 상승했다(Morgan, 2019).

미래의 고객 경험을 위한 개인화에 초점을 두라

미래에는 고객 경험을 개인화하기 위해 데이터를 활용하는 기업이 고객을 확보할 것이다. 이들은 미래의 필요를 예상하고, 개인을 위한 맞춤형 경험을 창출하는 회사이다.

고객 경험 분석을 수용하라

오늘날 기업은 데이터의 보물 창고를 활용할 수 있다. 이 데이터는 더 나은 경험을 만들고, 매출을 늘리는 데 사용할 수 있다. 분석은 현재 고객 경험의 미래이다.

고객 경험에서 윤리와 개인 정보를 정의하라

우리는 개인 정보 활용의 변곡점에 있다. 92%의 고객은 개인 정보가 안전하지 않다고 믿기 때문에, 자동 수집되는 것을 불편해 한다(Lara, 2018). AI와 머신 러닝이 활발해지면서 기업은 개인 정보 및 윤리에 대한 입장을 밝혀야 한다. 일찍할수록 좋다.

    카니발 크루즈 라인(Carnival Cruise Line)은 약 40,000명의 직원이 있으며, 세계 최대 크루즈 전문 평가 사이트인 크루즈 크리틱(Cruise Critic)의 연례 편집자 추천 어워드에서 "최고 가성비(Best Value for Money)"및 "최고 서비스(Best Service)"를 포함하여 업계에서 영예로운 상을 받았다. 고객 서비스는 DNA에 내재되어 있다. CEO인 아놀드 도널드(Arnold Donald)는 다음과 같이 말했다: "우리의 핵심은 기대치를 초과하는 것이다. 그렇게 한다면, 우리가 사업을 제대로 하는 것이다. 그렇게 하지 못하면, 우리가 무슨 다른 일을 하더라도 중요하지 않다. 우리는 접객업이기 때문이다."

자기 자신에 대한 섬김

자기 관리를 마지막으로 한 것이 언제인가? 예를 들어, 취미 활동을 하거나 휴가를 가거나 운동을 하는 것 등이다.

리더의 직책은 자기 관리를 위해 더 많은 노력을 필요로 한다. 많은 요구들이 끊임없이 이어지기 때문에, 리더는 탈진하기 쉽다. 미국 미네소타주에 있는 병원인 메이오클리닉(Mayo Clinic)에 따르면, "일로 인한 탈진은 특별한 유형의 업무 관련 스트레스이다. 성취감 저하와 개인 정체성 상실을 포함하는 신체적 또는 정서적 고갈 상태이다"(Mayo Clinic, n.d.). 탈진한다는 것은 공식적인 의학적 진단은 아니지만, 우리 모두가 이것을 경험하고 동료들에게 미치는 영향을 봤다. 리더에게는 자기 관리를 위한 시간을 만들지 않는 것이 자신과 조직에 해로울 수 있다. 몇 년 전 하버드 의과 대학에서 연구를 했는데, 고위 리더의 96%가 다소 탈진되었다고 느끼며, 3분의 1은 심각한 상황이라고 했다. 안타깝게도 많은 리더들은 자신이 리더의 위치에 있기 때문에 지속적으로 110% 성과를 내야 하며, 도움을 요청하거나 거절할 수 없으며, 어떤 종류의 약점이나 연약한 점을 시인할 수 없다고 믿는다(Kwoh, 2013). 다행히 우리는 로봇이 아니고, 인간이다. 직장에서도 인간처럼 행동하는 것은 괜찮다. 우리는 조직의 리더나 직원만이 아니다. 우리는 또한 아들, 딸, 아버지, 어머니, 조부모, 친구이다. 우리 모두는 리더나 직원이 되기 전에 이러한 역할들을 했는데, 때로는 그것을 잊는다.

자기 관리를 하지 않는 결과, 리더는 잘못된 의사 결정을 하고, 직원이나 고객들과 관계가 끊어지고, 우울증, 체중 증가, 불면증과 같은 생리적 및 심리적 증상을 경험할 수 있다. 물론 이러한 것들은 리더들에게만 국한되는 것은 아니다. 우리 모두 자기 관리를 해야 한다.

IBM은 리더의 웰빙이 그들의 효과성에 영향을 미친다는 것을 잘 알고 있다. 사실, 그들은 리더가 고성과 운동선수라고 생각한다. 자신을 돌보지 않고 자기 수준에 도달한 최고의 선수는 없다. 물론 그들은 열심히 일하지만, 항상 자신의 게임에서 최고의 위치를 차지할 수 있는 자원을 가지고 있어야 한다. IBM에서는 이른 아침 운동 및 요가 같은 것이 리더에게 효과적인 도구라는 것을 알게 되었고, 이러한 것들을 경영자 리더십 프로그램에 포함시켰다.

전 세계의 많은 조직이 직원을 위한 건강 및 웰빙 프로그램에 투자하는 것은 놀라운 일이 아니다. 물론 이러한 것들을 활용하는 것은 직원들 자신에게 달려 있다.

모든 항공사에서 안전 브리핑을 할 때, 비상시에는 다른 사람을 돕기 전에 자기가 먼저 산소 마스크를 착용하라는 말을 한다. 리더십도 마찬가지이다. 오늘날과 미래에는 리더가 자신을 섬기는 것이 더욱 중요해질 것이다. 기본적으로 다른 사람을 위한 효과적인 리더가 될 수 있도록 자신의 웰빙을 돌봐야 한다. 리더가 계속해서 지치고, 스트레스 받고, 과로하면, 이 책에 설명된 많은 스킬과 사고방식을 실천할 수 없게 되며, 그 결과 효과적인 리더가 되기 어렵다.

버진 그룹(Virgin Group) 창립자인 리차드 브랜슨(Richard Branson)은 자신의 성공은 활동적으로 지내고 자신을 돌본 덕분이라고 했다. 활동적이 되는 것은 그를 정신적으로나 육체적으로 자기 자신에게 몰두하게 만든다. 그는 실제로 매일 운동으로 시작한다. 그는 "내가 항상 건강과 피트니스를 중요하게 생각하지 않았더라면, 내 경력(그리고 개인적인 삶의 행복)에서 성공적이지 않았을 것이다."라고 했다(Branson, 2017).

내가 이야기를 나눈 몇몇 경영자는 근무 시간 외에는 스마트 폰 대신 플립 폰을 가지고 다닌다고 했다. 가족이나 경영진 등 소수의 사람들만이 그 전화 번호를 알고 있다. 이렇게 하면, 이 경영자들은 직장에 없을 때도 걱정할 필요가 없으며, 긴급 상황이 발생하면 플립 폰이 울린다.

자신을 돌보기 위해 해야 할 일은 무엇이든 하라.

리더에게 서번트 사고방식을 수용하고 실천하는 것은 단순히 더 나은 조직을 만드는 것만이 아니다. 우리 모두가 참여할 수 있는 더 나은 사회와 더 나은 세상을 만드는 것이다. 상사를 섬기고, 팀원들을 섬기고, 고객을 섬기고, 자기 자신을 섬기는 것을 잊지 말라.

 밥 채프먼(Bob Chapman)은 이전에 만났던 회사인 배리웨밀러(Barry-Wehmiller) CEO이다. 이 회사는 인원 수 대신 심박수라는 용어를 사용한다. 그는 이것을 아름답게 표현했다:

> 우리는 사람들이 다른 사람을 먼저 생각하고, 사람들이 보살핌을 받는 사회를 상상한다. 그들이 보살핌을 받는다고 느낄 때, 그들은 다른 사람들을 배려한다. 우리의 리더십 모델은 의료, 교육, 군대, 기업 또는 정부에 관계없이 사람들이 가치 있다고 느끼고, 그들이 가치 있다고 느낄 때, 집에 가서 배우자를 잘 대하고, 자녀를 잘 대하고, 그 아이들은 소중함을 느끼고 서로를 잘 대하는 부모를 목격하는 환경을 조성한다. 보다 배려심 있는 근무 환경을 통해 더 나은 일자리를 창출함으로써 더 나은 세상을 만들 수 있다.

겸손과 취약성

겸손함과 약한 부분이 있다는 것을 모르면, 섬길 수 없다. 당신이 실수를 하지 않고, 항상 최선의 결정을 내리고, 질문이나 도전을 받아서는 안되는 위대한 리더라고 믿는다면, 서번트 사고방식은 실천하기 매우 어려운 개념이 될 것이다. 간단히 말해서, 당신은 스스로를 극복해야 한다.

"겸손한 CEO가 중요한가? CEO 겸손 및 기업 성과에 대한 조사"라는 제목의 연구보고서는 겸손을 정의하고 이해하는 데 중요한 3가지가 있다고 한다. 첫 번째는 자기 자신을 정확하게 알고자 하는 의지이다. 여기서는 "감성 지능"이라는 용어로 이야기하고 있다. 두 번째는 열린 마음을 유지하고, 지속적으로 배우고 개선하려는 의지이다. 이것도 여기에서 논의되었다. 마지막으로 다른 사람의 강점과 공헌에 대한 감사가 필수적이다(Ouetal, 2015). 간단히 말해서, 겸손은 자신에 대해 지나치게 과장된 의견을 갖고 있지 않다는 것을 의미한다; 자신이 다른 사람보다 우월하다고 보지 않는 것이다.

나는 마스터카드(MasterCard)의 CEO인 아제이 방가(Ajay Banga)에게 그의 경력 중 어느 순간이 그의 리더십 방식에 가장 큰 영향을 미쳤는지 물었다. 그가 말한 내용은 다음과 같다:

아버지는 독립 인도의 사관학교 1기 졸업생이었다. 그는 인도 육군에서 35년 이상 복무했으며, 3성 장군으로 전역했다. 그는 시간을 지키고, 약속을 지키고, 사람들을 돌보는 것과 같은 것에 엄격했다. 한때 우리는 하이데라바드(Hyderabad)에 복합 건물이 있는 큰 집에서 살았고, 매일 나가는 길에 아버지가 정문에 있는 군대 경비원과 이야기할 때도 다른 나라에서 온 장군이나 그의 상사 또는 동료였던 다른 사람과 이야기하는 것을 보았을 때와 그의 눈에는 동일한 관심을 가지고 있다는 것을 보았다. 그게 내가 그에게서 얻은 가장 중요한 교훈이라고 생각한다. 그렇다, 시간을 지키는 것이 중요하다. 물건에 신경을 쓰는 것이 중요하다. 하지만 모든 수준의 사람들과 연결하는 것이 정말 중요하다. 여기에서 팁과 정보, 지식을 얻을 수 있고, 더 나은 사람이 될 수 있는 능력을 얻을 수 있기 때문이다.

수십 년 동안 우리는 피라미드 꼭대기에 있는 리더가 가장 중요한 사람이라는 개념을 가르치고 실천해 왔다. 얼마 전까지만 해도 리더들은 이것에 너무 집착하여 사무실이 얼마나 큰지 확인하기 위해 천장에 타일이 몇 개가

있는지 계산하고, 더 좋은 품질의 목재로 책상이 만들어졌는지에 관심을 가졌다. '연예인 리더'의 시대였고, 이제는 끝났다. 짐 콜린스(Jim Collins)는 그의 저서 '좋은 기업을 넘어 위대한 기업으로(Good to Great)'에서 30년 동안 거의 1,500개 기업을 연구한 것에 대해 이야기한다(Collins, 2001). 그는 진정으로 위대한 기업과 나머지 기업을 구분하는 요소를 찾고 싶었다. 위대한 조직의 리더가 갖고 있는 자질 중 하나는 겸손이다. 위에서 언급한 CEO 연구에서 저자들은 겸손한 경영진이 "통합적인 최고 경영진을 구축하고, 최고 경영진 간의 보수의 공정성을 장려하며, 효율성과 혁신의 균형으로 수익성 있는 회사를 만든다"는 사실을 발견했다.

당신이 조직에서 가장 똑똑하거나 최고의 사람이라고 믿으면, 다른 모든 사람과 그들의 아이디어를 당신의 아이디어보다 열등한 것으로 취급한다. 이것은 현재 또는 미래를 이끌 방법이 아니다.

얀 리너트(Jan Rinnert)는 귀금속 및 특수 금속, 의료 기술, 석영 유리, 센서 및 특수 광원에 중점을 둔 가족 소유의 독일 회사인 헤라우스(Heraeus Holding GmbH)의 이사회 의장이다. 그들은 전 세계에 13,000명이 넘는 직원이 있다. 토론 중에 그는 다음과 같이 말했다:

> 미래에 필요한 것은 알파형의 리더가 아니다. 우리는 사람들의 잠재력을 발휘하도록 할 수 있는 겸손한 사람이 필요하다. 나는 겸손하고, 접근하기 쉽게 하라는 개념을 매우 믿는다. 사실 나는 조직의 모든 직급의 직원들과 많은 시간을 보내는데, 이것이 매우 도움이 된다는 것을 발견했다. 특히 젊은 직원들과 이야기할 때 많은 것을 배운다. 현재와 미래의 리더들에게 내가 조언하는 것은 상아탑 밖에서 가능한 한 많은 시간을 다른 리더뿐만 아니라, 모든 직급의 직원들과 함께 보내라는 것이다. 그것은 당신을 더 나은 리더로 만들 것이다.

"취약한(vulnerable)"의 실제 정의는 "상처를 입거나 입을 가능성이 있음" 또는 "도덕적 공격, 비판 등에 개방적"이라는 뜻이다. 좀 무섭게 들리는가? 누가 상처 받기를 원하겠는가? 특히 기업에서는 누구도 그렇게 하지 않는다. 따라서 약한 모습을 보일 수 있다는 생각은 결코 가르치거나 권장되지 않았다. 사실 정반대가 강조된다. 그러나 취약하다는 것은 자신이 상처입도록 허용하는 것이 아니다. 그것은 당신의 감정에 대해 개방적이고 정직하다는 것이다. 잠시 당신이 전투를 준비하는 기사라고 상상 해보자. 무거운 갑옷을 입고, 검과 방패를 들고 전장으로 나가서 대항하는 사람을 죽일 준비를 한다. 왕좌의 게임(Game of Thrones)처럼 들리지만, 대부분의 사람들, 특히 리더가 출근하면, 하는 방법이다. 갑옷, 검, 방패가 없고, 대항하는 사람을 죽일 생각은 없지만, 회사 출근할 때와 같지 않은가?

얼마 전 나는 경영자 대상으로 강의를 하기 위해 대규모 제조회사에 갔다. 내가 강의를 마친 후 경영자 중 한 명이 나에게 다가와 취약성에 대한 이야기를 들려주었다. 이 경영자는 전형적인 냉정한 리더였다. 그는 직장에서 감정을 나타내지 않았고, 모든 것에 대한 답을 아는 것처럼 행동했으며, 함께 일하는 사람들에게 개인적인 것을 공개하지 않았다. 그를 알고 있던 멘토가 그에게 말했다. "그동안 힘들지 않았습니까?" 그 경영자는 혼란스러워하며, "무슨 말씀이세요?"라고 반문했다. 멘토는 "당신이 누구인지 압니다. 농구에 대한 당신의 사랑에 대해 나는 알고 있습니다. 당신에게는 두 명의 훌륭한 자녀와 훌륭한 아내가 있으며, 당신은 동물에 대해 깊은 관심을 가지고 있습니다. 나는 당신이 무엇을 두려워하는지, 무엇을 싫어하는지, 당신의 강점이 무엇인지, 무엇이 당신에게 스트레스를 주는지 알고 있습니다." 리더는 여전히 혼란스러웠다. "그래서요?" 멘토는 "어떻게 내가 당신에 대해 알고 있는데, 직원들은 알지 못합니까?"라고 대답했다. 이 리더는 사람처럼 보이지 않기 때문에 직원들이 주변에 있거나 함께 일하기를 원하지 않는다는 평판을 얻는 것으로 나타났다.

마침내 리더는 이해했다. 그는 두 가지 성격을 가졌는데, 하나는 업무를 위한 것이고, 다른 하나는 업무 아닌 것을 위한 것이다. 직장에서는 사람들이 근처에 있고싶지 않아 하는 차가운 관리자였다. 집에서는 사랑하는 남편이자 아버지, 스포츠광, 동물 애호가, 그리고 일반적으로 사람들이 주변에 있는 것을 좋아하는 재미있는 사람이었다. 그는 자신이 되기로 결정했다. 변화는 극적이었다. 모든 직급의 직원이 그에게 다가가 아이디어와 피드백을 공유하고, 팀 구성원들이 더 몰입하고, 생산적이 되었으며, 그도 자신에 대해 더 잘 느끼게 되었다. 출근이 왕좌의 게임처럼 느껴져서는 안된다; 무기를 버리고, 인간이 되라. 직장에서 기술을 강조하면서 우리는 인간이 되는 것이 우리가 할 수 있는 가장 중요한 일 중 하나라는 사실을 잊었다!

당신은 여전히 조직을 이끌고, 다른 사람을 존중하며, 그들의 생각과 관점을 듣고, 피드백과 제안을 요청하고, 모든 것을 다 잘 할 수는 없다는 것을 인정할 수 있다. 웃고, 울고, 감정을 표현할 수 있다. 이것은 당신을 약하게 만들지 않는다; 이것은 당신을 강력한 인간 리더로 만든다.

서번트 사고방식을 어떻게 개발할 것인가?

이 사고방식은 많은 리더들이 실천하기 어려워한다. 리츠칼턴(Ritz-Carlton)의 창립자이자, 전 CEO인 홀스트 슐츠(Horst Schulze)와의 최근 대화에서 그는 자신의 호텔 중 하나를 방문했던 것에 대해 말했다. 회의에서 그는 모든 직원이 이야기하고, 질문하고, 일하는 방법에 도전하도록 장려했다. 회의가 끝난 후 호텔 매니저 중 한 명이 그에게 다가와 자신이 매니저이고, 직원들은 질문을 하거나 말을 하는 대신 그가 지시한 대로 해야 한다고 말했다. 매니저는 너무 화가 나서 호텔을 그만 두었다.

서번트 사고방식을 진정으로 받아들인다는 것은 상사(만약 있다면), 팀원, 고객 및 자신을 섬긴다는 것을 기억하라. 당신은 이 중에서 선택을 할 수 없다. 예를 들어 자신만을 섬기며, 서번트 사고방식을 실천하고 있다고 말할 수는 없는 것이다.

　　또한 직장에서와 개인적인 삶에서 서로 다른 성격을 가지고 있다면, 두 가지를 결합하여 하나의 인간이 될 수 있는 방법을 찾아야 한다. 내가 인터뷰했던 몇몇 CEO들은 리더로서 자신을 너무 진지하게 여기지 않고, 더 재미있게 지내는 것이 중요하다고 말했다. 우리 중 많은 사람들이 직장에서 즐거운 시간을 보내는 방법을 잊어 버린다. 인생은 짧기 때문에 어느 정도 자신을 즐기고 있지 않다면, 왜 일을 하거나 조직에 들어 가려고 애를 쓰는가?

　　이 사고방식 각각에 대해 작은 섬김 활동으로 시작하여 점차적으로 더 넓혀 갈 수 있다. 고객과의 전화로 고객의 문제를 해결하도록 돕고, 팀원들과 점심 식사를 하면서 그들의 노력에 대해 얼마나 고맙게 생각하고 있는지 알려주고, 바쁜 하루에 리더 자신을 위해 커피 한잔 마시고, 주말을 이용하여 가족과 친구들과 시간을 보내고, 좋아하는 일을 한다. 서번트가 되는 것은 행동에 관한 것이므로, 이 사고방식을 받아들이려면, "실천"해야 한다.

　　아래의 질문을 정기적으로 스스로에게 물어 보면, 행동이 바뀌는 것을 알게 될 것이다:

◆ 오늘 상사를 돕기 위해 무엇을 했는가?
◆ 고객의 삶을 더 쉽고 좋게 만들기 위해 무엇을 했는가?
◆ 직원이 나보다 더 성공할 수 있도록 돕기 위해 무엇을 했는가?
◆ 나 자신을 돌보고, 내가 최고의 리더가 될 수 있도록 무엇을 했는가?
◆ 오늘 직장에서 즐거웠는가?

　　이 질문에 답을 찾을 수 없다면, 다른 사람을 섬기려고 하는 대신, 다른 사람이 당신을 섬기도록 하는 데 초점을 맞추고 있을 가능성이 높다. 무엇보다도 당신이 서번트가 되는 가장 간단한 방법은 그냥 섬기는 것이다.

글로벌 시민

15장
글로벌 시민의 사고방식

일함 카드리(Ilham Kadri)는 전 세계에 약 24,500명의 직원이 있는 소재 및 전문 화학 회사인 솔베이(Solvay) CEO이다. 그녀는 첫 번째 롤 모델이었던 할머니에 의해 모로코에서 자랐는데, 할머니는 문맹이었다. 어렸을 때, 그녀는 모로코 소녀들이 인생에서 두 개의 출구를 가지고 있다고 들었다. 첫 번째는 부모 집에서 남편 집으로, 두 번째는 무덤으로 가는 출구이다. 할머니는 그녀에게 학교에 가서 세 번째 출구를 찾도록 격려했다. 그녀는 1991년에 수학과 물리학 석사 학위를, 1997년에 박사 학위를 받았다.

그녀는 일본과 라틴 아메리카에서 대규모 계약을 협상하고, 중동과 아프리카에서 프로젝트를 관리하고, 케냐, 가나, 나이지리아에서 프로젝트를 확장하고, 벨기에에서 마케팅 프로젝트를 이끌고, 노스 캐롤라이나에 새 지사를 개설하고, 캐나다와 프랑스에서 공부를 했다. 그리고 그것으로 끝이 아니다. 그녀는 전 세계 15개 이상의 지역에서 살았다.

그녀는 일본에서 일할 때, 인내심의 중요성을, 사우디 아라비아에서는 구두 약속이 서면 약속만큼이나 중요하다는 것을, 아프리카에서 빨리 가기 위해 천천히 가는 것의 중요성을, 중국에서는 불가능한 것이 없다는 것과 미국에서 기업가 정신이 무엇인지를, 유럽에서는 건강한 삶의 균형의 중요성을 배웠다.

인터뷰에서 그녀는 EMEA(유럽, 중동 및 아프리카) 다우(Dow)의 물 사업을 이끌면서, 어떻게 "Water Lady"라는 별명을 얻었는지에 대한 멋진 이야기를 했다. 그녀는 사우디아라비아와 미국 간의 대규모 협상을 통해 이 지역 최초의 역삼투 플랜트를 건설했다. 두 문화에 대한 지식과 경험을 바탕으로 그녀는 두 국가의 서로 다른 속도 및 문화를 연결했다. 결과는 모두에게 성공적인 거래였다.

그녀는 세계 어떤 곳에서도, 리드를 할 수 있는 유형의 사람이었다. 그녀는 다른 사람들의 생각에 열려 있고, 자신과 같지 않은 사람들과 함께 지낼 수 있고, 다른 문화와 일하는 방식을 존중하고 이해하는 법을 배웠다. 이것은 그녀의 성장과 성공에 결정적인 역할을 했다. 그녀는 다음과 같이 말했다:

다른 나라에 살거나 항상 여행을 한다고 해서 자동적으로 글로벌 시민이 되는 것은 아니다. 글로벌 사고방식을 가져야 한다. 당신은 다른 사람들과 아이디어에 대해 개방적이어야 하며, 문화, 종교, 민족, 인종, 생각의 다양성을 존중해야 한다. 이것은 미래의 리더에게 필수적이다. 리더는 호기심 많은 연결자가 되어야 하며, 자신과 같지 않은 사람들의 관점을 이해하고, 그러한 관점을 활용하고, 다른 방식으로 일하는 것에 적응해야 한다. 인류의 풍요로움에 감사하고, 다양성을 포용할뿐만 아니라, 다양성에 귀를 기울이는 것은 자신을 더 균형 잡히고, 더 사실에 입각하게 하고, 영향력 있게 만든다. 사람들은 여전히 사고 팔고, 함께 일하기 때문에 글로벌 시민이 된다는 것은 모든 사람을 이해한다는 것을 의미한다.

글로벌 시민 사고방식의 혜택

글로벌 시민의 사고방식을 구현하는 리더는 세계적으로 생각하고, 다양하게 흩어져 있는 직원으로 구성된 팀을 이끌고, 아이디어를 전 세계에 전파하고, 최고의 인재가 어디에 있든 찾아서 유치할 수 있다. 오늘날과 같이 연결되고 빠르게 변하는 세상에서 지역적, 심지어 국가적으로 생각하는 것은 거의 불가능하다. 대신 글로벌하게 생각해야 한다.

조직은 이제 새로운 시장에 진입하기 위해 완전한 사무실을 열 필요가 없다. 대신, 회사가 어느 특정 지역에 "진출"하기 위해 집이나 공유 사무실에서 작고 민첩한 팀으로 일할 수 있다. 리더는 새로운 시장에 진입하는 방법을 고려해야 할뿐만 아니라, 세계 어디에서나 아이디어와 메시지를 전파하고, 최고의 인재를 찾는 방법을 이해해야 한다.

"세계적인 크기의 사고방식 없이는 세계적인 조직 규모의 리더가 될 수 없다." 그것이 글렌 포겔(Glenn Fogel)이 나에게 말한 것이다. 그는 식당 예약 앱인 OpenTable, 숙소 예약 사이트 Bookings.com, 항공권, 숙박 등의 여행 할인상품 검색 및 예약 사이트 Priceline.com 등을 운영하는 회사인 부킹 홀딩스(Bookings Holdings)의 CEO이다. 그들은 전 세계적으로 약 25,000명의 직원이 있다.

앞서 논의했듯이 이것은 지리적 거리에 대해 생각하는 것만큼 문화에 대해서도 생각하는 것을 의미한다. 물론 이것은 CEO와 다른 경영자에게 중요하지만, 계속 성장하고 경력을 쌓고 싶다면, 모든 직급의 리더에게 중요하다. 다시 체스 비유를 사용한다면, 글로벌하게 생각한다는 것은 말을 두어야 하는 한 부분 대신 체스 판 전체를 볼 수 있다는 것을 의미한다. 그것은 또한 게임에 대한 다양한 스타일과 접근 방식을 가지고 상대와 대결할 수 있다는 것을 의미한다.

회사의 규모는 중요하지 않다. 미래의 리더 또는 현재 리더는 자신과 동일하게 생각하지 않거나, 닮지 않거나, 행동하지 않거나, 같은 것을 믿지 않는 사람들과 함께 일하고, 소통하고, 협업하고, 이끌어야 한다. 이것은 많은 리더들에게 약간 두렵게 들릴지도 모르지만, 당신은 그렇지 않을 것이라 생각한다. 당신에게는 이것은 기회처럼 들릴 것이다.

로레알(L' Oréal)은 글로벌 시민으로 가득 찬 회사이다. 내부 조사 결과, 다문화적 배경을 가진 리더가 신제품 기회 파악, 번역 오류의 손실 방지, 외부 관점과 아이디어 통합, 리더십에 의한 중재, 자회사와 본사 간의 커뮤니케이션 지원 등 5가지 영역에서 뛰어나다는 것을 발견했다. 1990년대에 이를 발견한 로레알은 특히 다양한 문화적 배경을 가진 사람들을 리더로 모집하기 시작했다. 그들은 로레알을 프랑스 회사에서 진정한 글로벌 회사로 탈바꿈시킬 수 있었다고 생각한다. 실제로 글로벌 매출의 절반은 북미 및 서유럽 이외의 새로운 시장에서 발생한다. 현재 그들은 150개국에 진출하여 34개의 국제 브랜드를 보유하고 있으며, 약 100,000명의 직원이 있다. 글로벌 시민으로 팀을 구성함으로써 직원, 고객 및 시장의 요구를 보다 효과적으로 이해할 수 있다(Deloitte, 2015).

로레알의 회장 겸 CEO인 장 폴 아공(Jean-Paul Agon)에 따르면, "모든 부서와 모든 직급에서 다양한 인력은 우리의 창의성과 소비자에 대한 이해를 강화하여, 적합한 제품을 개발하고, 마케팅할 수 있게 한다."(L'Oréal Group, nd).

글로벌 시민의 사고방식이 없는 것은 또 비용이 많이 들 수 있다. 몇 년 전 디즈니의 리더들은 파리에 유로 디즈니(Euro Disney)라는 테마파크를 열기로 결정했다. 리더들은 미국 테마파크에서 성공했던 것이 유럽에서도 통할 것이라고 생각했다. 안타깝게도 그렇지 않았다. 파리는 식문화의 중심지이기 때문에 입장객들은 식당에서 플라스틱 식기를 사용하는 것이 모욕적이라고 생각했다. 또 점심과 함께 와인을 마시는 것이 일반적인 관습인 문화권에서 술을 금지했다. 공원 개장 첫 두 달 동안 전체 직원의 10%가 그만 두었는데, 리더들이 미국에서 했던 방식이 파리에서도 동일하게 작동할 것이라고 가정했기 때문이었다. 회사는 거의 파산 직전이었고, 유로 디즈니는 단순히 살아 남기 위해 2년 동안 1억 7,500만 달러를 빌렸다. 유로 디즈니에서 저지른 실수들은 여기에 설명된 것보다 훨씬 많다. 결국 디즈니랜드 파리(Disneyland Paris)로 이름이 바뀌었고, 회생되었다. 2018년에는 시설 확장 및 개선을 위해 20억 유로의 추가 투자를 발표했다(Global Mindset, n.d.).

수십 년 전 GE의 전 CEO인 잭 웰치(Jack Welch)와 같은 리더는 글로벌 시민이 될 필요가 없었다. 대신 이 리더들은 보다 제한된 관점과 접근 방식으로 성공적인 조직을 만들 수 있었다. 잭 웰치 본인도 "미래의 잭 웰치는 나처럼 될 수 없다. 나는 미국에서 전체 경력을 보냈다. GE의 다음 책임자는 봄베이, 홍콩, 부에노스 아이레스에서 살았던 사람이 될 것이다"(Decarufel, 2018). 라고 말했다.

2015년 이후 처음으로 '16번째 Forbes Global 2000 리스트'에서 60개 국가와 공식적인 무역을 하는 회사의 톱 10위를 중국과 미국이 나누어 차지했다. 중국은 Global 2000 목록에 291개 회사가 있는 반면, 미국은 560개이다. 한국, 일본, 영국도 리스트에서 가장 많은 기업을 보유한 5개 국가 중 하나이다(Forbes, 2019). 우리 모두는 세계적으로 연결되고, 역동적인 새로운 세상에서 살고 일한다. 즉, 진정으로 글로벌 시민의 사고방식을 포용하는 리더가 필요하다. 모든 리더는 글로벌 시민이어야 한다.

제프 그린(Jeff Green)은 전 세계에 약 1,000명의 직원이 있는 기술 광고 회사인 트레이드 데스크(Trade Desk) CEO이다. 그는 글로벌 사고방식을 가지는 것을 아주 잘 요약했다:

> 우리가 전 세계의 문화를 존중하고, 다른 관점을 존중할 수 있도록 차이점을 탐색하고 축하할 수 있는 스킬이 있어야 한다. 공동의 비전을 공유하기 위해 전 세계 사람들을 한데 모아야 할 때, 미래의 리더는 현재보다 훨씬 더 자주 이것을 탐색해야 한다. 고립주의 시대는 막을 내렸다. 만약 당신이 고립주의를 하려고 해도 그것은 막을 내리게 될 것이다. 그것이 효과가 없다는 것을 계

속해서 증명하고 있기 때문이다. 우리 경제가 글로벌 경제라는 사실을 존중하지 않고, 포용하지 않는다면 성공하기가 거의 불가 능해 진다. 미래에는 미국 회사와 같은 것은 없다; 미국에 기반을 둔 글로벌 기업만이 있다. 전 세계의 사람을 모으는 문화적 민감 성이 없다면, 대규모로 성공하는 것이 거의 불가능하다.

글로벌 시민 사고방식을 어떻게 개발할 것인가?

글로벌 기업의 일원이라고 해서 글로벌 시민이 되는 것은 아니며, 근처에 있 는 다른 민족 식당에서 식사한다고 되는 것도 아니다. 여기에 필요한 것은 진 정으로 다른 사고방식과 행동방식이다. 자신에게 물어보자. 당신은 현재의 환경이나 장소에서 다른 곳, 특히 당신에게 낯선 곳으로 옮겨진다면, 어떨 것 같은가? 혼란스럽고 어려움을 겪을 것 같은가, 아니면 적응을 해서 성공할 수 있을 것 같은가?

　　이 책의 일부 스킬과 사고방식은 본질적으로 글로벌 시민이 되는 데 도 움이 될 것이다. 예를 들어, 탐험가처럼 생각하고 감성 지능을 실천하는 것은 둘 다 도움이 되는 요소이다. 그러나 할 수 있는 다른 일들도 있다. 상황이 허 락한다면, 할 수 있는 최선의 방법 중 하나는 다른 관점으로 리드하는 법을 배우는 것이며, 이를 위한 가장 좋은 방법은 그러한 관점을 경험하는 것이다. 이것은 세계의 다른 지역을 여행하고, 살거나, 보는 것을 의미하며, 아마도 더 중요한 것은 그 장소에 뛰어드는 것이다. 호텔 방에 있는 것만으로는 별 효과 가 없다. 이것은 또 가능하다면, 다른 부서에서 팀을 이끄는 것을 의미한다. 기술 회사의 리더였다면 의료 팀을 이끌 수 있는가? 제조팀을 이끌었다면, 소 비자 포장재팀을 이끌 수 있는가? 상투적인 표현으로는, "혼합(mix it up)"하는 것을 권장한다. 이미 익숙한 자리에서 성공하고 있을 수도 있고, 그것에서 벗 어나는 것이 약간 위협적일 수 있기 때문에 용기가 필요하다. 하지만 뛰어난 리더들이 하는 일이다. 성장을 위해 불편함을 받아들여라.

2009년 인시아드(INSEAD)의 윌리암 매덕스(William W. Maddux)와 노스웨스턴 대학(Northwestern University)의 애덤 갤런스키(Adam D. Galinsky)는 매우 흥미로운 연구인, '문화적 경계와 정신 장벽: 해외 생활과 창의성의 관계'를 발표했다. 제목에서 알 수 있듯이 그들은 해외 생활이 개인의 창의성에 영향을 미치는지 알아보고 싶었다. 그들은 다섯 번의 실험을 통해 다음을 발견했다: "해외 생활과 창의성 사이의 긍적적인 상관관계는 다수의 창의력 척도(통찰, 연상 및 창출 측정 포함)와 경영학 석사 및 학부생 샘플 모두에서 일관되게 나타났다. 미국과 유럽은 이런 현상의 확고함을 보여주고 있다"(Maddux, 2009).

나는 당신이 이런 리더가 되기 위해 여행 가방을 가지고 매년 수십만 마일을 여행해야 된다고 말하는 것이 아니다; 콘 페리(Korn Ferry)는 271명의 경영자를 대상으로 한 연구를 통해 해외 파견 업무 외에 단지 두 개의 문화 간 경험이 이 리더들이 전략적 사고, 다국적 비즈니스 운영, 문화적으로 다양한 사람들과의 관계 구축을 하는 데 도움이 됨을 보여준다. 실제로 이 연구에 따르면, 다른 국가에 거주하는 것이 다국적 운영 경험을 개발하기 위한 필수 조건은 아니지만, 때때로 새로운 장소로 여행하고, 전 세계 사람들과 정기적으로 일하는 것이 필요하다는 사실을 발견했다. 아마도 이 연구에서 가장 흥미로운 발견은 자신의 문화와 가장 다른 문화에 노출된 리더들이 뛰어난 사고 능력을 개발했다는 것이다. 이 연구는 영국이 아닌 중국에 노출된 미국 리더의 예를 사용한다(Korn Ferry, 2014). 여기서 강조하는 것은 양적인 것이 아니다. 질적인 면에 관한 것이다.

세계의 여러 지역을 보고, 살아 보며, 방문을 할 때, 개인적으로나 업무적으로 새로운 통찰력, 아이디어, 경험, 문화, 관점 및 일을 하는 방법에 접근할 수 있다. 나는 일과 즐거움을 위해 50개국 이상을 여행할 수 있는 특권을 누렸으며, 이러한 다양한 모험을 통해 많은 것을 경험하고 배웠다. 티베트에서 비밀 경찰이 뒤따르고 있는지 신경 쓰고, 우간다에서 택시 기사와 미국 대중 문화에 대해 대화를 나누고, 상파울루에서 프레젠테이션을 할 때 사내 정치를 다루고, 베를린 거리에서 100달러 사기 당하고, 청두에서 영어로 되어 있지 않은 메뉴에서 음식 주문을 하고, 이탈리아나 페루에서 얼마나 많은 키스를 뺨에 해야 하는지 기억하려고 노력하는 등 좋았거나 나빴거나 개인적인 것이거나 업무적인 것의 모든 경험을 통해 나는 새로운 방식으로 세계를 볼 수 있었다. 조직에서 이러한 기회를 부여하는 경우, 특히 젊은 리더인 경우 이를 적극 활용하라.

　리더는 또 자기와 다른 사람을 적극적으로 찾아야 한다. '적극적으로'라는 단어를 강조하는 이유는 다양한 팀에 소속되는 것을 긍정적으로 수용하라는 것이 아니라, 그것을 요청하고 요구하라는 것이다. 양복 입은 중년 남성들에게 둘러싸여 있다면(특히 당신이 양복을 입은 중년 남성이라면!) 글로벌 시민의 사고방식을 키울 수 없을 것이다; 그것은 일어나지 않을 것이다. 신체적, 인지적 다양성을 가진 개인, 다양한 배경과 문화를 가진 사람들, 복합적인 스킬과 관점, 종교, 그리고 당신이 말하는 모든 것에 동의하지 않은 사람들로 팀을 만들기 위해 적극적으로 노력하라. 이 동일한 개념은 더 넓은 네트워크에 적용되며, 직장 밖에서 자신을 둘러싼 사람에게까지 확장될 수 있다. 주변에 충분한 다양성이 있는가? 이것을 하기 위해서는 용기가 필요하며, 나는 당신이 충분히 그것을 할 수 있다는 것을 알고 있다.

16장
이 사고방식을 어느 정도 실천하고 있는가?

탐험가, 요리사, 서번트, 글로벌 시민: 전 세계 유수 CEO 140여 명의 관점에서 볼 때, 미래의 리더가 향후 10년 이상 성공하기 위해 반드시 가져야 하는 4가지 사고방식이다. 참고로 성공은 단지 돈을 더 많이 버는 것을 의미하지는 않는다; 그것은 긍정적인 영향을 끼쳐서 세상을 더 나은 곳으로 만드는 것을 의미한다. 다른 사람들을 안내하는 등대가 된다는 의미이다.

이 사고방식 중 몇 가지를 잘 실천하고 있는가? 당신이 그것들에 숙달되어 다른 사람들에게 가르칠 수 있다면, 당신은 진정으로 뛰어난 리더가 되는 길에 있을 것이다. 우리는 오늘날 이러한 사고방식을 얼마나 잘 실천하고 있을까?

이것에 답하기 위해 전 세계에 있는 거의 14,000명의 정규직이라고 밝힌 LinkedIn 회원을 대상으로 설문 조사를 했다. 매우 개괄적으로 시작하겠다. 이 수치는 합계이므로, 각 열은 설문 조사에 참여한 모든 사람의 응답을 계산한 것이다(도표 16.1 참조).

대부분의 일반 사원은 이러한 사고방식을 잘 실천하고 있다고 스스로 생각하며, 상위 2개 항목에 속한다는 응답이 69%이다. 나쁘지 않다. 그러나 그들의 상사에 대해서는 중간 리더 57%, 고위 리더 58%가 하위 2개 항목에 속한다고 응답했다. 아마도 가장 끔찍한 수치는 중간 리더의 6%와 고위 리더의 9%만이 이 4가지 사고방식을 "매우 잘 실천함"으로 응답했다는 것이다.

회사에서는 미래 리더의 사고방식을 얼마나 잘 실천하고 있는가?

	당신은 이 사고방식을 얼마나 잘 실천하고 있다고 생각하는가?	당신의 중간 리더는 이 사고방식을 얼마나 잘 실천하고 있다고 생각하는가?	당신의 고위 리더는 이 사고방식을 얼마나 잘 실천하고 있다고 생각하는가?
전혀 실천 안함	3%	19%	20%
약간 실천함	27%	38%	38%
상당히 실천함	51%	31%	29%
매우 잘 실천함	18%	6%	9%

도표 16.1 회사에서는 미래 리더의 사고방식을 얼마나 잘 실천하고 있는가?

　나는 이 응답을 일반 사원, 중간 리더, 고위 리더 세 직급으로 비교하고 싶었다. (도표 16.2 참조. "확실하지 않음" 또는 "해당 없음" 응답은 제외됨.) 여기서는 직급 사이에 차이가 있는지, 그렇다면 그 차이가 얼마나 큰지 확인하는 것이다. 이 부분에서 흥미로운 일들이 나타나기 시작했다. 일반 사원은 중간 리더의 60%와 고위 리더의 61%를 이 사고방식을 "전혀 실천 안함 "과 "약간 실천함"의 두 항목으로 분류했다. 중간 리더는 고위 리더의 59%를 이 항목에 응답했다.

　이것은 놀랍도록 높은 수치이다. 일반 사원의 8%만이 중간 리더가 이러한 사고방식을 "매우 잘 실천"하고 있다고 응답했으며, 고위 리더는 9%로 조금 더 높았다. 중간 리더조차도 고위 리더의 8%만이 이 사고방식을 "매우 잘 실천"하고 있다고 말했다. 표의 해당 열에서 이 차이가 전반적으로 얼마나 큰지 확인할 수 있다.

이러한 사고방식에 대해 수집된 데이터는 몇 가지 사실을 보여준다.

차이를 주의해서 보라

사고방식을 둘러싼 일관된 주제 중 하나는 리더(중간 리더 및 고위 리더)가 실제보다 훨씬 더 잘 실천하고 있다고 생각한다는 것이다. 이것은 사고방식 전체에 대한 사실일뿐만 아니라, 각 사고방식을 개별적으로 볼 때도 동일하게 나타났다. 69%의 중간 리더가 이 사고방식을 "상당히 잘" 또는 "매우 잘"실천하고 있다고 응답했지만, 일반 사원들은 중간 리더에 대해 동일한 질문에 39%로 응답했다. 고위 리더들은 이 두 문항에 대해 73%, 일반 사원들은 38%, 중간 리더는 39%라고 응답했다. 이러한 차이는 모든 사고방식, 직급 및 응답 항목에서 볼 수 있다. 트렌드 섹션에서 살펴본 바와 같이 중간 리더 및 고위 리더의 관점은 함께 일하는 일반 사원들의 관점과 일치하지 않는다.

상사에 대한 일반 사원들의 응답이 전반적으로 매우 낮았는데, 중간 리더와 고위 리더의 경우 가장 힘들어 하는 사고방식은 서번트 사고방식이었다. 중간 리더가 가장 높은 점수를 받은 사고방식은 탐험가와 글로벌 시민이었다. 둘 다 상위 2개 항목에서 40%를 차지했다. 고위 리더가 지금까지 가장 높은 응답을 받은 사고방식은 글로벌 시민으로, 일반 사원과 중간 리더는 상위 2개 항목에 대해 고위 리더를 각각 41%와 44%로 평가했다.

그러나 미래의 리더에게 이 사고방식을 수용하는 것은 방정식의 일부이다. 또한 주변 사람들이 당신이 이 사고방식을 수용하고 실천하고 있다는 사실을 아는 것도 중요하다. 이 연구는 이러한 사고방식이 무엇인지, 그리고 이것을 실천하는 것이 무엇을 의미하는지에 대한 이해와 인식이 부족함을 보여준다. 리더는 인식이 현실임(perception is reality)을 이해해야 한다.

미래 리더의 사고방식 실천:
일반 사원 vs 중간 리더 vs 고위 리더

	당신의 상사(중간 리더)는 이 사고방식을 어느 정도 실천하는가? (일반 사원)	당신(중간 리더)은 이 사고방식을 어느 정도 실천하는가? (중간 리더)	일반 사원과 중간 리더 간의 인식 차이	당신의 상사(고위 리더)는 이 사고방식을 어느 정도 실천하는가? (일반 사원)	당신(고위 리더)은 이 사고방식을 어느 정도 실천하는가? (고위 리더)	일반 사원과 고위 리더 간의 인식 차이	당신의 상사(고위 리더)는 이 사고방식을 어느 정도 실천하는가? (중간 리더)	중간 리더와 고위 리더 간의 인식 차이
전혀 실천 안함	22%	2%	20%	23%	2%	21%	19%	17%
약간 실천함	38%	28%	10%	38%	24%	14%	40%	16%
상당히 실천함	31%	52%	21%	29%	51%	22%	31%	20%
매우 잘 실천함	8%	17%	9%	9%	22%	13%	8%	14%

JACOB MORGAN
© thefutureorganization.com

도표 16.2 미래 리더의 사고방식 실천: 상호 비교.

등대는 모든 선박이 목적지로 안전하게 항해할 수 있도록 도와준다는 것을 기억하자. 오늘날 이 선박들은 바위에 부딪히며, 목적지를 모르고 항해하고 있다. 더 밝은 빛이 필요하다.

직급 간의 인식 차이

사고방식 전체에서 볼 수 있는 또 다른 일관된 경향은 직급이 높을수록 조직의 다른 사람들과 단절된다는 것이다. 고위 리더는 일반적으로 자신과 함께 일하는 사람들이 인식하는 것보다 훨씬 더 효과적으로 이 사고방식을 실천하고 있다고 생각한다. 이것은 수십 년 동안 리더들을 괴롭힌 전형적인 상아탑 문제이다. 우리가 상사는 "이해 못한다", 그들은 약간 냉담하고 나머지 사람들과 단절되어 있다고 농담하는 경우가 많은데, 이것을 뒷받침하는 데이터는 지금까지 상대적으로 부족했었다. 이 데이터는 미래 리더가 가져야 할 가장 중요한 사고방식에 대한 인식의 단절을 명확하게 보여준다. 이것이 우리가 개방성, 진정성, 투명성, 목적과 의미, 보살핌 등에서 큰 변화를 이루려는 이유 중 하나이다. 이러한 것에 집중함으로써 리더가 모든 직급의 사람들과 더 많이 접촉할 수 있는 인간적인 조직을 만들 수 있기 때문이다.

이사벨 코셰(Isabelle Kocher)는 전 세계에 160,000명 이상의 직원이 있는 글로벌 저탄소 에너지 및 서비스 회사인 엔지(ENGIE) CEO이다. 그녀는 이것을 보다 호소력 있게 말했다:

> 리더가 상아탑 속의 재소자가 되지 않는 것이 중요하다. 리더는 조직이 직면한 과제를 인식하고, 직원과 고객이 관심을 갖고 가치를 두는 것에 대해 잘 알고 있어야 한다. 리더는 정상에서 혼자 리드할 수는 없다. 리더는 직원들과 함께 바닥에서 리드해야 한다. 상아탑은 저절로 넘어지지 않는다. 리더로서 당신은 그것을 무너뜨려야 한다.

우리는 상아탑을 우리 모두가 함께 "그 안에(in it)" 있는 경기장으로 교체해야 한다.

1910년 4월 23일, 시어도어 루스벨트(Theodore Roosevelt)는 역사상 가장 유명한 연설 중 하나를 했으며, 이는 "경기장에 선 투사(The Man in the Arena)"로 알려졌다. 연설에서 그는 다음과 같이 말했다:

중요한 사람은 비평가가 아니다; 강한 사람이 어떻게 넘어지는지, 어떻게 더 잘할 수 있었는지를 지적하는 사람이 아니다. 보상은 실제로 경기장에 있는 그 남자의 것이다. 얼굴은 먼지와 땀과 피가 잔뜩 묻은 사람; 용감하게 싸우는 사람; 오류와 결점 없는 노력이 없기 때문에, 실책을 범하고 거듭 한계에 부딪히는 사람; 그러나 실제로 행동을 하려고 애쓰는 사람; 큰 열정, 큰 헌신을 아는 사람; 가치있는 일에 자신을 희생하는 사람; 결국 높은 성취의 환희를 가장 잘 아는 사람; 최악의 경우 실패하더라도 적어도 대담하게 실패하여, 승리도 패배도 알지 못하는 차갑고 소심한 영혼은 함께하지 못 할 곳에 있을 것이다.

미래의 리더로서 다른 팀원들과 함께 경기장에 있는지 끊임없이 자문해야 한다. 그렇지 않다면, 서둘러 뛰어드는 것이 좋다.

....

....

....

자, 그러니 일어나 행동하자,

어떤 운명에도 굴하지 않는 용기를 가지고

계속해서 이루고, 계속해서 추구하며,

일하는 것과 기다리는 것을 배우라.

Let us, then, be up and doing,
With a heart for any fate;
Still achieving, still pursuing
Learn to labor and to wait.

롱펠로우(Henry w. Longfellow) 인생 찬가(A Psalm of Life) 중에서

[옮긴이]

제4부

리더에게 필요한
5가지 스킬

17장
미래학자의 스킬

사고방식은 미래의 리더가 어떻게 생각해야 하는지에 대한 것이었고, 스킬에 관한 이번 섹션에서는 미래의 리더가 어떻게 행동해야 하는지를 구체적으로 살펴볼 것이다. 다시 말하지만, 인터뷰했던 140여 명의 CEO가 향후 10년 동안 리더에게 매우 중요하다고 확인한 것들이다(도표 17.1 참조).

내가 가장 좋아하는 SF 소설 시리즈인 파운데이션(Foundation, 아이작 아시모프(Isaac Asimov)저.)에서 해리 샐던(Hari Seldon)이라는 인물이 등장한다. 그는 트랜트(Trantor) 행성에 있는 스트렐링 대학교(Streeling University) 수학 교수이며, 은하제국의 미래를 확률적으로 예측하기 위해 수학, 역사, 사회학 분야를 결합한 과학인 심리역사학을 개발한 것으로 나온다. 파운데이션 시리즈를 통해 독자들은 심리역사가 세계 사건에 영향을 미치는 데 어떻게 사용되는지에 대한 흥미로운 여정을 떠날 수 있다. 샐던 교수는 가상의 인물이지만, 미래학자의 가장 좋은 예라고 생각한다.

대부분의 사람들은 미래학자를 생각할 때, 해리(Hari)처럼 미래를 예측하는 사람을 생각하지만, 그것은 사실이 아니다. 대신 미래학자들은 개인과 조직이 미래에 일어날 일에 놀라지 않도록 한다. 이것은 CEO들이 미래의 리더가 가져야 할 최고의 스킬로 선정했다. 이것은 어떻게 하는 것일까?

미래 리더의 5가지 스킬

코치

미래학자

10대의
기술 활용

통역사

요다

JACOB MORGAN
© thefutureorganization.com

도표 17.1 미래 리더의 5가지 스킬.

　　체스 게임은 무한한 조합과 가능성의 게임이며, 의도적으로 따라 하지 않는 한, 두 게임이 동일하게 전개되지 않는다. 체스 게임에서는 처음 12개 정도의 수를 "오프닝"이라고 한다. 이 단계에서 최고의 그랜드 마스터는 자신과 상대방이 할 수 있는 다양한 첫 번째 수를 살펴 본다. 당연히 상대방이 어떤 수를 놓을지 정확히 예측할 수는 없지만, 오프닝 준비를 통해 상대방이 무엇을 할지에 대한 아이디어를 갖게 되며, 결과적으로 거의 놀라지 않는다. 때때로 예상을 벗어나는 일이 발생하면, 그랜드 마스터는 게임에 대한 지식, 이전 경험, 패턴 인식 및 직관에 의존한다. 미래학자처럼 생각하는 것은 하나를 선택해서 그것만 고수하는 것이 아니라, 다양한 가능성과 시나리오를 보는 것이다.

　　변화의 속도는 리더십의 미래에 영향을 주는 가장 잘 알려진 트렌드와 도전 중 하나이다. 상황이 너무 빨리 변함에 따라 리더는 변화에 대응할 수 있어야 한다. 이는 비즈니스가 어려움을 겪고 있을 때가 아니라, 조직이 번창할 때 특히 중요하다.

 알프레도 페레즈(Alfredo Perez)는 10,000명의 직원이 있는 페루 식품 제조 회사인 알리코프(Alicorp) CEO이다. 나는 페루에서 알프레도와 그의 팀을 만나서 운이 좋았다. 그는 나에게 말했다:

> 사실은 변화에 적응하는 것만으로는 충분하지 않다; 변화를 주도하고, 미래를 창조해야 한다. 적응은 수면 위로 머리만 내밀고 겨우 버티는 격이다. 그러나 선도하고 창조하는 것은 물 위로 항해를 하는 것이다. 리더로서 우리는 항상 새로운 맥락에서 회사와 직원에 대한 우리의 결정이 의미하는 바를 신중하게 고려하면서 실용주의와 속도의 균형을 맞춰야 한다. 적응을 생각하는 리더는 이미 뒤쳐져 있다; 창조를 생각하는 리더가 성공할 것이다.

미래학자들은 '가능성의 원뿔'이라 부르는 프레임워크를 사용하여 이러한 가능성에 대해 생각하고 시각화한다(도표 17.2 참조). 원뿔의 좁은 끝을 들여다보고 있다고 상상해 보라. 이는 며칠, 몇 주 또는 1년이 될 수 있는 가장 가까운 기간을 나타낸다. 기간이 짧을수록 일반적으로 예측 가능성이 높아져 고려해야 할 시나리오나 가능성이 줄어든다. 원뿔을 더 멀리 들여다 보면, 더 넓어지므로 고려해야 할 시나리오와 가능성의 수가 증가한다. 고려해야 할 가능성의 유형은 3가지 있다. 첫 번째는 가능하지만, 일어나지 않을 것 같은 것이고, 두 번째는 일어날 가능성이 있는 것이며, 세 번째는 일어나길 원하는 것이다.

이러한 가능성 유형은 다소 주관적일 수 있으며, 패턴을 파악하는 능력, 외부와 연결되어 있어 관련 추세를 인식하는 방법, 미래에 대한 단서를 제공할 수 있는 신호 탐지에 투입하는 시간 등 여러 요인에 따라 달라질 수 있다.

리더에게 이것은 고객, 직원 및 경쟁사까지 포함하는 네트워크에 그 어느 때
보다 연결되어 있어야 한다는 의미이다. 내가 휴스턴 대학교에서 미래학을
공부할 때, 이것은 우리가 배운 가장 유용하고 강력한 프레임워크 중 하나였
으며, 나는 정기적으로 이것을 사용한다. 물론 미래학자들이 사용하는 도구
와 모델은 기록할 수 없을 정도로 많이 있다. 그러나 이 '가능성의 원뿔'은 아
마도 미래학자처럼 생각하기 위해 구현할 수 있는 가장 유용하고 실용적인
도구일 것이다.

가능성의 원뿔
미래학자처럼 생각하라

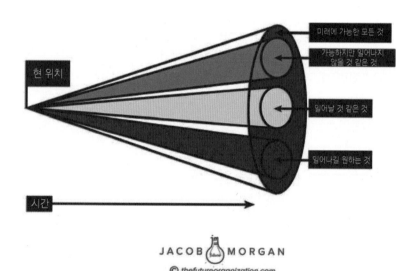

도표 17.2 가능성의 원뿔.

미래학자는 어떻게 생각할까?

AI와 직업에 대한 다소 실용적인 예를 살펴보겠다. 원뿔의 좁은 부분을 살펴

보면 내일, 다음 주, 다음 달, 심지어 다음 해까지 상황이 지금과 상대적으로 비슷해 보일 것이다. 어느 날 아침 일어나 보니 회사의 모든 직원이 로봇으로 대체되었거나 직업의 종말이 왔다는 것을 발견하지는 않을 것이다. 하지만 5년 또는 10년 정도의 미래를 보고 있다고 가정해 보겠다. 이제 갑자기 그림이 바뀐다.

　　여기서 가능은 하지만 일어나지 않을 시나리오는 무엇인가? 기술에 대한 지속적인 투자로 인해, 가능은 하겠지만, 일어나지 않을 시나리오다. 아마도 5년 후 기술이 일부 산업에서 일상적인 일자리를 많이 없애고 근로자를 대체하는 것을 볼 수 있겠지만, 이 대체는 많은 사람들이 예상하는 것만큼 극적이지는 않을 것이다. 일어날 가능성이 있는 시나리오는 무엇인가? 기술에 대한 지속적인 투자로 많은 새로운 일자리가 창출되고 일자리에 대한 전반적인 영향이 균형을 이룰 것이다. 일어나길 원하는 시나리오는 무엇인가? 개인적으로 나는 일상적이고 평범한 업무가 기술로 대체되고 이러한 업무를 수행했던 직원들이 전략, 고객 자문, 관계 구축과 같은 인적 기반 업무에 더 집중할 수 있도록 재교육을 통해 스킬을 높이길 원한다.

　　이것은 미래학자들이 미래를 생각하고, 탐구하고, 계획하는 데 도움이 되는 강력한 기법이다. 사실 미래학자들이 하는 일 중 하나는 시나리오 워크숍을 주최하여 이러한 접근 방식을 안내하는 것이다. 물론 이러한 카테고리 각각에서 여러 가지 가능성과 시나리오를 생각해 낼 수 있으며, 미래는 당신이 예상하는 다양한 가능성의 조합이 될 수 있다. 이것은 가능성의 원뿔 활용 방법에 대한 다소 단순하고 기본적인 설명이지만, 리더가 배워야 하는 유용한 프레임워크이다. 요점은 오늘날 대부분의 리더들이 하고 있는 하나의 가능성과 시나리오에 초점을 맞추는 대신, 다양한 가능성과 시나리오 관점에서 생각하게 하는 것이다.

　　다음은 단순한 큰 그림의 예이다: 향후 10년 동안 당신 조직의 일자리를 포함하여 전 세계의 일자리 수백만 개가 사라지고, 비즈니스 전략이 이 가정을 기반으로 수립되었다고 해 보자. 당신은 다양한 기술 및 자동화 프로그램에 투자하고, 업무를 줄일 준비를 하고, 업무 공간 디자인, 문화, 리더십, 건강 및 웰빙 계획과 같은 직원 경험과 관련된 것을 모두 멈출 것이다. 몇 년이 지나면 기술이 비즈니스에 더욱 필수적인 요소가 될 것임에도 불구하고, 비즈니스는 결국 인적 요소를 바탕으로 운영될 것이다. 고객은 여전히 사람과 거래하기를 원한다. AI는 일부 예측만큼 빠르게 발전하지 않았을 수 있으며, 이제 성공을 결정하는 것은 업무(기술이 아닌)의 인간적 측면인 것으로 보인다. 안타깝게도 지난 몇 년 동안 조직을 인간적이지 않게 재설계하는 데 시간을 보냈고, 이제 문제가 생겼다. 당신은 다닐 수 있는 많은 곳들을 생각하는 대신 한 곳만 골라서 그 주위를 걷는 실수를 저질렀다.

　　미래의 리더는 다양한 가능성과 시나리오에 대해 능숙해야 하며, 그 중 하나가 결실을 맺도록 계획을 세워야 한다. 리더로서 당신은 미래가 가져올 것에 놀라는 일을 최소화하는 데 집중해야 한다. 위의 프레임워크는 대규모 또는 소규모로 적용할 수 있다. 고맙게도 이것은 기술이 큰 도움이 될 수 있는 영역이다.

　　마이클 카스바(Michael Kasbar)는 5,000명 이상의 직원이 있는 글로벌 연료 물류 회사인 월드 퓨엘 서비스(World Fuel Services) 회장 겸 CEO이다. 그가 표현한 방법은 다음과 같다:

> 수년 동안 리더들은 본능과 직관을 바탕으로 결정을 내리고 전략을 세웠다. 물론 이것은 오늘날에도 여전히 중요하지만, 이제 올바른 방향으로 나아가고 있는지 판단하는 데 도움이 되는 데이터와 기술이 추가되었다. 미래의 리더들에게 그것은 하나의 길을 택하고, 그 길을 고수하는 것이 아니다. 동시에 여러 경로를 탐색하고, 여러 모퉁이를 돌아보고, 최선의 방법을 찾는 것이다.

오늘날 많은 리더들은 "일의 미래는 무엇인가?"라고 끊임없이 질문하고 있다. 이 질문은 두 가지 위험한 가정을 한다. 첫 번째는 하나의 미래가 있다는 것이고, 두 번째는 미래는 우리에게 일어나는 어떤 것이라는 점이다. 위에서 설명했듯이 확실하게 일어날 하나의 미래는 없다. 그러니 그렇게 생각하는 것을 머릿속에서 지워 버려라. 미래에 일어날 일이라고 말할 때, 그것은 우리를 때리려는 사람이 있을 때, 우리가 할 수 있는 것이 충격에 대비하는 것뿐이라고 생각하는 것과 같다. 그러나 그 미래는 우리에게 일어나는 일이 아니다; 그것은 우리가 설계하고, 모양을 만들고, 창조하는 데에 도움을 줄 수 있는 것이다. 미래의 리더들에게 미래학자처럼 생각한다는 것은 이 두 가지 잘못된 가정을 무너뜨리고 운전석에 앉는 것을 의미한다. "일의 미래는 무엇인가?"라고 묻는 것이 아니라, "나 또는 내 조직이 일어나길 원하는 일의 미래는 무엇이며, 우리는 어떻게 그것이 일어나도록 하겠는가?"라고 자문하는 것이다. 아브라함 링컨(Abraham Lincoln)은 "미래를 예측할 수 있는 가장 좋은 방법은 그것을 창조하는 것이다."라고 말했다.

톰 윌슨(Tom Wilson)은 43,000명 이상의 직원과 10,000명 이상의 독립 계약자로 운영하는 보험 회사 올스테이트(Allstate Corporation) 회장 및 CEO이다. 그에 따르면, "리더십은 트렌드에 반응하는 것이 아니라, 미래를 만드는 것이다. 누구나 트렌드에 반응할 수 있다. 문제는 더 나은 미래를 만들 수 있는지 여부이다. 그것이 리더가 하는 일이다."

미래학자의 스킬을 어떻게 개발할 것인가?

흥미롭게도, 우리 중 많은 사람들이 개인 생활에서는 어떤 형태로든 이 스킬을 실천한다; 하지만, 우리는 실천하고 있다는 것을 깨닫지 못한다. 당신이 첫 데이트를 갔거나, 아이를 낳았거나, 첫 집을 샀거나, 다른 결정이나 삶의 선택을 했을 때를 생각해 보라. 이러한 일들을 겪을 때, 당신은 "첫 데이트 이후, 이 사람과는 장래성이 있는가?"와 같은 질문을 하기 시작한다. "이 사람과의 삶은 어떤 모습일까?" "이 집을 사면, 향후 10년 동안 이 동네의 부동산 가치는 어떻게 될까?" "많이 오르거나 내리면, 어떻게 되는가?" 다시 말해, 당신은 이미 다른 시나리오와 가능성에 대해 생각하고 머리 속에 그것들을 매핑하고 있다. 하지만 어떤 이유인지 회사에 출근을 하면, 우리 대부분은 이 스킬을 차단한다.

미래를 볼 때에는 많은 요소가 있지만, 개략적인 수준에서 미래학자처럼 생각할 수 있는 가장 좋은 방법은 의사결정을 할 때, 일련의 질문을 하는 것이다. 이러한 질문은 조직의 전략을 바꾸는 것과 같은 큰 것이든, 회의를 하려는 것처럼 작은 것이든, 어디에나 적용될 수 있다.

고려해야 할 질문은 다음과 같다:

◆ 왜 "이것이"가 발생하거나 발생하지 않을 수 있는가?

◆ 그 밖에 어떤 다른 일이 발생할 수 있을까?

◆ 내가 발생하길 원하는 것은 무엇이며, 어떻게 발생하도록 할 수 있는가?

◆ 이것이 발생하거나 발생하지 않을 때에는 어떤 요인 때문이겠는가?

이 4가지 질문으로 시작해서 의사결정을 할 때마다 질문을 하면, 생각하는 방식이 바뀔 것이다.

당신이 할 수 있는 또 다른 실용적이고 유용한 일은 체스와 같은 게임을 하는 법을 배우는 것이다. 더 나은 리더가 되기 위해 게임을 하는 방법을 배우는 것이 조금 이상하게 들릴 수도 있겠지만, 효과가 있다. 개리 카스파로프(Garry Kasparov)와 같은 최고의 체스 그랜드 마스터들은 체스 개념과 원칙을 비즈니스, 특히 리더십에 적용할 수 있는 다양한 방법에 대한 책을 썼다. 체스와 같은 게임을 배우면, 시나리오와 가능성에 대해 생각하게 된다. 패턴을 찾도록 요구하고, 컴퓨터로 준비하는 방법을 가르치며, 전략적 및 전술적으로 생각하도록 도와준다.

여기서 마지막 부분은 가능성의 원뿔을 사용하는 것을 기억하는 것이다.

실제로 이런 미래학자의 도구와 프레임워크를 살펴보기 위해 소규모 토론이
나 워크샵을 하는 것이 유용하다.

　기억하라. 하나의 미래와 같은 것은 없으며, 미래는 당신에게 필연적으로
일어나는 것이 아니다; 당신이 창조하는 것이다. 어떤 미래를 만들고 싶고,
그것을 어떻게 만들 것인가?

요다

18장
요다의 감성 지능 스킬

1980년대 영화인 스타워즈 에피소드5 - 제국의 역습(The Empire Strikes Back)에 처음 등장한 요다(Yoda)는 전 세계 수십억 명의 사람들이 알고 사랑하게 된 작은 캐릭터이다. 그는 또 지금까지 창조된 감성 지능이 가장 뛰어난 인물 중 하나이다. 나는 그가 그래야 한다고 생각한다; 그는 분명히 900세 정도 되었을 것이고, 그의 생애 동안 많은 제다이(Jedi)를 훈련시켰다. 스타 워즈 영화에서 그의 지혜와 정신적 에너지인 "포스(Force)"와의 연결을 의지한 다른 많은 캐릭터들에게 그는 가이드, 멘토, 교사로 등장한다.

그의 가장 유명한 장면과 인용문 중 일부는 모두 감정에 관한 것이다:

"두려움은 어두운 쪽으로 가는 길이다. 두려움은 분노로 이어진다. 분노는 증오로 이어진다. 증오는 고통으로 이어진다."

"제다이(Jedi)의 힘은 포스(Force)에서 나온다. 그러나 분노, 두려움, 공격성을 조심하라. 어두운 쪽은 그들이다. 어두운 길을 시작하면, 그것이 운명을 영원히 지배할 것이다."

"너의 감정을 활용하라, 오비완(Obi-Wan), 그리고 너는 그를 찾을 것이다."

미래의 리더는 자신의 내부 요다(Yoda)와 연결하는 법을 배워야 한다. 즉, 감성 지능이 발휘되고, 특히 공감과 자기 인식을 실천할 수 있다는 것을 의미한다.

감성 지능(공감과 자기 인식)

"감성적"이라는 단어는 "리더"와 같은 문장에서 많이 사용되지 않았지만, 내가 인터뷰한 CEO들은 2030년까지 리더가 가져야 할 가장 중요한 스킬 중 하나가 공감과 자기 인식이라고 말했다. 기술 중심의 세계에서는 아마도 가장 중요한 인간의 사고방식과 스킬에 초점을 맞추어야 할 것이다. 하지만 아이러니하게도 우선순위를 높게 설정하지만, 정작 가장 적게 가르치는 것이 인간의 사고방식과 스킬이다.

공감

공감은 다른 사람의 느낌과 감정을 이해하고, 그 사람의 입장이 될 수 있다는 것이다. 그것은 자기 몸에서 "자신"을 빼내어 다른 사람의 몸에 넣는 것과 비슷한다.

스티븐 스미스(Stephen Smith)는 직원 5,000명 이상 있는 의류 소매 업체 엘엘빈(L.L. Bean) CEO이다. 그는 사무실 화이트 보드 구석에 자신의 세 가지 리더십 특성을 기록하여 매일 상기한다. 그 목록의 첫 번째는 공감이고, 그 다음은 투명성과 성실성이다. 스티븐(Stephen)의 말이다:

> 역사적으로 공감은 비즈니스에서 자주 사용하는 단어가 아니었다. 하지만 다른 사람의 입장이 되어 어떤 딜레마나 문제, 또는 여러 관점에서 해결하려는 것은 리더가 할 수 있는 가장 중요한 일 중 하나이다. 당신은 또 공통점을 찾아 가능한 최상의 솔루션을 얻을 수 있도록 여러 관점을 가진 팀을 구성하고 싶을 것이다.

공감은 당신 바로 옆에서 일하는 직원이든, 수천 킬로 떨어진 직원이든, 고객 또는 직장생활이나 개인생활 관계없이 상호 작용하는 어떤 사람과도 실천해야 하는 것이다. '2018 직장 공감 현황(2018 State of Workplace Empathy)' 보고서에 따르면, 미국 CEO의 87%는 회사의 재무 성과가 직장에서의 공감과 관련이 있다고 생각한다(Businessolver, 2018). 오늘날 우리는 직원들이 "일이 그렇게 되어 미안하다"와 같은 동정하는 말을 많이 하는 조직을 만드는 일은 잘 해냈다. 하지만, 불행히도 사람들의 마음을 연결하지는 못하고 있다. 고객 서비스 상담원, ARS 전화, 심지어 우리와 상호 작용할 수 있는 챗봇으로부터 "미안하다"라는 말을 듣는다. 우리는 판매원, 의사 또는 항공권 발행 직원으로부터도 그 말을 듣는다.

리더의 공감은 직원들 관점을 이해하여 갈등을 해결하고, 고객을 위한 제품 또는 서비스를 개발하고, 협업을 개선하고, 팀 내에서 심리적 안전감을 조성하거나, 비즈니스와 인간을 모두 이해함으로써 더 나은 의사 결정을 하는 등 다양한 상황에서 작용한다. 특히 업무 환경에서 우리는 다른 사람을 쉽게 판단할 수 있으며, 이는 모든 직급의 직원들에게서 일어나는 일이다. 예를 들어, 업무상 어려움에 있는 신입 직원이 도움을 요청하면, 그 직원이 해당 업무를 담당할 자격이 없다고 판단하기 쉽다. 그러나 그 직원에게 "당신이 어떻게 느끼는지 이해한다. 내가 여기서 처음 시작했을 때, 나도 그랬었다."라고 하는 것이 공감하는 반응이다.

CCL(The Center for Creative Leadership)에서 6,731명의 리더를 대상으로 직장 내 공감에 대한 연구를 실시한 결과, 공감은 업무 성과와 긍정적인 관계가 있으며, "직원들에게 공감을 잘 하는 리더는 업무에서 더 나은 성과를 창출하는 사람으로 평가받았다."(Gentry, 2016).

공감은 인간적인 조직을 만드는 초석이다. 엑스포 로지스틱스(XPO Logistics)의 CEO인 브래들리 제이콥스(Bradley Jacobs, 이 책의 앞부분에서 만났음)는 다음과 같이 멋진 방법으로 표현했다:

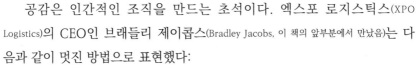

상황을 다른 사람의 눈으로 볼 수 있다는 것은 리더가 가질 수 있는 매우 귀중한 특성이다. 시간이 지남에 따라 미래의 리더는 오늘날 우리보다 더 공감하고 변증법적이어야 한다. 변증법적이란 경직된 것이 아니라, 편견을 극복하고 유연하게 사고할 수 있다는 것을 의미한다. 리더는 자신의 머리에서 벗어나 고객과 직원의 관점을 이해할 수 있어야 한다. 이 능력은 미래의 리더에게 필수적이다.

자기 인식

공감 외에 CEO와의 대화에서 자주 등장했던 또 다른 감성 지능은 자기 인식이었는데, 이것은 자신의 감정, 느낌, 마음 상태, 동기 및 욕구를 알아차리는 것에 대한 것이다. 나는 이 주제에 대해 타샤 유리크 박사(Dr. Tasha Eurich)를 인터뷰할 기회가 있었다. 조직심리학자인 그녀는 뉴욕 타임즈(New York Times) 베스트셀러 'Insight: The Surprising Truth About Others See Us, How We See Ourselfves, and Why the Answers Matter more Than We Think'의 저자이며, 자기 인식에 대한 세계적인 전문가 중 한 명이다. 유리크 박사에 따르면, 자기 인식은 두 가지 요소로 구성된다: 우리가 자신의 가치, 열정, 생각, 느낌 및 감정을 이해하는 내부적 자기 인식과 다른 사람에게 우리가 어떻게 보이는지 이해하는 외부적 자기 인식이다.

 유리크 박사와 그녀의 팀은 95%의 사람들이 자신을 인식한다고 생각하지만, 실제로는 10~15%만이 그렇다는 것을 알아냈다. 큰 차이다(Eurich, 2018). 유리크 박사에게 자기 인식이 왜 중요한지 물었을 때, 그녀 반응은 진지했다:

비밀을 알려드리겠다: 리더가 자기 인식을 개선하면, 파급 효과가 크다. 개인적으로는, 그것은 우리를 더 좋은 사람, 더 많은 성과 창출자, 더 나은 의사소통자, 더 나은 영향력 발휘자로 만들

고, 우리가 비윤리적인 행동을 하지 않도록 도와준다. 그리고 그것은 직장과 가정에서 우리의 관계를 강화시킨다. 우리는 더 나은 결혼 생활을 하고, 더 성숙하게 자녀를 키운다. 또한 자기 인식을 하는 리더는 직원들이 더 많이 몰입한다는 증거가 있다: 직원들은 기꺼이 더 열심히 일하고, 미션에 훨씬 더 헌신적이다. 그효과 리스트는 여기에서 그치지 않는다. 그러나 이러한 결과가 충분히 매력적이지 않다면, 자기 인식을 하는 리더가 실제로 더 수익성이 높은 회사를 이끌고 있으며, 자기 인식을 하는 직원이 많은 회사는 재무 성과가 더 높다는 증거가 있다. 내 질문은 이것이다: 삶의 모든 영역에 파급 효과를 줄 수 있는 일에 시간을 조금 투자하지 않겠는가? 그것에 대해 생각하는 또 다른 방법: 당신의 자기 인식은 21세기에 사업에서 성공하는 데 중요한 모든 스킬의 한계선을 설정할 것이다. 이것을 알고 개선하기 위해 노력하는 사람들은 정말로 특별한 우위를 가질 것이다.

 블루 쉴드 캘리포니아(Blue Shield of California)는 400만 명 이상의 회원에게 서비스를 제공하는 약 7,000명의 직원이 있는 건강플랜 공급업체이다. CEO인 폴 마코비치(Paul Markovich)는 자기 인식의 개념을 이렇게 실천한다:

주말마다 나는 앉아서 어떤 역할을 하고 싶은지 생각한다. 내가 좋은 아버지, 좋은 남편, 지역 사회의 좋은 봉사자, 직장에서 효과적인 리더가 되고 싶다면, 이러한 것들이 이번 주에 내가 할 일이다. 나는 목적을 가지고 한 주를 계획하는데 그것이 나에게 효과적이었다. 나는 사명 선언문을 가지고 있으며, 그것이 직업적으로 나의 선택을 가이드했다. 내가 어디에서 일하고 싶은지, 어떻게 일하고 싶은지를 말이다.

외부적 자기인식을 실천하기 위해 그에게 6개월마다 함께 일하는 임원들을 인터뷰하여 그 결과를 피드백하는 코치가 있다. 그 피드백을 임원들과 함께 검토하고, 어떻게 반영할 것인지를 그들에게 알려준다. 그는 이것이 그가 일하는 방식과 주변 사람들에게 미치는 영향을 이해하는 데 매우 중요하다고 말한다.

국제적으로 유명한 심리학자이자 베스트셀러 '감성지능: IQ보다 더 중요한 이유(Emotional Intelligence: Why It Matters More than IQ)'의 저자인 다니엘 골먼(Daniel Goleman)에 따르면, "감성적 자기 인식은 리더십 모델마다 포함되는 역량이다. 이것이 높은 리더는 내면의 신호에 맞춰 자신의 감정이 자신과 업무 성과에 어떤 영향을 미치는지 알고 있다."(Goleman, 2004)

72명의 고위 경영진을 대상으로 한 연구에서 AMA(American Management Association)는 높은 자기 인식 점수는 전반적인 성공의 가장 강력한 예측 요인임을 발견했다. 연구원이자 조직심리학자인 베케 윙클러(Becky Winkler) 박사에 따르면, 이는 자신의 약점을 자각하는 리더가 자기가 부족한 영역에 강점이 있는 사람들을 고용할 수 있기 때문이다. 연구의 한 가지 흥미로운 측면은 어떤 대가를 치르더라도 결과를 이끌어 내는 데 초점을 두고, 가혹하게 밀어붙이는 리더가 수익을 향상시키지 못하고, 실제로 감소시킨다는 사실을 발견했다는 점이다. 반면, 자기 인식을 잘 하는 리더는 더 나은 재무 성과를 낼 수 있다(Winkler, 2019).

한스 베스트베리(Hans Vestberg)는 전 세계 152,000명 이상의 직원이 있는 미국의 다국적 통신 기업인 버라이즌 커뮤니케이션스(Verizon Communications) CEO이다. 그는 이 개념을 멋지게 요약했다:

훌륭한 리더가 습득해야 하는 첫 번째 스킬은 내부적이다: 즉, 개별 인간으로서 자신을 관리하는 것이다. 여기에는 신체적 건강, 정서적 균형, 자기 지식 - 각 회의, 각 의사 결정, 각 공개 행사에 당신과 함께 가는 모든 것이 포함된다. 많은 리더들이 이 가장 기본적인 단계를 무시하거나 무시하고 싶은 유혹을 받고 있지만, 자기 자신부터 관리를 해야 한다.

자신이 어떤 사람이고, 다른 사람들이 자신을 어떻게 보고 있는지를 아는 것이 바로 자기 인식을 하는 리더가 된다는 의미이다.

감성 지능의 또 다른 요소

내가 인터뷰한 CEO들은 감성 지능의 가장 중요한 측면으로 공감과 자기 인식을 꼽았지만, 실제로 리더가 알아야 할 부분이 더 있다. 다니엘 골먼(Daniel Goleman)은 심리학자이자 과학 저널리스트이며, 감성 지능 분야에서 세계 최고의 전문가 중 한 명이다. 그는 감성 지능이 IQ(지능지수)보다 더 중요할 수 있다고 제안한 최초의 사람들 중 한 명으로, 베스트셀러인 '감성지능(Emotional Intelligence)'이라는 제목의 책에서 이를 주장했다. 그에 따르면, 감성 지능에는 실제로 5가지 요소가 있다.

1. 자기 인식 - 자신의 기분과 감정, 그리고 그것이 다른 사람에게 미치는 영향을 인식하고 이해하는 능력
2. 자기 조절 - 충동과 기분을 조절하고, 행동하기 전에 생각하는 능력
3. 내적(또는 내재적) 동기 부여-어떤 종류의 보상보다는 개인적인 이유로 목표를 추구하도록 유도(반대는 외적 동기 부여)
4. 공감 - 다른 사람의 동기를 인식하고 이해하는 능력, 이는 팀을 성공적으로 구축하고 이끌기 위해 필수적이다.
5. 사회적 스킬 - 관계를 관리하고, 네트워크를 구축하는 능력

글로벌 컨설팅회사 탤런트 스마트(TalentSmart)가 수행한 연구에 따르면, 조직 내 최고 성과자의 90%는 감성 지능이 높다. 그러나 하위 성과자는 20%만

이 감성 지능이 높다(TalentSmart, n.d.). 하버드 경영대학원에서 발표한 추가 연구에서도 감성 지능이 조직 성과에 미치는 영향을 보여주는 두 가지 사례를 인용했다. 첫 번째 예는 전 세계에 110,000명 이상의 직원이 있는 프랑스 제약 회사 사노피(Sanofi)이다. 사노피는 평가 및 교육을 포함하여 영업 인력의 감성 지능 향상에 집중함으로써 영업 사원의 성과가 13% 증가했다. 두 번째 사례는 감성 지능 교육 프로그램(Wilcox, n.d.)을 도입한 후 제조 공장 직원의 생산성이 90% 증가한 모토로라(Motorola)에서 나왔다.

미국 걸스카우트의 전 CEO인 프랜시스 헤셀바인(Frances Hesselbein)은 민간인이 받을 수 있는 최고 상인 대통령 자유 메달을 수상했다. 그녀는 또 23개의 명예박사 학위를 가지고 있다. 그녀는 100세가 넘었으나, 여전히 전 세계의 많은 리더들에게 조언하고 코칭하고 있다. 나는 프랜시스와 몇 시간을 보냈고, 그녀는 이것을 포함하여 리더십 지혜를 많이 주었다. 내가 마음에 새기고, 자기 인식에 직접적으로 적용된다고 믿는 말은 다음과 같다:

우리는 대부분의 삶을 어떻게 해야 하는지 배우고 사람들에게 어떻게 해야 하는지 가르치는 데 소비하지만, 성과와 결과를 결정하는 것은 리더의 자질과 성품이라는 것을 알고 있다. 따라서 리더십은 어떻게 하는가가 아니라, 어떻게 되는가의 문제이다.

HBR(Harvard Business Review) 아티클 "무엇이 뛰어난 리더를 만드는가(What Makes a Great Leader)"(Goleman, 2004년 1월)는 다음과 같이 말했다:

가장 효과적인 리더는 모두 한 가지 중요한 측면에서 비슷하다. 그들은 모두 감성 지능으로 알려진 것에 높은 수준을 가지고 있다. IQ와 업무 스킬이 무관하다는 것은 아니다. 그것이 중요하지만, 임원들에게는 최소한의 요건이다. 다른 최근 연구와 함께 내

연구는 감성 지능이 리더십의 필수 요소라는 것을 분명히 보여준다. 세계 최고의 교육, 예리하고 분석적인 사고, 참신한 아이디어를 가질 수 있지만, 감성 지능 없이는 뛰어난 리더가 될 수 없다.

이 말들이 도움이 되지 않는다면, 좀 더 이기적인 인센티브를 생각하라: 감성 지능이 높은 사람들은 감성 지능이 낮은 사람들보다 연간 평균 수입이 $29,000 더 많다.

이 책의 앞부분에서 언급한 감성 지능에 관한 콘 페리 연구(Korn Ferry, 2017)는 감성 지능이 매우 높은 리더가 다음과 같은 몇 가지 공통적인 행동을 보인다는 것을 발견했다.

◆ 그들은 말을 하는 것보다 듣는 것을 더 많이 한다.
◆ 단순히 사람들에게 무엇을 해야 하는지 알려주는 대신에 방법과 이유를 강조한다.
◆ 그들은 지속적으로 실수를 비판하고 수정하기보다는 팀원들을 몰입시키고 그들의 기여를 인정한다.
◆ 그들은 의견 차이를 공개적으로 해결하고, 갈등 중에 사람들의 감정을 처리한다.
◆ 그들은 팀원들에게 활력을 주고 몰입시키는 것이 무엇인지 이해하고, 그 에너지를 촉진하는 환경을 만든다.
◆ 팀원들이 몰입하고 업무를 효과적으로 수행할 수 있다고 느끼기 때문에 조직에서 5년 이상 머물도록 유도한다.

펩시코(PepsiCo)의 전 CEO 인드라 누이(Indra Nooyi)는 블룸버그와의 인터뷰에서 인도에서 어머니(아버지는 돌아가심)를 방문했을 때 겪었던 일을 말했다. 그들은 친구와 가족들 몇 명과 모임을 했었는데, 사람들은 참석해서 인드라의 어머니에게 가서 그녀가 인드라에게 했던 대단한 일과 글로벌 CEO를 키운 것에 대해 그녀를 칭찬했다. 인드라는 자기 성공의 대부분이 부모가 자기를 어떻게 키우고, 영향을 주고, 지원했는지의 결과라는 것을 깨달았다. 블룸버그 인터뷰에서 그녀는 어머니가 어떻게 큰 꿈을 꾸도록 끊임없이 상기시키고, 심지어 저녁 식사 테이블에서도 인드라에게 그녀가 인도 총리라고 생각하고 연설을 하도록 한 것에 대해 이야기했다. 그런 다음 인드라의 어머니는 자신의 연설을 평가하고, 피드백을 했다.

인터뷰에서 인드라는 "내가 펩시코에 자녀를 선물해 준 경영진의 부모님께 감사한 적이 없다는 생각이 들었다"고 말했다. 인드라가 회사로 돌아 왔을 때, 그녀는 임원진 400명의 부모에게 편지를 보냈다. 그녀는 자녀인 임원들이 무엇을 하고 있는지 적고, "우리 회사에 자녀를 선물해 주셔서 감사하다." 라고 했다. 인드라는 많은 부모들로부터 편지를 보낸 준 것이 얼마나 영광스러웠는지에 대한 회신을 받았으며, 일부 경영진은 그것이 부모에게 일어난 최고의 사건이었다라고 인드라에게 말했다. 인드라는 직원들에게 이런 메시지를 전달한다. "나는 여러분을 사람으로 소중하게 생각한다. 나는 여러분이 펩시코를 뛰어넘는 삶을 살고 있다는 것을 알고 있다. 나는 여러분을 직원 번호로 대하는 것이 아니라, 여러분을 존중할 것이다"(Rubenstein, 2016).

 키이스 바(Keith Barr)는 전 세계에 400,000명 이상의 직원들이 있는 글로벌 호텔인 인터콘티넨탈 호텔 그룹(InterContinental Hotels Group) CEO이다. 그는 나에게 말했다:

리더는 자기 인식에서 시작해야 한다. 나는 믿을 수 없을 정도로 자기 인식을 잘하는 사람들에 놀랐고, 자기 인식을 못하는 사람들에게도 똑같이 놀랐다. 이것은 민첩성과 변화를 배우기 때문에 성공에 매우 중요하다. 항상 스스로에게 "어떻게 하면 더 잘할 수 있는가?" "어떻게 다르게 할 수 있는가?" 또는 "내가 뭘 잘 했

나?" 라고 항상 자문해야 한다. 그리고 주변 사람들의 관점도 들어봐야 한다. 자기 인식을 못하면, 이러한 질문에 대한 답을 얻지 못 할 것이며, 질문조차 할 수 없을 것이다. 이렇게 되면, 리드를 할 방법이 없다. 특히 미래에는 더 그렇다.

감성 지능 스킬을 어떻게 개발할 것인가?

공감에 관해서는 많은 사람들이 휴스턴 대학교의 연구교수이자 '마음 가면(Daring Greatly)'과 '리더의 용기(Dare to Lead)'를 포함한 수많은 베스트셀러 저자인 브레네 브라운 박사(Dr. Brené Brown)의 조언을 따른다. 그녀는 20년 넘게 공감을 연구해 왔으며, 모든 리더가 공감을 연습하고, 실천할 수 있는 4단계 접근 방식을 개발했다:

1. 관점을 받아들이거나 상대방의 입장이 된다.
2. 판단하지 말고, 경청한다.
3. 자신이 이전에 느꼈을지도 모르는 감정을 상대방에게서 인식한다.
4. 그 감정을 인식할 수 있다는 것을 전달한다.

이것은 간단해 보인다. 공감의 핵심은 상대방과 감성적으로 서로 연결된 관계를 만드는 것이다. 하지만 브라운 박사가 경고했듯이 그렇게 하려면, 항상 즐겁거나 편안하지 않은 일과 감정에 대해 생각하고, 회상하거나, 성찰해야 한다. 그리고 이 과정은 우리를 약하게 만든다. 하지만 괜찮다; 그것이 우리를 인간으로 만드는 것이다. 리더로서 고객, 직원 또는 친구 및 가족과 상호 작용할 때 이 4단계를 실천하라(Brown, n.d.).

명심해야 할 다른 사항: 공감은 모서리위이랑(supramarginal gyrus)이라고 하는 뇌의 일부에 의해 통제되며, 빨리 의사 결정을 해야 할 때, 이 영역이 올바르게 작동하지 않는다는 것이 발견됐다. 그렇기 때문에 응답하거나 행동을 하기 전에 경청하고 잠시 멈추는 것이 매우 중요하다. 중립적인 상태나 다른 사람과 비슷한 상태가 아니면, 공감을 실천하는 것도 불가능하다. 승진을 해서 매우 기쁜 상태에 있는데, 다른 사람이 나쁜 인사평가를 받아 좌절하고 있는 경우, 서로 감정이 통하기는 어려울 것이다. 당신은 마음적으로 다른 사람의 입장에 서서 유사한 경험을 상상해야 하거나, 최소한 중립적인 감정 상태에 있도록 노력해야 한다.

자기 인식과 관련하여 타샤 유리크(Tasha Eurich)는 충격적인 것을 발견했다. 권력과 자기 인식 사이에 반비례 관계가 있다는 것이다. 조직에서 직위가 높아질수록 자기 인식이 낮아지는 경향이 있다. 이것이 바로 리더가 자기 인식을 실천하는 것이 매우 중요한 이유이다. 내부 및 외부적 자기 인식을 위해 여러 가지 방법을 할 수 있다.

내부적 자기 인식에 관해서 유리크 박사가 주는 가장 중요한 조언은 "왜"를 묻는 것에서 "무엇"을 묻는 것으로 바꾸는 것이다. 우리는 종종 우리가 왜 그렇게 느끼는지 또는 왜 무언가를 했는지 자문한다. 예를 들어, "내가 왜 그렇게 화가 났는가?" 또는 "팀원에게 왜 그렇게 말했는가?" 우리는 자기 성찰이나 자기 반성을 하려고 "왜"라고 묻지만, 안타깝게도 "왜"에 대한 대답은 보통 우리 무의식 속에 있다. 즉, 우리가 왜 어떤 일을 하거나 특정한 방식으로 느끼는지 실제로 알지 못한다는 것이다. 그런 다음 우리의 감정, 행동 또는 조치를 정당화하기 위해 우리는 자기합리화를 한다. 대신 "무엇"에 초점을 맞춰라. 예를 들어, "나를 화나게 하는 것은 무엇인가?" "팀원에게 그렇게 말하도록 만든 것은 무엇인가?" "무엇"에 초점을 맞추는 것은 리더로서 자신이 계획을 수립하는 데 도움이 되므로, "내가 이런 식으로 느끼지 않도록 앞으로는 무엇을 할 것인가?" 또는 "앞으로 더 나은 의사 결정을 하기 위해 무엇을 할 수 있는가?"와 같은 질문을 시작할 수 있다.(Eurich, 2018년 1월).

벤자민 프랭클린(Benjamin Franklin) 기법을 사용해 볼 수도 있다. 미국 건국자들 중 한 명인 프랭클린은 자기 인식을 크게 믿었다. 그는 자기 성품의 전체적인 가치를 결정하기 위해 정기적으로 자신의 강점과 약점에 대한 대차대조표를 만들었다. 누구나 실천할 수 있는 간단한 활동이다. 컴퓨터, 휴대폰 또는 종이에 자신의 강점(자산)과 약점(부채)을 모두 기입한다. 이것을 작성하여 검토한 후에, 당신은 자기 성품의 순가치가 무엇인지 주관적으로 판단할 수 있다. 이 활동을 월별 또는 분기별로 시도해 보라. 스스로 하는 경우 전체 성품의 순가치가 증가하는 것을 확인해야 한다. 우리는 회사 재무제표를 살펴보는 데 많은 시간을 할애한다. 아마도 이제 우리 자신의 성품을 살펴보아야 할 때이다.

외부적 자기 인식에 관해서는, 다른 사람들로부터 솔직한 피드백을 받는 것이 가장 좋은 방법이다. 여기에서 "솔직하다!"라는 단어가 더 강조된다. 사람들이 당신을 칭찬하고, 당신이 훌륭하다고 말하는 것을 듣는 것이 아니다. 리더로서 당신은 팀원과 동료가 당신에게 가까이 할 수 있고, 당신에게 솔직할 수 있는 진정으로 개방적이고 안전한 환경을 만들어야 한다. 긍정적인 피드백을 받아도 괜찮지만, 궁극적으로 개선에 도움이 되는 것은 비판적인 피드백이다. 가능하면, 유리크 박사가 '사랑하는 비평가'라고 부르는 사람들을 찾으라. 당신을 도와줄 마음을 갖고 있고, 당신에게 진실을 기꺼이 말하는 사람들을 찾으라.

요다가 자주 말했듯이 "포스(Force)가 함께 하기를." 더 나은 방법은 "감성 지능이 당신과 함께 하기를 바란다!"

통역사

19장
통역사의 소통 스킬

미래의 리더는 통역사와 같아야 한다. 즉, 그들이 훌륭한 경청자이자 의사 전달자가 되어야 함을 의미한다. 경청과 의사 전달은 항상 주변에 있어 왔고, 필수적인 것으로 간주되는 리더십 특성이며, 앞으로도 그럴 것이다. 그러나 이것이 뛰어난 리더십의 가장 기본적이고 시대를 초월한 특성일지라도 우리가 오랫동안 힘들어 했던 것이자 가장 많이 바뀐 것이기도 하다. 인터뷰했던 CEO들이 이야기한 미래의 리더를 위한 가장 중요한 스킬 중에서 2위를 차지했으며, 1위인 미래학자의 스킬과 응답률이 거의 비슷했다.

경청과 의사 전달이 항상 중요했음에도 불구하고, 그 중요성은 앞으로 계속 증가할 것이다. 현재 우리가 살고 있는 세상은 점점 더 연결되면서 또 분산되고 있다. 사회적 대의는 비즈니스의 필수 요소가 되고 있으며, 우리가 처리해야 하는 소음과 산만함의 양은 엄청나다. 우리가 전달하고 들을 수 있는 채널은 증가하고 있다. 이 새로운 채널은 또 우리의 행동을 변화시키는 원인이 된다. 성인 남성들도 이제 셀카를 찍고, 이모티콘을 사용하여 소통하고 있다!

이것이 앞으로 10년 동안 어떻게 될지 상상해 보라. 리더가 직원, 고객,

경쟁자 및 사회 전체를 이해하는 것이 그 어느 때보다 중요해질 것이며, 이는 경청 없이는 불가능하다. 리더는 그 어느 때보다 대중의 눈에 띄고 있으며, 주주와 이해관계자는 조직이 하는 일에 대한 정보를 지속적으로 원하므로 이러한 세계에서 의사 전달 또한 중요할 것이다.

미국 PwC의 회장이자 수석 파트너인 팀 라이언(Tim Ryan)은 다음과 같이 말했다:

오늘날의 리더는 많은 사람들이 지켜보고 있다. 이것은 점점 더 불확실해지는 세상에서 기하 급수적으로 늘어날 것이다. 많은 리더들이 자신을 비판하는 사람들과 그들이 하는 말을 효과적으로 대응할 수 없었기 때문에 리더 역할에서 물러나게 되는 것을 보았다. 현실은 다양한 의견을 처리할 수 있는 것이 더 중요해질 스킬이라는 것이다. 모든 사람을 기쁘게 할 수는 없지만, 항상 사람들의 의견을 정확하게 듣고 효과적으로 전달할 수 있어야 하며, 필요에 따라 코스를 수정하면서 나아가야 한다.

2018년 6월 예측 지수(Predictive Index)는 5,103명의 응답자에게 그들의 리더에 대한 설문 조사를 실시했다. 끔찍한 리더의 가장 큰 특징은 "기대를 명확하게 전달하지 않는다(58%)"이었다. 그 다음은 "다른 사람의 말을 듣지 않는다(50%)", 그리고 "말을 잘 전달하지 못한다(48%)"로 이어졌다(Predictive Index, 2018).

경청

많은 리더들은 들리는 것(hearing)과 경청(listening)을 혼동한다. 들리는 것은 소리가 단순히 귀에 들어오는 것이다. 실제로 이 책을 읽는 동안 주변의 다양한 소리를 들을 수 있을 것이다. 아마도 당신은 커피숍에서 다른 테이블에 있는 사람들의 말을 들을 수 있을 것이다. 비행기를 타고 있을 때 엔진 소리를 들을 수 있다. 새들이 집 밖에서 지저귀는 소리를 들을 수 있다. 들리는 것은 의식적인 행위가 아니며, 의도적인 노력이 필요 없다.

반면에 경청은 다르다. 누군가 또는 무엇인가를 이해하려는 의도적인 노력이다. 오늘날 같이 산만한 세상에서 경청하는 것은 실제로는 훨씬 어렵다. 누군가와의 대화 중에 그들이 당신의 말을 경청하지 않는다는 것을 알았을 때를 생각해 보라. 그들이 당신을 보고 있을지라도, 마음은 다른 곳에 가 있을 수 있다. 더 명확한 경우는 누군가가 당신의 말을 듣지 않고 휴대폰이나 노트북을 보는 것이다. 그때 당신은 어떻게 느꼈는지 생각해 보라. 아마도 기분이 나빴거나 무시당했다고 느꼈을 것이다.

미래의 리더가 경청한다는 것은, 활용할 수 있는 많은 소통 채널을 통해 다양한 곳에 귀를 기울이는 것을 의미한다.

나는 얼마나 많은 리더들이 다른 조직의 리더들이 하고 있는 것을 모방하고 싶어하는지 늘 신기하다. 나는 이 리더들에게 "구글처럼 되려고 하지 마세요!"라고 말한다. 직원과 고객이 원하는 것을 파악하는 가장 좋은 방법은 무엇인가? 그들에게 물어보고, 그들이 당신에게 이야기하는 것을 듣는 것이 아니겠는가?

우리 대부분은 누군가와 관계를 맺어 왔다. 인간관계에 있어서의 모든 장애를 책에서 얻은 지식이나 친구의 조언을 통해 해결하려는 매우 어리석은 접근 방식을 상상해 보라. 관계 중에 있는 그 사람에게 직접 물어보는 것은 어떤가? 오늘날 리더들은 사람들과 이야기하는 것을 두려워하는 것 같다. 빨리 극복해야 하는 두려움이다.

 찰리 영(Charlie Young)은 90,000명 이상의 제휴 대리인 및 중개인이 있는 부동산 회사인 콜드웰 뱅크(Coldwell Banker) CEO이다. 경청은 그가 이끄는 방식의 큰 부분이다:

내가 이것을 발명한 것이 아니다; 100년 동안 사용되어 왔으며, 특히 새로운 상황에 접어 들거나 상황을 바꿀 때 정말 유용하다. 그것은 우리의 활동을 '계속', '중단', '시작'으로 구분하는 것이다. 나는 우리가 무엇을 계속해야 하는지, 무엇을 중단해야 하는지, 무엇을 새로 시작해야 하는지 이야기해 달라고 요청한다. 나는 팀의 모든 사람에게 부탁한다. 여기서 핵심은 팀원들의 의견을 듣고, 데이터를 분석한 다음, 최선의 조치를 결정하는 것이다. 그것은 모두 경청에서 시작된다.

리더에게는 경청이 너무나 중요하다. 특히 글로벌 조직의 경우 고객과 직원들로부터 멀어질 수 있기 때문이다. 이 책을 쓰기 위해 내가 했던 연구에서 일관되게 발견한 것 중 하나는 당신이 고위직이 될수록 다른 직원들로부터 멀어진다는 것이다. 미래의 트렌드에 대해 어느 정도 알고, 이 책에서 이야기한 스킬과 사고방식을 얼마나 실천하고 있는지에 대한 당신의 인식은 당신이 함께 일하는 직원들과 일치하지 않는다. 이 차이를 줄이는 가장 좋은 방법 중 하나는 경청을 하는 것이다.

마이클 닐랜드(Michael Kneeland)는 18,000명 이상의 직원이 있는 유나이티드 렌탈(United Rentals) 사장 겸 CEO이다. 그는 "나는 항상 역피라미드인 세상을 늘 겪어왔다. 고객과는 거리가 멀기 때문에 내가 할 수 있는 가장 영향력 있는 일은 일선에서 일어나고 있는 일을 듣고 이해하는 것이다."라고 했다.

경청이 누군가에게 보여줄 수 있는 가장 큰 존중과 사랑이라고 많은 사람들이 말하는 것은 놀라운 일이 아니다. 주변 사람들의 말을 진심으로 경청함으로써 더 나은 관계를 구축하고, 더 현명한 결정을 내리고, 직원들을 더 몰입하게 할 수 있다. 그러나 이것은 리더가 직원이 발언하도록 장려해야 한다는 것을 의미한다. 아무도 당신에게 이야기하지 않는다면, 좋은 경청자가 되는 것은 의미가 없다!

카니발 크루즈(Carnival Cruises) CEO인 아놀드 도널드(Arnold Donald)는 "효과적인 리더가 되려면, 자신이 이끄는 사람들의 동기를 이해해야 한다. 당신은 들을 수 있어야 한다. 잘 들을 수 있으면, 세상이 당신에게 드러날 것이다. 그러나 당신은 정확하게 들을 수 있어야 한다."라고 말했다.

의사 전달

의사 전달은 간단하다; 이는 단순히 한 사람에게서 다른 사람(또는 그룹)으로 정보를 보내거나 공유하는 것이다. 우리 모두는 하루에도 수없이 이것을 한다. 하지만 현재와 미래의 리더들에게 단순히 정보를 전달하는 것만으로는 충분하지 않다.

나는 약 15년 전 샌프란시스코의 마케팅 대행사에서 일을 했었다. 당시 Web 2.0 컨퍼런스가 유행이었고, 나는 컨퍼런스에 무료로 참석할 수 있는 초대권을 받았다(티켓 가격은 $ 2,500 이상). 나는 상사에게 참석할 수 있는지 물었다. 시급히 해야 할 업무가 없고, 만약 일이 생기면 저녁이나 주말에 하겠다고 하면서, 우리가 마케팅 대행사이기 때문에 마케팅 컨퍼런스에 참석하면 좋을 것 같다고 말했었다. 대답은 아주 간단했다. "안돼요"였다. 어떤 설명도 없이, "안돼요."였다. 이 상사는 회사 방향이나 전략에 대해 직원들과 거의 공유하지 않았고, 다른 사람으로부터 피드백이나 아이디어를 구하려고 하지도 않았고, 하루 종일 자기 사무실에 있었다. 우리 모두는 그가 시키는 일을 하기 위해서 있는 것처럼 느꼈다. 나는 사표를 내고, 컨퍼런스에 갔다. 그것은 내가 내린 최고의 결정이었고, 현재 내가 책을 쓰고 강의를 하게 만든 계기가 되었다.

의사 전달은 리더의 가장 훌륭한 도구 중 하나이다. 이를 통해 주변 사람들에게 영감을 주고, 사람들을 서로 연결하고, 한 방향이 되도록 할 수 있다. 효과적인 소통은 또한 전략이 효과적으로 실행되도록 하는 데 도움이 된다.

우리는 모두 형편없거나 탁월했던 의사 전달자의 영향을 경험했다. 리더와 미팅을 했거나 리더가 무언가를 발표하는 것을 들은 후에 "무슨 말이지?"라고 생각했던 적은 없는가?. 팀원에게 보내는 것이 아니라, 심리상담사에게 보내는 편지처럼 읽어야 하는 분량의 이메일을 상사로부터 받은 적은 없는가? 회신하는 데 30분이나 소요되는 프로젝트에 대한 긴 문자 메시지를 받은 적은 없는가?

의사 전달은 사용할 채널과 그 사용 방법을 이해하고, 또 직원들이 가까이 있다고 느낄 수 있도록 하는 것이다. 그 다양한 채널은 언어적, 비언어적이며, 항상 진화하기 때문에 어렵다. 과거에는 직접 또는 서면으로 소통했다; 그 후로는 전화, 이메일, 문자 메시지, 협업 도구, 페이스북 및 링크드인과 같은 소셜 미디어 플랫폼, 화상 회의 도구 등을 추가했으며, 이제 증강 및 가상현실, 홀로그램을 넘보고 있다. 앞으로 다른 무엇이 나올지 누가 알겠는가? 리더에게 새로운 소통 채널은 모두, 그 방식에 관계없이 메시지가 정확하게 수신되어야 함을 의미한다.

닉 나가노 쓰요시(Tsuyoshi "Nick" Nagano)는 일본 도쿄에 본사를 둔 다국적 보험 지주 회사인 도쿄 마린(Tokio Marine) 사장 겸 CEO이다. 닉(Nick)은 소통의 중요성을 다음과 같이 명확하게 설명했다:

> CEO로서 나는 회사 직원들과 소통하는 데 시간의 70% 정도를 사용할 것이다. 이것은 많은 것처럼 보일 수 있지만, 내가 32,000명의 글로벌 인력을 관리하고 있다고 생각하면, 그들이 내 말을 대면 또는 비대면으로 1년에 평균 20분 정도 듣는다는 것을 의미한다. 따라서 이 20분은 정말 중요하다. 정확하게 전달되지 않는다면, 나의 영향력이 발휘될 수 있겠는가?

2,000명 이상의 사람들을 대상으로 한 최근 연구에서 리더가 직원들과

가장 어려운 점이 무엇인지 살펴 보았는데, 리더의 69%가 "일반적인 소통"이라고 응답했다. 이것은 다소 놀랍고 솔직히 끔찍한 결과였다. 큰 차이로 2위(37%)가 된 것은 "반응이 좋지 않을지도 모르는 저성과에 대한 피드백/비판하는 것"이었다. 그 다음은 약한 모습을 보이는 것, 직원의 성과를 인정하는 것, 진정으로 회사를 따르도록 하는 것 등 3가지가 동일(20%) 비율로 3위였다(Solomon, 2016).

나는 멜리사 리프(Melissa Reiff)가 인터뷰에서 소통에 대해 말한 내용을 정말 좋아한다. 그녀는 5,000명 이상의 직원이 있는 스토리지 및 조직 제품 소매업체인 컨테이너 스토어(Container Store) CEO이다. "소통은 리더십이다. 두 가지는 같은 것이다. 일관되고, 신뢰할 수 있으며, 효과적이며, 사려 깊고, 예측 가능하며, 마음이 따뜻하며, 정중한 소통을 매일 하는 것은 비즈니스를 성장시키고 유지하는 데 필수적이다."

미국과 영국에서 100,000명 이상의 직원이 있는 400개 기업을 조사한 글로벌 마케팅 전문 매체인 홈즈리포트(Holmes Report)에 따르면, 소통 장애로 인한 조직의 생산성 손실이 연간 평균 6,240만 달러 발생했다. 반면에 리더가 효과적인 소통자였던 조직은 5년 동안 수익률이 47% 더 높았다(Holmes, 2011).

소통 스킬을 어떻게 개발할 것인가?

샘 월턴(Sam Walton)은 세계에서 가장 큰 기업가 중 하나인 월마트(Walmart) 창설자이다. 그는 거의 30년 동안 매주 펜과 노란색 메모장을 가지고 전국의 매장과 유통 센터를 방문했다. 직원들과 이야기하고, 고객에게 더 나은 서비스를 제공할 수 있는 방법에 대해 직원들의 의견을 들었다. 그는 또 고객과 경쟁사 고객 의견도 들었다. 그는 경청하는 리더의 개척자였다. 그는 경청이 조직 성공에 매우 중요하다는 것을 알고 있었다. 시어스(Sears)와 케이마트(Kmart) 등과의 가장 치열한 경쟁에서 월마트만이 번창했으며, 오늘날에도 여전히 성공하고 있는 것은 우연이 아닐 것이다.

경청에 대한 몇 가지 기본 사항이 있는데, 우리 대부분이 익숙한 내용이다: 예를 들어 상대방의 눈을 바라보고, 방해물을 없애고, 좋은 자세를 하고, 당신이 잘 듣고 있음을 알 수 있도록 맞장구를 치는 것과 같은 것이다. 그러나 연구에 따르면, 뛰어난 경청자는 그 이상을 한다.

젠거/포크맨(Zenger/Folkman)의 잭 젠거(Jack Zenger)와 조셉 포크맨(Joseph Folkma)은 경청에 대한 연구를 했다. 그들은 리더들이 더 나은 코치가 되는 것을 목표로 하는, 그들의 리더십 개발 프로그램에 참가한 3,492명으로부터 데이터를 수집했다. 그 중 360도 평가에서 가장 효과적인 경청자로 인식되는 상위 5%를 분석했는데, 이를 통해 4가지 결론에 이르게 되었다.

첫째, 경청을 잘하는 사람은 상대방이 말하는 동안 침묵만 하고 있지 않는다. 사실 그 반대이다. 최고의 경청자는 질문을 할뿐만 아니라, 상대방의 통찰력을 촉진하는 방식으로 질문한다. 즉, 말하는 사람이 가지고 있을 가정에 도전하지만, 부드럽고 건설적인 방식으로 한다. 경청을 잘 한다는 것은 단지 질문을 한다는 의미가 아니다; 좋은 질문을 한다는 뜻이다. 최고의 경청자들은 양방향 대화를 할 수 있었다.

둘째, 경청을 잘하는 사람은 상대방의 자존감을 키워주고, 자신이 지지받고, 신뢰 받고 있음을 느끼게 한다. 문제점이나 차이점을 드러내서 논의할 수 있는 심리적 안전감이 있는 환경을 만드는 것은 좋은 경청자가 되는 또 다른 중요한 요소였다.

셋째, 경청을 잘하는 사람은 정보와 피드백이 원활하게 흐르는 협력적인 대화를 만든다. 레코드나 CD의 옛 시절을 기억하는가? 긁히면 노래가 건너뛰거나 반복되거나 이상한 소리가 난다. 하지만 상태가 좋으면, 노래가 부드럽게 재생된다. 리더로서 당신의 역할은 레코드나 CD가 긁히지 않도록 하는 것이다; 대화가 원활하게 진행되도록 해야 한다.

마지막으로, 경청을 잘하는 사람은 말하는 사람이 제안한 것과는 상반된 제안일 경우라도 이를 통해서, 다른 경로나 기회를 탐색할 수 있도록 한다.

이 연구를 바탕으로 잭 젠거(Jack Zenger)와 조셉 포크맨(Joseph Folkman)은 경청 6단계를 만들었다(Zenger and Folkman, 2016).

레벨 1: 어떤 것도 논의할 수 있는 심리적 안전감이 있는 환경을 만든다.

레벨 2: 휴대폰과 노트북과 같이 집중을 방해하는 것을 치우고, 상대방과 시선을 적절하게 맞춘다.

레벨 3: 상대방이 말하는 내용의 초점을 이해한다. 즉, 핵심 아이디어를 파악하고, 요점이나 문제를 명확히 하기 위해 질문을 하고, 들었던 내용을 상대방에게 그대로 다시 말해서 올바로 이해했는지 확인한다.

레벨 4: 상대방의 신체 언어, 표정, 목소리 톤과 같은 비언어적 신호에 주의를 기울인다. 젠거와 포크맨은 그들의 아티클에서 우리가 소통하는 것의 약 80%가 이러한 것에서 비롯된다고 했다. 즉, 귀로만 듣는 것이 아니라, 눈으로 듣는 것이다.

레벨 5: 상대방의 감정과 느낌을 이해하고, 그것을 인정한다. 이것은 공감이 작용하는 곳이다.

레벨 6: 상대방이 새로운 관점을 보게 하거나 그들이 가지고 있는 가정에 도전할 수 있도록 좋은 질문을 한다. 경청자로서 대화를 그저 이어받는 것만 하지 않는 것이 중요하다.

리더는 이 6단계를 가능한 한 자주 실천해야 한다. 회의에서나 다른 사람과 대화를 한 후, 체크해 보고 이 6단계를 지켜서 했는지 확인해 본다. 제대로 못했다면, 어떤 것을 빠뜨렸는지, 왜 그랬는지, 앞으로 어떻게 할 수 있는지 자문해 보라.

물론 경청을 잘하는 것은 대단히 중요하지만, 절반에 불과하다. 나머지 절반은 의사 전달에 관한 것이다. 데이비드 넬름스(David Nelms)는 디스커버 파이낸셜(Discover Financial) 전 CEO로 2019년에 은퇴하기 전까지 20년 동안 다양한 역할로 회사를 이끌었다. 그는 다음과 같이 말했다:

　　새로운 의사 전달 방식에 적응하지 못하는 리더는 결코 듣지 못할 것이다. 우리는 예전과 같은 방식으로 정보를 얻고 공유하지 않는다. 우리가 소통해야 하는 다양한 도구와 다양한 채널을 통해 전달하는 방법을 이해하는 것은 필수적이며, 전달하는 채널의 수가 증가함에 따라 이 스킬은 더욱 가치있게 될 것이다.

　　CEO였을 때, 그는 직원들과 끊임없이 소통했다. 그는 17,000명의 모든 직원을 대상으로 실시간 비디오 자료를 통해 정기적인 Q&A 미팅과 연례 로드쇼를 주최했다. 그는 또 직원들이 다양한 주제의 대화에 참여할 수 있도록 정기적으로 블로그에 의견을 제시했다. 그가 직원들과 직접 대화하는 것은 드문 일이 아니었다. 그는 매월 고객 의견 수렴 미팅을 주최하여 고객들의 요청을 청취한 다음, 그 해결을 위한 실행 계획을 수립했다. 그의 리더십 스타일의 대부분은 끊임없는 소통을 중심으로 이루어졌으며, 이것이 그가 성공적인 CEO가 될 수 있도록 했던 이유였다.

　　새로운 형태의 소통 방법에 적응한다는 것은 이전의 소통 방법도 잊지 않는다는 것을 의미하기도 한다! 예를 들어 아마존은 파워 포인트가 없는 문화가 있다. 대신, 무언가를 발표하거나 공유하기를 원하는 직원은 자신의 관점과 그 장단점을 명확히 설명하는 6페이지의 문서를 작성해야 한다. 모든 회의의 처음 30분 동안은 이 문서를 함께 읽는 데 사용된다. 아마존은 이것이 직원들이 한 방향이 되게 하고, 사람이 동일한 정보에 접근하고, 그것을 읽도록 보장하며, 모든 사람들이 자신이 만든 문서의 내용을 읽는다는 사실을 알고 있기 때문에 문서 작성자를 기분 좋게 한다는 것을 발견했다. 아마존에서 일한다면, 서면 소통 스킬이 최고 수준이 될 것이다; 이모티콘과 문자 메시지의 달인만이 될 수는 없다!

120,000명의 직원이 있는 프랑스 IT 회사 아토스 오리진(Atos Origin)의 CEO인 티에리 브르통(Thierry Breton)은 이메일을 완전히 금지하고, 내부 협업 도구로 대체하기를 원했다. 이는 직원들이 업무, 의사 소통 및 공동 작업 방식에 능통해야 한다는 것을 의미했다. 트위터(Twitter)와 스퀘어(Square)의 CEO인 잭 도시(Jack Dorsey)는 두 명 이상이 만나면, 한 사람이 메모를 작성하여 스퀘어의 다른 모든 관심 있는 직원과 공유해야 한다는 독특한 정책을 가지고 있다. 거기에 있는 직원들은 회의에 참석하지 않은 사람들도 따라갈 수 있도록 요약과 요점을 작성하거나 입력하는 데 탁월해야 한다.

리더로서 다른 사람과 대화할 때, 다음과 같은 질문을 하라:

◆ 정보를 수집하기 위해 사용하는 가장 좋은 채널은 무엇인가?

◆ 자신의 소통 방식에 대해 주변 사람들은 어떻게 느끼고 있는가?

◆ 명확하고, 개방적이며, 열정적이며, 겸손한 방식으로 소통하고 있는가? 자신은 인간적인가?

◆ 자신이 다른 사람들과 소통하는 방식과 동일하게 누군가가 자신과 소통을 했다면 어떨 것 같은가?

경청과 의사 전달은 시대를 초월한 리더십 스킬이다. 통역사는 그것을 실천하는 방법을 알고 있을뿐만 아니라, 경청과 의사 전달 방법과 채널이 진화함에 따라 적응할 수 있어야 한다.

코치

20장
코치의 스킬

모 든 스포츠에서 세계 최고의 코치 중 한 명으로 간주되며, "웨스트우드의 마법사(Wizard of Westwood)"라 불리는 사람을 아는가? 존 우든(John Wooden)은 12년 동안 전례없는 7연승을 포함하여, 팀을 10번의 NCAA 챔피언십으로 이끈 유명한 UCLA 농구 코치였다. 그는 1910년 10월 14일 인디애나에서 태어났다. 그의 가족은 수도와 전기가 없는 농장에서 살았다.

고등학교 졸업 후, 그는 퍼듀대학교(Purdue University)에서 영어를 공부하며 농구 선수 생활을 성공적으로 병행했다. 보스턴 셀틱스(Boston Celtics) 프로팀 자리를 제공 받았지만, 그는 거절했다.

대학 졸업 후, 그는 프로로 전향하여 인디애나폴리스 카우츠키(Indianapolis Kautskys, 후에 Indianapolis Jets로 변경) 선수로 활동하다가 제 2차 세계 대전 중 해군에 입대했다. 제대 후 그는 데이턴 고등학교(Dayton High School)와 사우스벤드 중앙 고등학교(South Bend Central High School)를 포함하여 몇 군데 코치를 했다. 결국 그는 인디애나 주립대학에서 직업 코치를 시작했고, 그의 명성은 인디애나 대학 농구 대회에서 타이틀을 획득 한 후, 점차 알려지기 시작했다. 1948-49 시즌 동안, 그는 UCLA 역사상 네 번째 농구 코치로 고용되어 그곳에서 역사를 창조했다. 그가 은퇴할 때 UCLA에서 코치로서의 기록은 620승 147패였다.

그는 2010년 6월 4일, 99세의 나이로 세상을 떠났다. 그는 탁월한 코치만이 아니었다; 탁월한 리더였다.

미래의 리더는 탁월한 코치가 되어야 한다. 즉, 직원들을 동기 부여하고, 몰입 시키고, 영감을 주는 방법을 알고 있을뿐만 아니라, 다른 리더를 육성할 수 있어야 한다. 세대와 문화를 포괄하여 효과적인 팀을 구성하고, 리드할 수 있어야 한다.

최근 한 연구에서 대규모 에너지 회사 내부의 1,884명의 리더를 조사했다. 리더의 상사, 동료, 직원들이 리더의 코칭 스킬을 평가하도록 했다. 그들은 리더의 코칭 효과와 팀의 생산성 사이에 직접적인 상관 관계를 발견했다. 특히 더 좋은 코치는 더 많은 일을 할 의사가 있는 직원이 3배 더 많다는 것이다. 뿐만 아니라, 코칭 효과에 있어서도 상위 10%인 리더들은 상위 12%에 해당하는 직원 헌신도 점수를 받았다. 하지만 그 반대도 마찬가지였다. 하위 10%에 있는 리더의 직원들은 하위 15%의 헌신도를 가지고 있었다(Folkman, 2015).

"나는 리더를 코치, 지휘자, 즉 많은 사람들의 노력을 조율하는 사람으로 본다. 리더십이 1인 쇼라고 생각하는 사람들이 이해가 되지 않는다." 내가 전 세계에 60,000명 이상의 직원이 있는 이탈리아 통신 회사인 이탈리아 텔레콤(Telecom Italia) CEO인 루이지 구비토시(Luigi Gubitosi)로부터 들었던 말이다.

많은 사람들은 코칭이 조직에서 신입 또는 문제가 있는 직원들을 위한 것이라고 생각한다. 그러나 많은 CEO들이 감성 지능에서부터 리더십, 비즈니스 전반에 이르기까지 다양한 주제와 관련하여 적극적으로 코칭을 받고 있다는 말을 듣고, 나는 놀랐다. 우리는 모두 코치와 함께 하면 더 나아질 수 있다. 나는 수년 동안 체스를 했지만, 최근에야 코칭을 받기 시작했고, 나의 실력이 꽤 향상되었다. 마찬가지로, 훌륭한 운동 선수나 비즈니스 리더가 코칭과 멘토링을 받지 않는 경우는 많지 않은 것 같다.

데이비드 바이다(David Baida)는 약 30,000명의 직원이 있는 바다야 홈 헬스 케어(Bayada Home Health Care) CEO이다. 그는 직원들로부터 2019년 글래스도어의 최고 CEO 중 한 명으로 뽑혔다. 그와 이야기를 나눈 후, 그 이유를 알았다. 그는 전체 직원이 서로를 코칭하고 지원할 수 있도록 함으로써 코칭 스킬을 전파한다. 인터뷰에서 그는 다음과 같이 말했다:

> 적재적소에 사람들을 배치하고, 그들이 성공할 수 있도록 능력을 적극적으로 코칭하고 지원하는 것은 내가 매일 하는 일이다. 직원들이 서로 코칭하도록 격려하기 위해 우리는 금주의 주요 활동이라는 새로운 제도를 만들었다. 매주 목요일 오전 8시 30분~8시 45분에 전국 각지에서 직원들이 모여 우리의 핵심 가치인 바다야 웨이(Bayada Way) 15가지 핵심 행동 중 하나에 대해 토론한다. 단순한 활동이지만, 직원들이 기본 문화에 대해 동일하게 생각하고, 사례를 공유하고, 그 가치에 대해 서로 코칭하고, '핵심 가치'에 따라 생활할 때, 우리의 목적이 달성된다.

책 앞부분에서 만난 이탈리아 에너지 회사인 에넬(Enel)은 코칭을 리더십 전략의 핵심으로 만들고 있다. 많은 조직과 마찬가지로, 그들은 지시 통제 방식에서 리더와 직원 간의 상호 성장을 지향하는 열린 리더십에 초점을 맞춘 방식으로 바꾸는 것이 중요하다는 것을 깨달았다. 그들은 2017년에 전 세계 1,300명 이상의 관리자와 7,000명의 직반장이 참여하는 '리더에서 코치로'라는 프로그램을 시작했다.

그 이후로 그들은 회사 내에서 공인 코치를 양성하여 그 프로그램을 더욱 확장했다. 이 사람들은 집중 교육 프로그램을 수료하고, 코칭 전문가로 활동한다. 그들은 또한 직원들이 코칭 방법을 습득하고, 스스로 더 나은 코치가 될 수 있도록 하는 일련의 교육 및 역량 개발 세션인 아이-코치(I-coach)를 시작했다. 지금까지 500명 이상의 직원이 참여한 15개의 세션이 진행되었다. 에넬의 큰 그림은 직원들의 역할이나 직급에 관계없이 모든 직원에게 이 프로그램을 제공하는 것이다. 이는 코칭이 직원들의 잠재력을 높이고, 자신이 현재 어떤 사람이냐가 아닌, 앞으로 어떤 사람이 될 수 있는지를 발견하는 데 도움이 된다고 생각하기 때문이다.

직원들을 동기 부여하고, 몰입시키고, 영감을 준다

뛰어난 리더는 직원들에게 무엇을 해야 하는지만 말하지 않는다; 직원들이 실제로 하고 싶도록 만든다. 말하자면, "직원들이 잘 하도록 촉구"할 수 있는 능력은 미래의 리더에게(물론 현재의 리더에게도) 중요한 스킬이다. 아마도 습득하기 가장 어려운 것일 수도 있다. 동기부여, 몰입 및 영감은 서로 관련이 있지만, 같은 것이 아니다. 동기 부여란 일반적으로 인센티브를 제공하여 누군가가 특정 방식으로 행동하도록 하는 것을 의미한다; 이것은 종종 "밀기(push)"라고 한다. 몰입시키기는 누군가의 관심과 노력을 유지할 수 있도록 하는 것을 의미한다. 나는 이것을 "유지시키기(sustaining)"이라고 하고 싶다. 마지막으로, 영감을 주기가 있다. 즉, 누군가에게 무언가를 하려는 욕구나 능력을 부여해서 긍정적인 느낌으로 움직이게 할 수 있는 것을 의미한다. 이를 "당기기(pull)"이라고도 했다(도표 20.1 참조).

종합하면, 이것들은 리더로서 직원들이 특정 방향으로 움직이게 할 수 있다는 것을 의미하고, 그 방향으로 계속 움직이기 위해 그들의 주의와 집중을 지속하게 할 수 있으며, 그들이 원해서 하도록 만들 수 있다는 것을 의미하는 강력한 삼중 효과이다. 이 3가지는 각각 가지고 있어야 할 중요한 스킬이지만, 함께 발휘하면 강력한 리더십을 만들어 줄 것이다.

동기를 부여한다

사람들의 관심과 가치를 이해하지 않으면, 동기를 부여할 수 없다. 그리고 모

든 사람이 동일한 것에 관심과 가치를 두지는 않는다. 어떤 직원들은 돈으로
동기를 부여 받을 수 있다. 사실, 더 큰 보너스나 급여에 대한 생각에 의해 경
쟁의식이 높아지고 열정을 갖게 되는 것은 영업 직원에게는 일반적일 수 있
다. 반면에 칭찬이나 인정으로 동기 부여를 더 많이 받는 직원이 있을 수도
있다. 더 큰 보너스를 받는 대신, 이 직원들은 자신이 한 업무를 자기 상사가
인정해 주고 있다는 것을 알고 싶어한다. 이것은 회의에서 그들을 칭찬하거
나, 함께 점심을 먹으러 가거나, 그들 자리에 가서 그들의 공헌에 얼마나 감
사하는지 알려주는 것을 의미할 수도 있다. 아마도 또 어떤 직원들은 마감 기
한이 있을 때 동기 부여를 더 많이 받는다. 일부 직원은 어느 정도의 압박이
있을 때 정말로 노력한다; 최적의 수준에서 성과를 창출하려면 아드레날린이
필요하다.

직원들에게 동기를 부여하는 많은 것들이 있으며, 리더로서 당신의 업무
중 일부는 그러한 것들이 무엇인지 파악하는 것이다. 서던 캘리포니아 대학

리더가 직원 잠재력을 발휘할 수 있게 하는 3가지 방법

밀다
동기 부여

유지하다
몰입

당기다
영감

JACOB MORGAN
© thefutureorganization.com

도표 20.1 리더가 직원들 잠재력을 발휘할 수 있게 하는 3가지 방법.

심리학 및 기술 명예 교수인 리처드 클라크(Richard E. Clark)와 챈 저크버그 이니셔티브(Chan Zuckerberg Initiative)의 학습 과학 부사장인 브로 삭스버그(Bror Saxberg)가 수행한 최근 연구에 따르면, 리더가 가장 잘 빠지는 일반적인 함정 중에 하나가 있다; 리더들은 자신을 동기 부여하는 요인이 직원들에게도 마찬가지로 동기를 부여할 것이라고 생각한다(Clark, 2019). 불행히도, 갤럽(Gallup)이 실시한 연구에 따르면, 조직에서 현재 사용하는 동기 부여 방식이 성과로 이어진다는 것에 직원 20%만이 동의한다(Wigert, 2017). 여기에는 분명히 개선의 여지가 많이 있다. 이것은 AI가 당신을 위해 할 수 있는 일이 아니다; 근로자가 아니라 개인으로서, 당신이 이끌고 있는 직원들의 동기 부여 요인을 파악하는 것은 리더의 책임이다. 첫 데이트에서 또는 새로운 친구를 만날 때 누군가를 어떻게 파악했는지 생각해 보라. 여기에도 동일한 접근 방식이 적용된다.

영감을 준다

보상 때문이 아니라, 자신의 갈망 때문에 진정으로 무언가를 하고 싶어하는 사람들의 타오르는 열정에 어떻게 연료를 공급할 것인가? 하버드 경영대학원은 최근 50,000명의 리더로부터 데이터를 수집했으며, 영감을 주는 능력이 가장 중요한 역량 중 하나라는 사실을 발견했다. 이는 최고의 리더와 보통 리더들을 구분하는 것이고, 직원들이 리더로부터 가장 원하는 것이며, 최고 수준의 몰입을 창출하는 것이다. IBM은 최근 64개국에서 1,700명의 CEO를 대상으로 설문 조사를 실시했는데, 가장 중요한 리더십 특성 중 하나는 영감을 주는 능력이라는 것을 발견했다(Levin, 2017).

수년에 걸쳐 젠거/포그맨(Zenger/Folkman)은 전 세계 수천 명의 리더를 조사했다. 영감을 주는 리더가 하는 일을 이해하기 위해 "높은 성과를 창출하도록 영감을 주고 동기를 부여한다"라는 역량에서 가장 높은 점수를 받은 1,000명의 리더를 살펴 보았다. 그들의 연구는 몇 가지 흥미로운 통찰력을 보여 준다. 영감을 주는 리더는 유형과 무형, 두 가지를 결합한다. 유형에는 다른 사람들과의 고도로 협업적인 활동에 참여하고, 창의적으로 사고하는 것을 장려하고, 직원 육성에 시간을 보내는 것과 같은 것이 포함된다. 무형에는 팀원들과 감정적인 관계를 맺고, 변화의 챔피언이 되고, 효과적인 의사 소통자가 되는 것 등이 있는데, 이 책에서 논의된 개념과 아이디어가 포함되었다. 우리 모두는 "적을 수록 더 좋다(less is more)"라는 말을 들어 봤지만, 젠거/포크맨의 연구에 따르면, 영감을 주는 리더가 되기 위해서는 그 반대가 사실이다. "더 많을 수록 더 좋다"(Zenger and Folkman, 2015).

2,000명의 직원을 대상으로 베인 앤 컴퍼니가 실시한 조사에 따르면, 영감을 주는 능력에 있어 33가지 특성이 중요한 것으로 나타났다. 여기에는 공감, 겸손, 경청 및 자기 인식과 같은 이 책에서 언급한 사항들이 포함된다. 그러나 그들이 찾은 가장 중요한 속성은 "집중(centeredness)"으로, 그들은 당신이 '지금 여기'에 온전히 있도록 하는 마음 챙김의 상태(a state of greater mindfulness)로 정의했다(Horwitch and Callahan, 2016). 이것은 다른 사람들과 공감하고, 스트레스를 관리하고, 신중함을 유지하는 데 도움이 된다. 전 세계의 조직이 모든 직급의 리더와 직원이 자신의 감정을 더 잘 관리할 수 있도록 하는 마음 챙김 프로그램에 많은 투자를 하고 있는 것은 당연하다. 컨설팅 회사 베인(Bain)에 따르면 영감을 받은 직원은 단순히 "만족"하는 직원보다 생산성이 두 배 이상 높았다.

페드로 파렌테(Pedro Parente)는 전 세계적으로 90,000명 이상의 직원이 있는 브라질 육류회사 BRF의 이사회 회장이자, 전 CEO이다. 토론 중에 그는 다음과 같이 말했다:

> 조직에서 더 오래 지속되는 좋은 결과를 얻으려면, 영감을 주는 리더가 되어야 한다. 얼마 전까지만 해도 기업은 관점과 기준을 부과하고, 하향식 지시를 통해 일을 함으로써 결과를 달성하고 가치를 창출할 수 있었다. 우리의 현실은 극적으로 바뀌었고,

오늘날 장기적인 성과는, 변화할 수 있고 충분히 빠르게 적응하며 가치 기반의 문화를 구축할 수 있는 조직에서 창출된다. 이러한 가치를 회사의 다양한 이해관계자들과 소통하고 연결하는 것은 모든 조직에서 리더의 가장 중요한 역할 중 하나이며, 투명성, 진실성, 가치를 통해서만 가능하다고 믿는다. 사람들에게 무엇을 해야 하는지 또는 최선의 방법을 말하는 것은 더 이상 효과가 없다. 리더로서 우리는, 직원들이 주주, 고객 또는 기타 이해관계자와의 다양한 역할 속에서도 우리 조직의 일원이 되고 싶도록 하기 위해서, 가치를 통해 이끌어야 한다. 그것이 영감을 주는 리더가 목표로 해야 한다고 생각한다.

좋은 소식은 이 책에 설명된 다른 스킬과 사고방식을 수용함으로써 본질적으로 영감을 주는 리더가 될 수 있다는 것이다.

몰입시킨다

수십 년 동안 전 세계의 리더들은 직원 몰입 프로그램에 투자해 왔지만, 전반적인 점수는 여전히 끔찍하다. 갤럽(Gallup)의 연구에 따르면, 전 세계 근로자의 85%가 업무에 몰입하지 않거나 적극적으로 업무를 태만히 하여 연간 7조 달러 이상의 생산성 손실을 초래하고 있다(Harter, 2017). 우리가 몰입에 많은 시간과 노력을 쏟는다면, 이러한 수치가 개선될 것이라고 생각하고 있지만, 그렇지 않은 경우 어떻게 되겠는가? 효과 없는 일을 계속 반복하면서 더 좋은 결과를 기대하는 것이다.

이전 저서인 '직원 경험의 이점(The Employee Experience Advantage)'에서 나는 전 세계 252개 조직을 살펴보고, 세계 최고의 기업이 직원들의 몰입도를 높이는 방법을 알아냈다. 몰입은 결과이지만, 몰입하는 직원들의 입장에서는 직원 경험이다. 우리는 단지 잘못된 것에 초점을 맞추고 측정을 했다. 직원 경험은 리더가 관리할 수 있는 세 가지 환경의 조합이다:

◆ 기술: 직원 경험의 30%를 차지하며, 직원이 업무를 수행하는 데 사용하는 도구, 소프트웨어, 장비, 하드웨어 및 앱 등이 포함된다.

◆ 물리적 공간: 직원 경험의 30%를 차지하며, 직원들이 일하는 환경과 공간을 의미한다.

◆ 조직 문화: 직원 경험의 40%를 차지하며, 직원들이 실제로 조직을 위해 일하는 것에 대한 느낌에 관한 것이다.

내 연구에 따르면, 이것을 이해하고 실천한 기업은 수익성과 생산성이 4배 이상 높았으며, 전반적으로 더 성공적이었다. 갤럽에 따르면, 리더는 직원 몰입도의 70%에 영향을 미친다(Beck and Harter, 2015). 앞에서 전 세계 거의 모든 직원이 업무에 몰입하지 않는다고 이야기했던 것을 상기해 보자.

미래의 리더를 육성한다

대부분의 사람들은 리더가 단순히 더 많은 직원을 육성한다고 생각하지만, 리더가 할 수 있는 가장 중요한 일 중 하나는 실제로 다른 리더를 육성하는 것이다. 나는 리더가 직원들을 자기보다 더 성공할 수 있도록 돕는 것이 자기 일이라는 신념을 가지고 직장에 와야 한다고 말해 왔다. 이 믿음은 리더가 하는 조치와 리더가 보여주는 행동을 가이드할 것이다. 다트머스 대학의 터크 경영대학원 교수인 시드니 핀켈스타인(Sydney Finkelstein)은 무엇이 "슈퍼상사(superboss)"를 만드는지를 알아내기 위해 10년을 보냈고, 200회 이상의 인터뷰를 했다. 그는 축구 코치인 빌 월시(Bill Walsh), 오라클 회장 겸 CTO 래리 엘리슨(Larry Ellison), 요리사 겸 식당가인 앨리스 워터스(Alice Waters), 텔레비전 프로듀서 론 마이클스(Lorne Michaels), 패션 디자이너 랄프 로렌(Ralph Lauren)과 같은 리더들과 이야기를 나눴다. 핀켈스타인 교수는 뭔가 이상한 점을 발견했다. 어떤 산업 분야에서든 상위 10명을 봤을 때, 그는 그들 중 절반 이상이 어느 시점에서 자기와 비슷한 상사와 함께 일했다는 것을 알았다. 즉, 이들 리더들을 진정으로 위대하게 만드는 것 중 하나는 그들이 겪은 '리더'이며, 그 상사가 지금의 그들을 만들었다는 사실이다.

교육은 이것을 달성하는 강력한 방법이지만, 교육은 업무 관련 내용과 활동에 초점을 맞추는 것 이상으로 확장된다. 우든 코치를 그토록 훌륭하게 만든 것 중 하나는 그가 과정에 집중했고, 실제로 우승에 대해서는 거의 이야기하지 않았다는 것이다. 그는 선수들이 성품을 키우고, 무엇보다도 좋은 인간이 되기를 원했고, 이는 결국 훌륭한 농구 선수를 만들었다. 우든 코치는 "당신의 성품이 진짜 당신이고, 당신의 명성은 단지 다른 사람들이 당신을 생각하는 것이므로, 당신의 명성보다 당신의 성품에 더 관심을 기울여야 한다"라고 강조했다(Wooden, n.d.).

우든 코치는 스킬, 자신감, 주도성, 우정, 열정, 충성 등을 포함하는 15개 블록으로 구성된 "성공의 피라미드"를 개발했다. 그는 리더들에게 이 15개의 블록을 가르쳐 그들이 성공할 수 있도록 돕고 있다.

리차드 앨리슨(Richard Allison)은 400,000명 이상의 프랜차이즈와 직원이 있는 피자 레스토랑 체인 도미노(Domino's) CEO이다. 토론하는 동안 그는 우리가 오늘날 비즈니스에서 보고 있는 매우 분명한 변화와 계속적인 성장을 위해서 해야 할 것을 정확히 찾아 냈다. "우리는 직원들을 위한 매력적인 기회를 만들고 있으며, 시간이 지나면서 그들의 성장과 발전에 투자하고 있는지 확실히 해야 한다. 예전에는 직원들의 충성심은 기본이었다. 그러나 이제는 충성심을 얻어 내야 한다. 다른 리더를 육성하는 데 집중하는 것보다 충성도를 높일 수 있는 더 좋은 방법이 있을까? "

이 책의 앞부분에서 언급된 연구에 따르면, 전 세계의 조직에는 미래에 대비한 리더를 육성하기 위한 노력이 많지 않다. 초임 관리자의 평균 연령이 얼마라고 생각하는가? 그리고 리더십 개발 프로그램에 참여하는 리더들의 평균 연령은 몇 살일까? 연구에 의하면, 이 숫자는 각각 30세와 42세이다. 예를 들어, 미국의 리더들은 평균 나이가 45세가 조금 넘는다. 처음 이 수치를 접했을 때, 나는 '농담일거야'라고 생각했었다. 대부분의 사람들이 중년이 될 때까지 리더십 개발 프로그램을 받지 않는 이유는 무엇인가? 거의 40%의 관리자가 40세에서 50세 사이에 리더십 교육을 받는다. 훌륭한 리더가 부족한 것은 당연하다. 단순히 말해서, 우리는 리더를 육성하지 않고 있다. 비유하자면, 전성기를 훨씬 넘은 40대 프로 선수를 처음 코치에게 데려가는 것과 같다.

2016년 터키의 대기업인 코크 그룹(Koç Group)은 24개 이상의 자회사를 포괄하는 디지털 혁신 프로그램을 시작했다. 이 프로그램의 목표는 오늘날 우리가 보고 있는 다양한 기술 개발을 활용하여 디지털 미래에서 번창하는 것이다.

레벤트 카키로글루(Levent Çakıroğlu)는 코크 홀딩스(Koç Holdings)의 CEO이다. 전 세계적으로 약 100,000명의 직원이 근무하고 있다. 그는 현재와 미래의 적합한 리더가 준비되어 있지 않으면, 아무 것도 가능하지 않다고 믿고 있다. 그는 "인적 자원은 우리의 장기적인 변화의 핵심이다. 나의 가장 큰 책임은 우리 그룹을 미래로 이끌 글로벌 리더를 육성하는 것이다. 따라서 나는 디지털 혁신의 중심에 기술이 아닌 사람을 두고 있다."라고 말했다.

그 일환으로, 코크 그룹(Koç Group)은 개인 역량 개발 및 온라인 학습에서부터 리더십 한계를 테스트하는 생존 훈련 및 코칭에 이르기까지 많은 것을 교육하는 리더를 위한 역량개발 프로그램을 실시한다. 지금까지 200명 이상의 리더가 이 프로그램을 수료했다.

경영 컨설팅 회사인 베인(Bain)은 타이거 팀(Tiger team)으로 알려진 미래의 리더를 만들기 위한 독특한 방법을 개발했다. 매니 마케다(Manny Maceda)는 베인의 글로벌 담당 파트너(CEO)이다. 그는 직원들에게 코칭을 하고 있었지만, 자신이 코칭을 하는 사람보다 코칭을 받을 사람들이 더 많다는 것을 금방 깨달았다. 그래서 베인은 직원들이 매니 마케다 또는 다른 파트너에게 지도, 조언 및 코칭을 요청할 수 있도록 "핫라인 대응 팀(hotline response team)"을 만들었다. 직원은 제약 없이 원하는 만큼 자주 이용할 수 있다. 이렇게 하면, 매니 자신뿐만 아니라, 베인의 다른 파트너도 리더를 육성할 수 있다. 그에 따르면:

코칭은 나를 우리의 가장 복잡한 고객 상황에 더 가깝게 있게 하고, 다음 세대의 파트너와 나를 연결하는 데 도움이 되기 때문에 믿을 수 없을 정도로 활력이 넘치게 한다. 이러한 견습 정신은 베인 DNA의 핵심이며, 우리 직원들이 일하기 좋은 곳이라고 말하는 이유이다. 동시에 더 많은 고객에게 더 큰 영향을 미칠 수 있는 방법에 대한 기준이 더 높아졌다고 생각한다.

리더는 자기 조직을 넘어 다른 리더를 육성는 것에 대해서도 생각해야 한다. 미국 손해보험회사 올스테이트(Allstate Corporation) CEO인 톰 윌슨(Tom Wilson)은 현재와 미래의 기업이 사회에서 이익을 창출하고, 고객에게 봉사하고, 일자리를 창출하고, 지역 사회를 강화하는 4가지 역할이 있다고 믿는다. 이를 위해서는 리더십이 중요하다. 사실 그에게 2030년의 리더 양성을 위해 노력하는 것은 개인적인 열정이다. 올스테이트는 청소년 역량 강화와 WE Schools라는 프로그램을 통해 학생들이 자원 봉사를 할 수 있도록 많은 일을 한다. 중학교부터 고등학교 저 학년까지의 학생들은 괴롭힘 방지를 위한 모금, 환경 운동, 빵 판매를 하는 등 많은 활동을 한다. 중요한 것은 이 학생들이 자원 봉사를 하고, 서비스 기반 학습을 하고 있다는 것이다. 많은 올스테이트 직원들도 WE School에서 자원 봉사를 한다. 가장 훌륭한 점은 CEO와 올스테이트가 이 프로그램으로부터 직접 혜택을 보는 것이 없다는 것이다. 그들은 사회 전체에서 더 나은 리더를 육성하기 위해 그것을 한다. 톰 윌슨에 따르면, 그것은 사회에 훌륭한 리더를 확보하기 위해 그가 하는 일 중 하나이다. 올스테이트는 이 프로그램에 자금을 지원할뿐만 아니라, 그는 개인적으로 다른 후원자 모집을 도와주고 있다.

스코틀랜드 왕립은행(Royal Bank of Scotland)은 전 세계에 약 80,000명의 직원이 있으며, 미래의 리더를 육성하는 것이 최우선 과제 중 하나이다. CEO인 로스 맥이완(Ross McEwan)은 다음과 같이 말했다:

우리는 현재와 미래의 비즈니스 세계를 운영하는 데 필요하다고 생각하는 리더와 직원들의 핵심 역량을 정의했다. 우리는 중요한 인적 역량에 대비하여 리더와 직원들의 역량을 개발하기 시작했으며, 이에 대응한 채용도 시작했다. 이미 선발된 리더를 위해 역량 개발 체계도 구축했다. 조직 내에서 이러한 역량을 충분히 보유한 것으로 나타난 미래의 인재를 파악했으며, 이들에게 전략과 조직 문화에 영향을 미칠 수 있는 기회를 제공하고 있다. 동시에 우리는 견습생과 인턴을 채용하고, 스킬과 경험을 공유하기 위해 리버스 멘토링을 시작했다.

내가 함께 일했던 회사 중 미래의 리더를 위해 이와 같이 체계적인 방법으로 하는 기업은 많지 않았다. 그는 사업의 미래가 앞으로 적합한 인재를 확보하기 위해 회사가 지금 하는 일에 달려 있다는 것을 알고 있었다.

세대와 문화를 포용해서 리드한다

우리의 근로자들은 그 어느 때 보다 역동적으로 변하고 있으며, 이는 좋은 일이기는 하지만 동질적인 팀에 익숙한 리더들에게 도전을 안겨준다. 나는 최근 전 세계 수천 명의 직원이 있는 우주 항공 및 방위 회사의 경영자들 대상으로 강의를 했다. 내 강의에 참석한 경영자들은 250명 정도 되었다. 그들이 동질적이라는 이야기를 사전에 들었지만, 얼마나 동질적인지 몰랐다! 강단에 올라 방을 둘러 보았더니 양복을 입은 중년 남자들만 보였다. 뿐만 아니라 그들이 입었던 양복과 셔츠는 모두 검정 아니면 청색이었다. 이것이 전 세계의 많은 경영자들의 모습이다. 강연이 끝날 때 쯤, 조금 가벼운 말을 하기 위해 나는 그들에게 "여러분 왜 모두 비슷한 정장을 입고 있지요?"라고 물었다. 그들은 자동차 헤드 라이트에 마주친 사슴처럼 나를 보며, 입을 모아 "모르겠다"고 말했다. 아마도 몇 년 안에 이 같은 모습은 줄어들게 될 것이다.

다양한 세대와 문화에 걸쳐 일하는 것에 대한 연구는 방대하고 매우 설득력이 있다. 네덜란드에 본사를 둔 글로벌 HR 컨설팅 기업인 랜드스타드(Randstad)의 최근 연구에 따르면, 근로자의 87%는 다양한 세대의 근로자가 혁신과 문제 해결을 촉진한다고 믿고, 90%의 근로자는 다양한 연령대의 동료를 선호하며, 여러 세대가 있는 직장이 모든 사람에게 이익이 된다고 생각한다(Randstad, 2018). 포브스(Forbes)가 발표한 또 다른 연구에 따르면, 다양한 팀이 내린 의사 결정과 실행이 60% 더 나은 결과를 창출했다. 동일한 연구에서, 다양한 연령과 지리적 위치를 포함하는 팀이 87% 더 나은 의사 결정을 하는 것으로 나타났다(Larson, 2017). 보스턴 컨설팅 그룹은 또 이에 대해 조사한 결과 경영진의 다양성이 평균 이상인 기업이 평균 이하인 기업보다 수익이 19% 더 높다는 것을 발견했다(Lorenzo et al, 2018). 마지막으로 맥킨지는 연구에서 경영진의 인종 및 문화적 다양성에서 상위 25% 안에 있는 조직이 업계 최고의 수익을 가질 가능성이 33% 더 높다는 것을 발견했다(McKinsey, 2018). 여러 세대와 문화에 걸쳐서 일할 수 있다는 것은 단순히 할 수 있는 좋은 일이 아니다. 이것은 리더로서의 성공 또는 실패를 결정하는 중요한 요소 중 하나이다.

 세바스챤 바징(Sébastien Bazin)은 서비스 그룹인 아코르 호텔(AccorHotels) CEO이다. 전 세계에 약 300,000명의 직원이 있다. 그는 다양성이 절대적으로 중요하다고 믿는다:

> 미래 리더의 한 가지 특징은 다양한 연령과 배경을 가진 사람들과 함께 일할 수 있는 능력이다. 예를 들어 밀레니얼 세대는 약 20년 전에 직장에 나타나기 시작한 이래로 직장을 바꾸어 왔다. 자율성과 유연성을 갈망하는 밀레니얼 세대는 새로운 개념, 새로운 기술 등에 대해 더 자신감 있고, 적응력이 뛰어난 경향이 있다. 고령 직원들은 이러한 신입 사원들에게 산업/회사에 대한 지

식, 대인관계 스킬, 실패에 대처하는 방법 등 많은 것을 가르쳐야 한다. 미래의 리더로서 당신은 사람들이 몇 살인지, 어디서 왔는 지, 무엇을 믿는지, 어떤 성별인지에 관계없이 그 사람들과 함께 일할 수 있어야 한다.

이 책의 앞부분에서 언급했듯이 맥킨지는 향후 10년 동안 전 세계 노동 인구가 35억 명에 이를 것이라고 예측한다. 많은 사람들은 오늘날과 같이 미래에도 숙련된 인력이 크게 부족할 것이라고 믿는다. 이는 특히 우리가 더욱 글로벌화 되고 기술적으로 연결됨에 따라, 리더가 매우 다양한 인력을 이끌 것으로 기대해야 함을 의미한다. 오늘날 대부분의 조직은 다양한 세대의 직원으로 구성된다. 다양한 직원들 요구는 또 리더가 팀의 구성과 운영 방식을 바꾸도록 강요하고 있다. 이것은 앞서 살펴본 글로벌 시민의 사고방식을 수용하는 것과 밀접한 관련이 있다.

우리는 문화, 세대, 배경, 종교 또는 그 밖의 무엇을 보든, 우리를 비슷하게 만드는 것보다 우리를 다르게 하는 것에 집중하는 경향이 있다. 우리 머릿속에는 다양한 고정관념과 편견이 있으며, 이를 없애는 법을 배워야 한다. 예를 들어, '모든 밀레니얼 세대는 자격이 있고 게으른 반면, 모든 고령 근로자는 기술적으로 무능하고 업무 관행에서 구식이다.' 이러한 편견은 당신을 어려움에 빠뜨릴 수 있다.

리더는 모든 면에서 다른 사람들과 편안하게 일할 수 있어야 한다.

MBA 학생과 외국 국적자를 대상으로 한 MIT 연구에서, 연구원들은 고국으로 돌아온 후 미국에서 사귄 친구와 정기적으로 연락을 하는 전문가들이 더 혁신적이고 기업가적인 경향이 있음을 발견했다. 그들은 또한 문화적 학습이 단지 표면적인 수준이 아닌 더 깊은 수준에서 이루어져야 한다는 것을 발견했다(Relihan, 2018).

코치로서 당신의 임무는 당신과 팀원들 간의 유사점과 공통점을 이해하고, 다른 사람들도 이해하도록 하는 것이다. 또 팀원들 사이에서도 그렇게 하도록 할 수 있다. 차이점을 두려워하지 말고 존중하라.

앞에서 만났던 다비타(DaVita) 헬스케어 파트너스 CEO인 켄트 시리(Kent Thiry)는 다음과 같은 말을 했다:

효과적인 리더가 되려면, 팀원을 이해하고 연령, 민족 또는 배경에 관계없이 팀원의 희망, 두려움 및 선호도와 관련시키는 것이 중요하다. 우리는 모든 팀원들이 자신의 직장을 "내가 속한 곳"으로 생각하기를 바란다. 따라서 리더는 우리의 차이점보다 유사점이 더 많다는 것을 인정하고, 각 개인이 진정 누구인지를 축하함으로써 소속감을 느낄 수 있는 환경을 조성하고 있음을 입증해야 한다.

효과적인 팀을 만든다

팀이란 무엇인가? 일반적인 해석은 무언가를 성취하기 위해 두 사람 이상이 함께 일하거나 어떤 식으로든 함께 연결된 사람이라는 것이다. 그러나 효과적인 팀은 무엇인가?

석세스(Success) 매거진의 기사에서 리더십 전문가 존 맥스월(John Maxwell)은 존 우든 팀이 승리한 이유를 설명했다. 그는 우든 코치의 가장 큰 강점 중 하나가 선수를 선발하고, 그 선수들이 잠재력을 최대한 발휘하도록 동기를 부여하는 방법에 있다고 했다. 우든이 코칭한 선수 모두가 우수한 것은 아니었다; 실제로 그는 평균적인 공격수를 많이 선발했다. 그러나 존 맥스월은 말한다. 우든은 코트에서 선수들이 성공률이 높은 곳을 알고 그 자리에 들어갈 수 있도록 플레이를 디자인한다. 즉, 그는 그들의 강점에 집중하고, 강점을 발휘하는 환경을 만들었다(Maxwell, 2017).

모든 팀이 동등하게 만들어지는 것은 아니며, 한 회사에서 작동한다고 해서 자동으로 다른 회사에서 작동한다고 가정하기 어렵다. 이것이 디즈니(Disney)가 유로 디즈니(Euro Disney)를 열었을 때 했던 실수이며, 이로 인해 많은 직원들의 이탈을 초래했다. 얼마 전 구글(Google)은 아리스토텔레스 프로젝트(Project Aristotle)라는 내부 연구를 했다. 이 연구는 조직 내 일부 팀이 다른 팀보다 더 효과적인 이유를 파악하기 위해 기획되었다. 연구 결과, 팀을 구성하는 사람들은 팀원들이 실제로 얼마나 잘 협력하는지만큼 중요하지 않다는 것이 발견되었다. 구글에서 팀의 효과성을 결정하는 가장 중요한 요소는 심리적 안전감이다. 즉, 팀원들이 주변 사람들을 신뢰한다는 의미이다. 다른 네 가지 요소는 의존 가능성, 구조 및 명확성, 의미, 그리고 영향이다(Bariso, 2018). 이것은 구글의 사례로, 당신 회사에서도 적용될 수 있지만, 그렇지 않을 수도 있을 것이다.

　예를 들어, 아마존은 그 유명한 피자 2판 규칙이라는 것을 가지고 있다. 한 팀 모두가 먹는데, 큰 피자 2판으로 부족하다면, 팀이 너무 큰 것이다. 그들은 또한 "단일 스레드 리더(single-threaded leader)"라는 관행을 가지고 있는데, 내가 시애틀에 있는 본사를 방문했을 때 들었던 것이다. 큰 의사 결정이나 프로젝트는 해당 건에만 전념하는 단일 리더를 임명하는 것이다. 일반적으로 리더는 많은 프로젝트와 많은 의사 결정들을 담당한다. 아마존에서는, 리더가 하나에 집중하는 것이 더 효과적인 팀이 되고, 더 좋은 의사 결정으로 이어진다는 것을 발견했다.

　2000년대 초, iOS 10을 개발하고, 버그를 없애고, 배포하는 데에 애플 엔지니어 600명이 2년 미만의 시간이 걸린 반면, 마이크로소프트에서는 비스타(Vista)를 개발, 배포 및 철회하는 데 10,000명이 넘는 엔지니어와 수년이 걸렸던 이유는 무엇일까? 이 팀들은 다른 방식으로 구성이 되었다. 애플 팀은 올스타 선수로 구성되었으며, 팀 단위로 보상을 받았다. 당시 마이크로소프트는 모든 팀원의 20%만이 "탁월"을 받을 수 있는 상대 평가 제도를 사용하고 있었으며, 성과는 순전히 개인 별로 얼마나 잘했는지에 따라 결정되었다(Vozza, 2017). 분명히 효과적인 팀은 큰 차이를 만들지만, 중요한 것은 팀원들

개인에 관한 것이 아니다.

　　2013년에 세상을 떠난 리차드 해크먼(J. Richard Hackman)은 하버드 대학의 사회 및 조직 심리학 교수였으며, 팀에 관한 세계적 전문가 중 한 명이었다. 그는 팀이 성공하기 위해 필요한 것이 "여건 조성(enabling conditions)"임을 발견했다(Hackman, 2004). 우리는 팀의 성공과 실패가 리더에 달려 있다고 생각하는데 때로는 그럴 수도 있지만, 팀에 영향을 미치는 것은 리더만이 아니다. 리더에게 영향을 미치는 팀 역학(team dynamics)이라는 것이 있다. 서로 협력하지 않는 팀을 맡고, 팀원들이 업무수행 능력이 없는 것처럼 보이면, 리더십 스타일이 더 지시적, 업무 지향적이 될 수 있다. 그리고 덜 인간적이게 된다. 반대로, 팀원들이 서로 열려 있고, 일을 잘하며, 의사 소통과 협력이 가능한 팀을 맡는다면, 리더십 스타일은 민주적이고, 개방적이며, 투명하고, 더 인간적일 수 있다. 즉, 해크먼 교수는 리더십이 많은 사람들이 생각하는 것처럼 일방통행이 아니라고 했다. 이것이 그가 원인 대신에 조건 개념을 주장하는 이유이다. 그의 연구에 따르면, 조건에는 5가지 요소가 있다: 실질적인 팀, 설득력 있는 방향, 생동적인 구조, 지원적인 환경, 그리고 유능한 코칭이다.

　　와튼(Wharton)의 마틴 하스(Martine Haas)와 인시아드(INSEAD)의 마크 모텐슨(Mark Mortensen)의 최근 연구에 따르면, "공유된 사고방식(shared mindset)"이라는 또 다른 조건도 중요하다. 이는 위에서 언급했듯이 팀이 보다 역동적이고 다양하며 분산되기 때문이다. 즉, "우리 vs 그들"이라는 사고방식으로 바뀌려는 유혹이 생긴다는 의미이고, 팀이 불완전한 정보를 갖지 않도록 하는 것이 중요하다. 공유된 사고방식은 이 두 가지 문제를 해결한다(Haas, 2016). 위의 두 가지 연구를 합하여 다음 6가지 조건을 간략하게 살펴 보겠다:

◆ **실질적인 팀**(Real Team): 명확한 경계, 구성원 간의 상호 의존성 및 시간이 지남에 따라 최소한 중간 수준의 안정성 유지
◆ **설득력 있는 방향** (Compelling direction): 도전적이고 결과에 따른 명확한 목적, 추구하는 수단이 아닌 달성할 결과에 초점을 맞춘 것

- ◆ **생동적인 구조**(Enabling structure): 팀워크를 방해하는 대신 팀워크를 가능하게 하는 구조
- ◆ **지원적인 환경**(Supportive context): 팀원이 효과적으로 일할 수 있도록 교육, 보상 및 정보에 대한 접근 등과 같은 지원
- ◆ **유능한 코칭**(Competent coaching): 멘토링, 조언, 장애물 및 도전 극복, 질문 등을 도울 수 있는 사람
- ◆ **공유된 사고방식**(Shared mindset): 공통된 이해와 정체성 형성; 예를 들어 차이점이 아닌 유사점에 초점

나는 세 살된 딸이 있는데, 모두가 알다시피 아이를 키우는 것은 단순히 먹을 것을 주고, 학교에 데려 가고, 장난감을 사 주고, 잠자리에 들게 하는 것만이 아니다. 자녀가 배우고, 성장하고, 능력을 개발하고, 자신을 표현하고, 새로운 것을 경험할 수 있는 환경을 만들어 주어야 한다. 미래의 리더들이 이러한 여건을 조성하는 것은 우리 모두에게 익숙한 전술적 조치만큼 중요하다. 우든 코치는 이것을 알고 있었기 때문에 선수들이 성공할 수 있는 조건(플레이)을 만드는 데 집중했다. 그는 항상 슛을 성공시키려면 열 손가락이 필요하다고 말했다!

미셸 콤베스(Michel Combes)는 약 30,000명의 직원이 있는 통신회사 스프린트(Sprint) CEO이다. 토론 중에 그는 코치의 스킬을 아주 잘 요약했다: "나는 내 역할을 코치라고 알고 있다. 한편에서는 비전을 설정해야 한다. 다른 한편으로는 직원들이 이 비전을 달성할 역량을 갖도록 하며, 그것을 최대로 발휘할 수 있도록 해야 한다."

효과적인 팀을 만드는 데 있어 가장 좋은 방법 하나가 있는 것이 아니다. 팀워크에 대한 수많은 연구, 책 및 보고서가 있으며, 연구는 계속 변화하고 진화하고 있다. 리더는 자신이 하는 일뿐만 아니라, 팀이 성공하기 위한 조건을 만드는 것도 알고 있어야 한다.

코치의 스킬을 어떻게 개발할 것인가?

훌륭한 코치가 되는 핵심은, 당신의 역할이 직원들이 '당신보다 더 성공할 수 있도록' 돕는 것이라고 진정으로 믿는 것이다. 이것은 단순히 직원들이 더 성공하도록 돕는 것과는 큰 차이가 있다. 당신이 투입할 노력의 양이 달라지기 때문이다. 대부분의 리더는 일반적으로 직원들이 성장하고, 배우거나, 더 성공할 수 있도록 어느 정도의 노력을 기울일 수 있다. 그러나 직원들이 당신을 능가하도록 하는 것은 더 많은 시간과 자원이 필요한 훨씬 더 어려운 일이다. 그렇게 할 의향이 있는가?

　훌륭한 코치가 되는 또 다른 중요한 측면은 함께 일하는 사람들과 소통하며, 그들을 근로자만이 아닌 인간으로서 진정으로 이해하는 능력이다. 함께 일하는 직원들에 대한 몇 가지 기본적인 질문을 스스로에게 해 보라.

◆ 무엇이 그들을 가장 열광시키는가?

◆ 스트레스를 많이 받거나 가장 힘 빠지게 하는 것은 무엇인가?

◆ 그들은 무엇에 가장 열정적인가?

◆ 그들의 강점과 약점은 무엇인가?

◆ 직장 밖에서의 취미나 관심은 무엇인가?

◆ 그들에게 가족이 있는가? 그렇다면 그들에 대해 아는 것이 있는가?

◆ 그들의 직업적, 개인적 목표는 무엇인가?

◆ 그들은 리더로서의 당신을 어떻게 생각하는가?

　물론 여기 있는 질문 리스트는 끝이 없을 것이지만, 요점은 단순히 체크리스트나 설문 조사를 만들어 직원들이 응답하도록 하는 것이 아니다. 새 친구가 될 사람이나 중요한 사람들을 만날 때와 마찬가지로 직원들을 인간으로 알기 위해 시간과 노력을 기울이는 것이다.

　이 책에 설명된 여러 가지 스킬과 사고방식은 서로 서로 상승 작용을 한다. 앞에서 언급했던 사고방식을 실천할 때, 더 나은 코치가 될 수 있다는 것을 알게 될 것이다.

21장
10대의 기술 활용 스킬

부모가 디지털 기기 사용에 어려움이 있을 때마다 가장 먼저 찾는 사람은 대개 10대 자녀들이다(있는 경우). 왜 그런가? 10대들이 기술 전문가이기 때문이 아니다. 10대들은 기술 활용에 상식이 있고, 디지털에 능숙하기 때문이다. 즉, 그들은 기술 전문가는 아니지만, 기술 사용 방법을 이해한다. 미래의 리더도 그렇다.

마이클 팁퍼드(Michael Tipsord)는 90,000명 이상의 직원과 독립 에이전트로 구성된 보험 및 금융 서비스 회사인 스테이트 팜(State Farm) CEO이다. 그는 1988년에 그곳에서 직장생활을 시작했다. 인터뷰에서 그는 기술에 능숙한 것의 중요성을 강조했다: "내일의 리더는 기회와 위험을 예측하고, 과대 광고를 구분할 수 있고, 변화 가능성을 수용할 수 있도록 기술에 능숙해야 한다."

기술이 사업에 어떤 영향을 주는지 이해하라

기술은 우리의 삶, 조직 및 세계에 극적인 영향을 미친다. 기술이 너무 보편화되어 당연한 것으로 여기기 때문에, 우리 대부분은 기술의 영향을 거의 생각하지 않는다. 그러나 우리의 삶은 기술에 의해 움직이다. 아침에 뉴스를 들기 위해 사용하는 스마트 비서, 출근길에 운전하는 자동차, 이메일 확인에 사용하는 스마트폰이나 노트북, 여행할 때 이용하는 비행기, 긴장을 풀기 원할 때 켜는 TV 등 기술은 공기와 같이 어디에나 있다. 물론 기술은 인공 지능, 머신 러닝, 하드웨어 및 소프트웨어, 블록 체인, 증강 및 가상 현실, 3D 프린터, 로봇 공학, 양자 컴퓨터 등의 모든 것을 가리킬 수 있다. 아마도 2030년까지 평균 1인당 9.27개의 연결 장치를 보유할 것으로 예측된다(Safaei, 2017).

일본은 사이버 보안 및 올림픽 장관(2020년 올림픽을 담당)으로 68세의 요시타카 사쿠라다(Yoshitaka Sakurada)를 임명했다. 인터뷰에서 그는 "나는 25살 때부터 독립했으며, 항상 직원과 비서에게 이런 저런 일을 하도록 지시를 했다. 나는 컴퓨터를 사용한 적이 없다!"고 말했는데, 특히나 조직의 모든 측면이 기술에 의해 구동되고 의존되는 환경에서, 이것은 미래의 리더가 따라할 수 있는 것이 아니었다(Irish Times, 2018).

로버트 듀트코우스키(Robert Dutkowsky)는 14,000명 이상의 직원이 있는 정보 기술 및 서비스 회사인 테크 데이터(Tech Data)의 전 CEO이자, 현 회장이다. 그는 간단하게 표현했다. "오늘날 세계의 거의 모든 회사는 기술 조직이기 때문에 리더는 기술의 최첨단에 있어야 한다."

리더는 기술이 어떻게 발전할 것인가에 대한 세부 사항을 이해할 필요는 없지만, 특정 기술이 비즈니스에 미칠 수 있는 영향을 이해해야 한다. 여기에 대해 대화를 할 수 있어야 하고, 다음과 같은 질문에 답할 수 있어야 한다.

◆ 일반적인 기술 전망은 어떤가? 오늘날 새로운 기술에는 어떤 것들이 있는가?

◆ 어떤 기술이 우리 산업에 영향을 미칠 것인가?

◆ 우리 회사는 고객 만족, 직원 경험 또는 생산성과 같은 것을 개선하기 위해 다양한 기술을 어떻게 사용할 수 있는가?

◆ 회사에서 기술에 투자하지 않으면, 어떻게 될 것 같은가?

◆ 고객과 직원들은 다양한 기술을 어떻게 사용하고 있는가?

기술 활용 스킬을 어떻게 개발할 것인가?

10대들이 기술 사용을 배우는 방법을 보면, 사용 설명서를 거의 읽지 않는다. 그들은 그저 기술이 무엇이든 선택하거나 다운로드하고, 그것을 가지고 놀기 시작한다. 리더도 동일한 방법으로 기술에 접근해야 한다. 몇 년 전에는 새로운 기술을 배우려면, 학원에 등록하거나 사용 설명서를 읽거나 CD-ROM에 있는 가이드를 따라서 배워야 했다. 오늘날 우리는 원하는 모든 것을 언제든지 유튜브와 같은 플랫폼에서 배울 수 있다. 여기에서 필요하거나 원하는 기술에 대한 사용 지침서 또는 개요를 찾을 수 있다. TED와 같은 사이트조차도 새로운 기술 개념과 아이디어에 대해 배울 수 있는 훌륭한 소스이다. 리더는 이런 것들을 활용할 수 있다.

많은 새로운 기술이 계속 등장하고 있다. 그 중 하나의 사용법을 알아낼 때 쯤 또 새로운 것이 나타난다. 이런 세상에서 어떻게 따라가야 하는가? 우리는 새로운 것이 나오면, 또 새 것이 나오기 전에 그것을 가지고 놀 수 있는 시간을 갖는 데에 익숙하다. 불행히도 그런 세상은 더 이상 존재하지 않는다. 오늘날 새로운 것은 당신과 당신의 조직에 쏟아지고 있다. "어떻게 따라 가야 할까?"라고 생각하는 대신에 사고방식을 "이것이 뉴노멀이다"로 바꿔야 한다. 이것은 기술과 관련하여 리더들이 나와 공유한 최고의 조언이다. 기술의 속도는 통제할 수 없지만, 사고방식과 반응은 통제할 수 있다.

기술 환경을 전반적으로 이해해서 비즈니스에 영향을 크게 미칠 수 있는 기술과 기다릴 수 있는 기술을 결정할 수 있어야 한다.

10대와 같은 기술 활용 스킬이 되도록 실천하는 또 다른 유용한 방법은 자신보다 기술에 더 정통한 사람들을 자기 주변에 두는 것이다. 일반적으로 젊고 기술에 능숙한 직원에게 멘토링을 받는 비즈니스 리더의 사례를 듣는 것이 더이상 드문 일이 아니다.

22장
이 스킬을 어느 정도 잘 실천하고 있는가?

코치, 통역사, 미래학자, 기술의 10대, 요다: 이들은 미래의 리더가 앞으로 성공하기 위해 반드시 갖추어야 하는 가장 중요한 스킬들이다. 앞서 논의한 사고방식과 함께 이러한 스킬을 습득하면, 리더십의 귀중한 힘이 될 것이다. 그러나 리더의 책임은, 본인 뿐만 아니라 자기 직원들도 이러한 스킬을 습득하도록 해야 하는 것에도 있다.

우리가 이러한 스킬을 어떻게 실천하고 있는지 살펴보자. 이 수치는 앞서 사고방식에서 본 것과 상당히 일치한다. 전체적으로 응답자들은 자신이 이러한 스킬을 실천하는 데 꽤 잘하고 있다고 생각하며, 상사인 중간 리더와 고위 리더에 대해 물었을 때는 수치가 상당히 낮았다. 전체 중간 리더의 57%와 고위 리더의 58%가 하위 두 항목에 속한다고 응답했다. 중간 리더와 고위 리더 중 8%만이 이 책에서 설명된 스킬을 "매우 잘 실천"하고 있다고 했다(도표 22.1 참조).

이제 일반 사원, 중간 리더, 고위 리더로 구분하여 차이가 어디서 나는지와 그 차이가 얼마나 큰지 확인할 수 있다. 일반 사원들은 중간 리더의 60%와 고위 리더의 62%를 "약간 실천함"과 "전혀 실천 안함"의 하위 두 항목에 해당한다고 응답했다. 중간 리더는 고위 리더의 60%를 하위 2개 항목에 응답했다. 이러한 큰 차이는 모든 직급에서 다시 한 번 볼 수 있다(도표 22.2 참조).

회사에서 미래 리더의 스킬을 어느 정도 실천하고 있는가?

	당신은 이 스킬을 어느 정도 실천하고 있다고 생각하는가?	당신의 상사(중간 리더)는 이 스킬을 어느 정도 실천하고 있다고 생각하는가?	당신의 상사(고위 리더)는 이 스킬을 어느 정도 실천하고 있다고 생각하는가?
전혀 실천 안함	2%	17%	20%
약간 실천함	28%	40%	38%
상당히 실천함	48%	29%	29%
매우 잘 실천함	20%	8%	8%

도표 22.1 회사에서 미래 리더의 스킬 실천 정도에 대한 평가.

다시 한번! 차이에 주의해서 보라

스킬에 대한 모든 데이터를 살펴보면, 앞의 사고방식에서 보았던 것과 동일한 현상을 볼 수 있다. 리더(중간 리더 및 고위 리더)는 자신이 실제보다 이러한 스킬을 훨씬 더 잘 실천하고 있다고 생각한다. 이는 스킬을 전체적으로 볼 때와 스킬을 각각 나누어 볼 때도 마찬가지이다. 일반 사원들이 자신의 중간 리더와 고위 리더가 이러한 스킬을 실천하고 있다고 생각하는 것과 비교했을 때, 인식에 차이가 크다.

　　상사에 대한 일반 사원들의 응답 점수가 전반적으로 매우 낮았지만, 그들은 중간 리더가 실천하기 가장 어려운 스킬은 요다의 감성 지능이고, 가장 높

미래 리더의 스킬 실천 정도 비교:

일반 사원 vs 중간 리더 vs 고위 리더

	당신의 상사(중간 리더)는 이 스킬을 어느 정도 실천하는가? (일반 사원)	당신(중간 리더)은 이 스킬을 어느 정도 실천하는가? (중간 리더)	일반 사원과 중간 리더 간의 인식 차이	당신의 상사(고위 리더)는 이 스킬을 어느 정도 실천하는가? (일반 사원)	당신(고위 리더)는 이 스킬을 어느 정도 실천하는가? (고위 리더)	일반 사원과 고위 리더 간의 인식 차이	당신의 상사(고위 리더)는 이 스킬을 어느 정도 실천하는가? (중간 리더)	중간 리더와 고위 리더 간의 인식 차이
전혀 실천 안함	20%	2%	18%	23%	1%	22%	20%	19%
약간 실천함	40%	29%	11%	39%	25%	14%	40%	15%
상당히 실천함	29%	49%	20%	28%	50%	22%	30%	20%
매우 잘 실천함	10%	19%	9%	9%	23%	14%	8%	14%

JACOB MORGAN
© thefutureorganization.com

도표 22.2 미래 리더의 스킬 실천 정도: 상호

게 응답한 스킬은 통역사의 소통 스킬이었다. 고위 리더의 경우, 그들이 실천을 잘하는 스킬(일반 사원과 중간 리더 모두에 따르면)은 미래학자의 스킬이었다. 고위 리더가 가장 힘들어 하는 스킬은 요다의 감성 지능 스킬이었다.

우리는 미래 리더에 대한 준비가 되어 있는가?

설문 조사에 참여한 14,000여 명 중 1/3만이 미래의 리더십 요구 사항을 해결하기 위한 정책이나 프로그램이 조직에 있다고 응답했다. 140명의 CEO들에게 같은 질문을 했을 때, 그들 중 86명은 미래의 리더십을 준비하는 프로그램이 있다고 말했다. 나머지는 단기적으로 리디십에 초점을 맞추거나 미래의 리더십에 대해 전혀 생각하지 않는다고 솔직하게 말했다.

CEO 응답은 설문조사 응답보다 훨씬 더 낙관적이지만, 대부분의 일반 사원들이 인식하고 믿는 것과 CEO가 대비하고 있다고 말하는 것 사이에 큰 차이가 있음을 다시 한 번 확인했다. 이 경우 일반 사원들이 인식하고 경험하는 것이 CEO가 하는 말보다 더 중요하다. 인식은 현실이다. 따라서 일반 사원들이 미래의 리더십에 대한 준비가 되어 있지 않다고 말하면, CEO가 얼마나 낙관적인지에 관계없이 준비가 되어 있지 않은 것이다.

우리가 원하는 리더에 대해 생각하고, 조직과 사회에서 그들을 어떻게 양성할 것인지에 대해 생각할 수 있는 엄청난 기회가 있다. 이 책을 통해 나는 다른 사람들의 연구도 공유했다. 여기서도 오늘날 리더들이 자신의 역할 요구에 부응하지 못하고 있으며, 전 세계의 조직이 비즈니스 환경의 변화에 준비되어 있지 않다는 것을 분명히 보여주고 있다. 우리에게는 미래에 대비한 리더가 많지 않다. 하지만 우리는 그것을 바꿀 수 있다 - 당신은 그것을 바꿀 수 있다.

제5부

뛰어난 리더가 되기 위하여

23장
아는 것 vs 행동하는 것

오늘날 우리는 부정적인 것에 초점을 맞추기가 쉽지만, 내가 이 책을 쓰면서 배운 가장 중요한 것은 미래가 밝다는 것이다. 내가 인터뷰했던 CEO들은 '주목할 9가지(Notable Nine)'가 미래의 리더에게 가장 중요한 사고방식과 스킬이라고 말했지만, 여기에 하나를 더 추가하고 싶다: 낙관주의이다. 리더로서 당신은 미래가 현재보다 더 나을 수 있고, 더 나은 미래를 만드는 데 도움을 줄 수 있다고 믿어야 한다. 이것은 쉬운 일이 아니다. 당신은 일과 삶의 일상적인 것에 사로잡힐 것이고, 소속 팀과 조직이 바뀔 것이고, 지역을 이동할 것이고, 심지어 직업이 바뀔 수도 있을 것이다. 당신의 경력 경로에 상관없이 낙관적이어야 한다. 미래의 리더는 매일 아침 출근하면서 "내가 어떻게 더 나아질 수 있고, 직원들의 잠재력을 어떻게 더 발휘하도록 할 수 있을 것인가?"라고 물어야 한다.

전 세계 리더와 조직이 해야 할 일이 많다. 그러나 이것은 또한 당신이 실천을 하면, 엄청난 가능성과 기회가 있음을 의미한다.

셰릴 팔머(Sheryl Palmer)는 2,500명 이상의 직원이 있는 주택 건설회사인 테일러 모리슨(Taylor Morrison) CEO이다. 몇 년 전, 그녀는 자신의 삶과 경력에서 가장 어려운 일 중 하나를 해야 했다: 그녀의 팀에 두 개의 편지를 써야했다. 팀에게 보낸 편지 중 하나는 "6주 후에 만나겠다"라고 했고, 다른 편지는 "우리가 시작한 위대한 일을 자랑스럽게 마무리해 달라."는 것이었다. 셰릴은 뇌종양이 있었고, 수술 후 회복할 수 있을지 확신할 수 없었다. 그녀가 쓴 첫 번째 편지는 수술이 잘 되어 6주 후에 복귀할 수 있을 경우, 팀이 받기를 원하는 편지였다.

두 번째 편지는 돌아오지 못할 경우, 팀이 받기를 원하는 편지였다. 수술 전날 밤, 셰릴은 플로리다에서 집으로 돌아 왔다. 그곳에서 테일러 모리슨의 모회사 이사회 회장을 만나서 계획대로 몇 주 후에 복귀할 것을 가정하고, 영국 판매 계획의 시기와 다음 단계를 결정했다. 그것은 그 회사와 테일러 모리슨 팀이 모두 앞으로 나아갈 중요한 계획을 승인받았다는 마음의 평화를 그녀에게 주었다. 셰릴이 알고 있기로는 그 날은 지구상에서 그녀의 마지막 밤이 될 수 있었는데, 그녀는 자기 팀원들을 돌보는 데 그 시간을 보냈다. 셰릴의 말이다:

> 항상 최선을 다해서 살아야겠다고 생각하고 각 사람과 상황에서 좋은 점을 찾으려고 노력했지만, 이번 계기를 통해 인생의 만남이 얼마나 소중한지를 깨닫게 되었다. 모든 상호 작용이 얼마나 중요한지 이해하고, 그 어떤 것도 당연하게 여기지 않을 수 있었기 때문에, 나를 더 나은 리더가 되도록 했다. 많은 리더들은 기업이 아닌 사람을 위해 일한다는 비즈니스의 황금률을 인식하지 못하고, 정신없이 살아간다. 리더의 책임은 비전을 설정하고, 비즈니스가 운에 좌우되는 것을 허용하지 않고, 의도적이고 의미 있고 목적이 있는 관계와 상호 작용을 만드는 것이다. 어떤 사람들은 그것이 정말 힘든 일이라고 생각할 수도 있지만, 리더가 되는 것은 선택이다. 이것을 당신이 진정으로 선택한다면, 소모적

인 중간 지점이 없다. 두 개의 평행 경로가 아니다. 리더가 되는 것은 사무실에 나타날 때만이 아니다. 그것은 당신의 타고난 열정이며, 우리 삶의 모든 부분에서 힘든 교차점이 될 수도 있다. 하지만 진심으로 결심하고 실천한다면, 세상에서 가장 보람 있는 인생 여정이 될 것이다.

셰릴 이야기를 처음 들었을 때, 나는 전율을 느꼈다. 나는 그 이야기를 할 때마다 여전히 그렇다. CEO인 셰릴과 회사인 테일러 모리슨(Taylor Morrison) 모두 세계 최대 규모의 직장 평가 사이트인 글래스도어(Glassdoor)에서 거의 완벽한 평가와 함께 다른 많은 상과 인정을 받은 것은 우연이 아닐 것이다. 사실, 놀랍게도 직원 94%가 테일러 모리슨을 친구에게 추천했다. 셰릴의 이야기와 메시지는 행동의 중요성과 목적 의식을 가지고 리드하는 것을 강조한다. 마음에 새기시기 바란다.

아는 것과 행동하는 것에는 큰 차이가 있다. 이 책을 여기까지 읽었으면, 이제 미래의 리더가 되기 위해 필요한 것을 알고 있을 것이다. 그렇다면, 다음 단계로 나아가기 위해 실제로 무엇을 할 것인가?

우리는 역동적이고 빠르게 변화하는 세상에서 일한다. 즉, 리더로서 미래에 적응할 수 있어야 할뿐만 아니라, 미래를 창조해야 한다. 과거에 효과가 있었던 것과 현재에 효과가 있는 것이 미래에도 계속 효과가 있을까? 비전을 만들고 전략을 실행하는 것과 같은 리더십의 일부 핵심 역할은 현재와 마찬가지로 향후 10년 동안에도 필요할 것이다. 그러나 세계 유수 기업 CEO 140명 대부분은 리더가 향후 10년 및 그 이후를 리드하기 위해 새로운 사고방식과 스킬을 받아들여야 된다고 말한다.

다시 한번 말하지만, 4가지 사고방식은 탐험가, 요리사, 서번트, 글로벌 시민이다. 5가지 스킬은 미래학자, 요다, 통역사, 코치, 기술 활용의 10대이다. 이 9가지를 마스터하고 주변의 다른 사람들도 이를 마스터하도록 도울 수 있는 리더가 가장 성공할 것이며, 조직도 마찬가지이다. 여기서 성공은 단지 더 수익성 있는 조직을 만드는 것만을 의미하지는 않는다. 직원들이 매일 출근하고 싶은 곳을 만드는 것을 의미한다. 그리고 사회와 세계에 긍정적인 영향을 미치는 조직을 만드는 것을 의미한다. 항상 사람을 최우선으로 생각하는 조직을 만드는 것이다.

　최근 내가 가장 좋아하는 사례 중 하나는 이전에 멕시켐(Mexichem)으로 알려진 오르비아(Orbia)에서 나왔다. 농업, 건물 및 인프라, 폴리머 솔루션 등에 중점을 둔 다양한 비즈니스 그룹을 보유한 22,000명의 직원이 있는 회사이다. 나는 그 CEO인 다니엘 마르티네즈-발레(Daniel Martínez-Valle)와 이야기를 나누면서 그들에 대해 더 많이 알게 되었다. 멕시켐(Mexichem)에서 오르비아(Orbia)로 브랜드를 전환한 후 새 브랜드는 사람, 지구, 이익 순으로 세 가지에 초점을 맞추고 있다. 이제 회사에서의 모든 것은 인간과 세상에 긍정적인 영향을 미치는 데 초점을 맞추고 있다. 그들은 투자 최적화, 온실가스 배출량 감소, 혁신적인 솔루션 제공 업체로의 발전, 폐기물 발생 감소, 인력 숙련도 향상, 여성 경영자 증가 등 6가지 기준에 초점을 맞춰 진화하고자 하는 조직을 공개적으로 정의했다. 이 새로운 브랜드의 가장 매력적인 부분이자 다른 회사에서 한 번도 본 적이 없는 것은 그들이 임팩트 마크(ImpactMark)를 개발했다는 것이다. 회사가 6가지 기준에서 어떻게 발전하고 있는지 보여주기 위해 만든 매년 진화하는 로고라고 생각하면 된다. 최고의 성취는 그들의 임팩트 마크가 완벽한 원이 되는 것이다. 그들은 이것이 결코 일어날 수 없다는 것을 인정하지만, 그럼에도 불구하고 그들은 완전한 원을 그리기 위해 노력하는 것이다. 이것이 오르비아가 세상을 더 나은 곳으로 만들기 위해 투명하게 노력하는 방법이다.

　리더십은 누군가에게 부여된 직급 또는 직함이었으며, 여전히 많은 사람들에게 익숙한 방식이다. 그러나 미래의 리더에게 리더십이란 직원들로부터 획득해야 하는 것이고, 그 기회가 원하는 사람 모두에게 있다는 뜻이다. 이 책에 설명된 많은 스킬과 사고방식은 오늘날에도 중요하지만, 향후 10년 동안에는 필수 요소가 될 것이다. 사실, 리더가 이 책에 설명된 스킬과 사고방식을 받아들이지 않는다면, 리더 위치에 있지 않아야 한다. 오늘날 전 세계에 수천만 명의 리더가 있기 때문에 긍정적인 변화를 위한 엄청난 가능성이 있다. 어떤 종류의 리더가 되고 싶은지, 기꺼이 한 걸음 더 나아갈 의향이 있는지, 아니면 현재 하는 방식에 그냥 굳게 서 있을 것인지 결정해야 한다.

이 책에는 미래의 리더가 되는 데 필요한 많은 도구가 있다. 그러나 모든 도구와 마찬가지로 그것만으로는 일을 완성할 수 없다. 그렇게 하는 것은 도구를 사용하는 사람이다. 당신이 물어야 할 질문은 이것이다. 이제 당신은 도구를 가지고, 무엇을 할 것인가? 내일 출근하면, 이 책을 읽기 전과 똑같은 사람이 되겠는가? 그렇지 않기를 바란다. 다음에는 당신이 할 수 있는 몇 가지 실천적인 단계가 있다.

'리더'와 '리더십'을 정의하라

리더십을 어떻게 정의하는가? 리더가 된다는 것은 당신에게 무엇을 의미하는가? 훌륭한 리더는 누구이며, 그 이유는 무엇인가? 이 질문에 답할 수 없다면, 조직을 이끌기는 어려울 것이다. 당신의 정의는 시간이 지남에 따라 바뀔 수 있지만, 이 책을 읽은 당신은 이제 당신이 누구인지, 당신이 만들고 싶은 조직은 어떤 조직인지, 당신은 어떤 리더가 될 것인지를 안내할 일종의 북극성을 정하는 것부터 시작해야 한다.

리더십의 황금 삼각형

리더로서 당신이 누구이며, 어떤 리더가 될 것인가는 내가 리더십의 황금 삼각형(도표 23.1)이라고 부르는 3가지, 즉 당신의 신념, 생각 및 행동에 의해 형성된다. 신념은 당신이 진실로 믿거나 받아들이는 것이다. 그것은 당신의 북극성이며, 당신의 사업(그리고 삶) 철학이다. 당신의 생각은 신념의 결과로 당신이 생각하는 방식이고, 당신의 행동은 당신의 신념과 생각의 결과로 당신이 행하는 것이다. 예를 들어, 당신의 신념 중 하나가 이익보다 사람이 우선이라고 한다면, 당신의 생각은 직장과 가정에서 직원의 만족도를 높이기 위해 할 수 있는 일, 업무 스트레스를 받는 직원들을 돌보는 방법, 직원들이 배우고 성장

리더십의 황금 삼각형

도표 23.1 리더십의 황금 삼각형.

하도록 돕기 위해 할 수 있는 일, 지역 사회를 개선할 수 있는 방법에 초점을 맞출 것이다. 결과적으로 당신의 행동은 코칭 및 멘토링에 많은 투자를 하고, 현장 직원들과 더 많은 시간을 보내고, 수익의 일부를 지역 사회 활동에 기부

하고, 당장의 주식 가치나 이익을 증가시키기 보다는 당신과 함께 일하는 직원들은 돌볼 것이다. 리더십이 단순히 비즈니스 결과를 달성하는 것이라는 신념이 있다면, 그에 따라 생각과 행동이 나타날 것이다. 선택할 수 있는 길은 많으며, 이 책을 통해 올바른 길을 안내하기 위해 노력했다.

당신의 신념이 무엇인지 알고 있는가? 당신의 생각으로 표현되는가? 당신의 행동이 자신의 신념과 생각을 나타내고 있는가? 이것들은 모두 서로 연결되어야 한다. 이것은 리더십의 핵심이며, 약간의 성찰이 필요하다. 이러한 질문에 대해 스스로에게 질문하고, 이것에 대해 명확하게 한 후에는 의사 결정을 하거나 다른 사람과 상호 작용하거나 새로운 방향을 고려할 때 항상 마음 속에 간직하고 있는 것이 중요하다. 자신의 생각이나 행동이 자신의 신념과 일치하지 않는다는 것을 알게 되면, 대개 자신에게 진실하지 않고, 자신이 누구인지를 확인해야 하는 상황에 놓였다는 신호이다. 이 책의 개념을 수용한다면, 신념에 따라 생각하고 행동하라.

이 과정은 비디오 게임에서 아바타를 디자인하는 것과 비슷하다고 생각할 수 있다. 오늘날 많은 게임에서는 사용자가 캐릭터를 스스로 정의하고 설정할 수 있다. 게임을 진행하면서 상금을 다양한 곳에 투자할 수 있다. 예를 들어, 캐릭터가 무기를 휘두르고, 마법을 사용하고, 더 빨리 달리고, 더 건강하고, 더 강해지고, 더 큰 방어 능력을 갖도록 힘을 부여할 수 있다. 자신을 리더십 아바타로 키우고 있다면, 당신은 어떤 캐릭터가 되고, 어디에 투자할 것인가?

당신은 미래의 리더를 선발하고 성장시키기 위해서 조직의 리더십 필터도 다시 검토해야 한다. 그것들이 현재 무엇인지, 그리고 그것이 앞으로 무엇이 되어야 하는지에 대해 생각하는 시간을 가져라. 그것들을 문서로 만들어서 동료, 직원 및 HR 부서와 함께 이야기하라.

현재 상태를 파악하라

다음으로, 스킬 및 사고방식 중에서 가장 많이 향상시켜야 하는 것과 현재 잘 실천하고 있는 것을 평가하라. 이것은 쉬운 일이 아니며, 내면을 들여다보아야 한다. 벤자민 플랭클린(Benjamin Franklin)의 기법에 따라, 이 책의 앞부분에서 살펴본 자산 및 부채 기법을 사용할 수 있다. 또한 팀원들에게 피드백을 요청해야 한다. 앞서 살펴본 바와 같이 리더가 자신을 평가하는 것은 다른 사람들이 평가하는 것과 상당히 다르다.

이를 돕기 위해 당신과 당신 팀이 미래 리더로 얼마나 준비되어 있는지 이해하는 데 도움이 되는 평가를 만들었다. 이 책에 설명된 스킬과 사고방식을 얼마나 잘 실천하고 있는지를 파악할 수 있는 자료가 온라인 동영상 과정(옮긴이: www.vital.co.kr)에 있다. 그리고 이러한 스킬과 사고방식에 대해 팀원 및 다른 리더들과 공개적으로 대화할 것을 권한다.

스킬과 사고방식을 실천하라

다음 단계는 이 책에서 배운 스킬과 사고방식을 가지고 리더십 운영 체계로 만드는 것이다. 컴퓨터나 스마트폰을 켤 때, 사용하는 운영 체계를 부팅하는 데 몇 초가 걸린다. 매일 아침 '부팅'할 때 이 5가지 스킬과 4가지 사고방식을 몸과 마음, 영혼에 로드되는 운영 체계로 사용하라. 이것이 지금부터 당신이 운영하는 방식이다. 마지막을 낙관주의로 장식하는 것도 잊지 않기를 바란다!

우리가 새로운 것을 배우는 것과 마찬가지로 그것을 습득하는 데는 시간이 걸리겠지만, 시작하고 전력투구해야 한다. 벤자민 프랭클린은 "작은 도끼로 큰 참나무를 넘어뜨린다."라고 했다. 이는 점진적이고 작은 변화가 큰 영향을 미칠 수 있음을 의미한다. 하루에 1%씩만 향상시키면, 1년에 37배 향상된다. 예를 들어, 호기심을 실천하기 위해 매일 몇 분간씩 새로운 주제에 대해 읽고, 열 받는 상황에 대응하기 전에 심호흡을 하면서 공감을 실천하고,

팀원들에게 피드백을 요청하여 자기 인식을 향상시킬 수 있다. 소통을 위해 누군가와 대화를 할 때는 스마트폰 등을 치우고, 미래학자처럼 생각하는 것을 실천하기 위해 의사 결정하기 전에 몇 가지 가능성을 살펴보라. 물론 이것은 시작일뿐이다. 그러나 이것들은 당신의 삶에 적용할 수 있는 상대적으로 간단하고 기본적인 것들이며, 더 많은 변화와 영향력 있는 결과를 가져올 것이다.

존 우든(John Wooden)은 "매일 조금씩 향상하면, 결국 큰 일이 발생한다. 훈련하는 것을 매일 조금씩 개선하면, 결국 훈련이 크게 개선된다. 당장 내일이나 다음날이 아니지만, 결국은 크게 향상하게 된다. 크고 빠른 개선을 찾지 마라. 하루에 하나씩 작은 개선점을 찾으라. 그것이 유일한 방법이며, 한번 일어나면 지속된다."라고 말했다.

리더십 향상은 쉽지 않다. 훌륭한 리더가 되는 것은 누구나 할 수 있는 가장 어려운 일 중에 하나이다. 그러나 중요한 모든 도전과 마찬가지로 극복할 가치가 있다.

지원 그룹을 만들어라

뛰어난 리더라면, 자신의 성공과 조직의 성공이 자기 팀의 결과라고 말할 것이다. 미래의 탁월한 리더가 되고 싶다면, 그런 리더가 될 수 있도록 도와 줄 사람들과 함께 해야 한다. 리더는 팀원들의 잠재력을 발휘하도록 도와주지만, 이것은 양방향으로 진행이 된다. 팀원들 또한 리더로서의 당신의 역량을 발휘하도록 할 것이다.

자신보다 더 뛰어나고, 자신이 취약한 부분에서 탁월한 사람들과 함께하라. 이것은 자신의 약점 파악과 자기 인식을 필요로 하며, 이 책에서 두 주제 모두 다루었다. 당신의 아이디어에 동의하는 사람들과 당신이 얼마나 위대하고 똑똑한지 말하는 사람들과 쉽게 둘러싸일 수 있다. 당신의 생각에 도전하고, 당신의 가정에 의문을 제기하고, 당신과 비슷하지 않고, 당신처럼 말하거나 행동하지 않고, 당신과 같은 것을 믿지 않는 사람들과 함께 하려면, 용기가 필요하다.

그들이 당신을 더 나은 리더가 되게 하도록 당신의 지원팀을 만들어라.

반복적인 일상을 피하라

CEO나 비즈니스 리더를 팟 캐스트에서 인터뷰할 때 특히 흥미로웠던 점 중 하나는 그들에게 일상적인 하루가 어떠냐고 물었을 때, 그들이 말할 수 없다는 것이었다. 그들의 반응은 항상 "나는 반복적인 하루가 없다"는 것이다. 그러나 우리 대부분은 반복적인 하루를 보낸다. 우리는 내일 같은 시간에 일어나서, 같은 시간에 출근하고, 같은 회의에 참석하고, 같은 유형의 일을 하고, 같은 유형의 사람들과 어울리고, 같이 점심을 먹고, 동시에 집으로 간다. 우리 시대는 매우 프로세스 중심적이며, 감히 표현하자면, 로봇 같은 방식으로 구성되어 있다. 당신의 하루 하루가 "반복적"이 될수록 당신의 중요성은 줄어들고 기술에 대체될 수 있다.

창의력과 호기심을 불러 일으키고 두뇌 운동을 하고 싶다면, 매일 다른 출근길을 택해야 된다고 한다. 그렇게 함으로써 새로운 것을 발견하고, 새로운 도전과 장애물에 대처하고, 익숙함의 침체 속에 머물지 않도록 할 수 있다; 그것은 끊임없이 당신을 긴장시킨다. 당신 하루의 실제 모습에도 동일한 개념이 적용된다.

그렇다고 하루에 어떤 체계나 일상의 규칙이 필요 없다는 의미는 아니다; 나는 당신의 삶에 혼란을 일으키는 것을 옹호하는 것이 아니다. 대신 가능한 한 언제 어디서나 변경하도록 권장한다. 새로운 사람과 함께 어울리고, 새로운 것을 배우고, 다른 팀에서 업무를 하면서 실험을 해 보라. 매일의 생활이 반복되는 것처럼 보이게 하지 마라.

반복적인 하루를 보낸다는 생각에서 벗어나면, 대본을 따르는 것이 아니라 삶과 경력을 책임진다는 것을 알게 될 것이다. 반복적인 하루를 보내지 않으면, 지속적인 학습, 성장 및 도전 상태에 빠지게 된다. 그것은 또 당신이 하는 일에 더 몰입하게 되고, 탈진을 피하고, 새로운 관계를 형성하고, 다른 관점에서 사물을 볼 수 있도록 한다. 내가 인터뷰했던 CEO들은 다양한 전략 미팅에 참여하고, 새로운 고객 및 직원과 만나고, 다양한 외부 회의에 참여하고, 그들의 하루가 새로움을 추구하기 위해 할 수 있는 일을 했다. 종종 리더는 항상 똑같은 방식으로 일하는 습관을 가질 수 있다. 새로움을 추구하는 날을 만드는 것은 틀에서 벗어날 수 있는 훌륭한 일이다.

당신에게 일상적인 하루는 어떤가? 어떻게 좀더 새로운 일상으로 만들 수 있겠는가?

직원들을 성장시켜라

리더십은 팀 스포츠이므로 주변에 아무도 없다면, 당신이 성장하고 탁월한들 무슨 소용이 있겠는가? 등대는 자신을 비추기 위해 존재하는 것이 아니다. 등대의 목적은 다른 사람들을 안내하는 것이다. 이 책에 설명된 스킬과 사고방식을 수용할 때, 직원들이 당신보다 더 성공적이 된다는 것을 의미하더라도 직원들을 성장시키기 위해 당신이 할 수 있는 일이 무엇인지 자문해 보라. 이것은 리더가 수용하기 가장 어려운 일 중 하나이다. 두려울 수도 있기 때문에 감성 지능과 용기가 필요하다.

다른 사람들이 우리보다 더 성공할 때, 우리는 약간의 불안감이나 당황스러움을 느낄 수 있으며, 어쩌면 분개할 수도 있다. 많은 리더들에게 이것은 특히 직원들을 자기 보다 더 성공적으로 만드는 데 도움을 주어야 할 사람이라면 현실로 맞닥뜨릴 수 있는 일이다. 그럼에도 불구하고, 왜 그렇게 해야할까? 자녀가 있는 경우, 당신이 할 수 없는 일을 자녀가 할 수 있을 때, 또는 자녀가 당신보다 더 잘할 때, "어떻게 감히 네가? 나는 너의 창조자이다!" 라며 자녀에게 소리를 지르지 않을 것이다. 대신 자녀의 성공에 도움이 되는 무엇인가를 가지고 있다는 것을 알고 자부심, 기쁨 및 성취감을 느끼며 그들을 바라보게 된다. 이것이 우리가 리더십에 대해 생각해야 하는 방법이다.

직원들을 성장시킬 때, 그들은 결과적으로 당신을 성장시킬 것이다.

리더는 사람들이 매일 출근하고 싶은 조직을 만들고, 우리 모두가 더 살기 좋은 세상을 만들어야 하는 엄청난 책임이 있다. 이 책에 설명된 스킬과 사고방식을 수용하고 실천해야 할뿐만 아니라, 주변의 다른 사람들도 그렇게 하도록 안내해야 한다. 리더가 되는 것은 쉽지 않지만, 이보다 더 가치가 있는 것은 없다. 모든 리더가 이 책에 설명된 개념을 실천한다면, 우리 조직이 어떤 모습이 될지 상상해 보고, 이것이 우리가 함께 살고 있는 세상에 어떤 영향을 미칠지 상상해 보라. 당신은 조직의 리더이자 등대이다. 직원들이 성공할 수 있도록 도움을 주고 그들을 보살펴라.

이 책이 더 나은 리더가 되는 데 도움이 된다고 생각되면, 미래의 리더가 되기를 원하는 다른 사람들에게도 추천해 주기 바란다. 출근하고 싶은 회사, 더 좋은 세상을 그들과 함께 만들어 갈 수 있도록!

참고

Accenture. "The Promise of Artificial Intelligence: Redefining Management in the Workforce of the Future." 2016. https://www.accenture.com/_acnmedia/PDF-32/ AI_in_Management_Report.pdf#zoom=50.

Bailey, Grant. "Nearly Half of British Workers Believe They Could Do a Better Job than Their Boss." Independent, November 22, 2017. https://www.independent. co.uk/news/uk/home-news/british-workers-outperform-boss-staff-line-manager- office-politics-onepoll-survey-a8069461.html.

Bailey, Katie. "'Purposeful Leaders' Are Winning Hearts and Minds in Workplaces, Study Finds." University of Sussex. September 7, 2018. http://www.sussex.ac.uk/ broadcast/read/40606.

Bariso, Justin. "Google Spent Years Studying Effective Teams. This Single Quality Contributed Most to Their Success." January 7, 2018. https://www.inc.com/ justin-bariso/google-spent-years-studying-effective-teams-this-single-quality-contributed-most-to-their-success.html.

Barton, Rachel. "The Power of Brand Purpose." Accenture. December 5, 2018. https://www.accenture.com/us-en/insights/strategy/Brand-purpose?c=strat_ com petitiveagilnovalue_10437227&n=mrl_1118.

Beck, Randall, and Jim Harter. "Managers Account for 70% of Variance in Employee Engagement." Gallup Business Journal. April 21, 2015. https://news.gallup.com/ businessjournal/182792/managers-account-variance-employee-engagement. aspx.

Bentley. "For Millennials, Does a Big Paycheck Trump Ethical Responsibility?" Bentley University. October 19, 2018. https://www.bentley.edu/news/ millennials- does-big-paycheck-trump-ethical-responsibility.

BetterUp. "Workers Value Meaning at Work; New Research from BetterUp Shows Just How Much They're Willing to Pay for It." BetterUp. November 7, 2018. https://www.betterup.co/en-us/about/news-press/press-releases/workers-value-meaning-at-work-new-research-from-betterup-shows-just-how-much-theyre-willing-to-pay-for-it/.

Biddle, Matthew. "Moral Leaders Perform Better—but What's 'Moral' Is up for Debate." University of Buffalo. October 22, 2018. http://www.buffalo.edu/news/ news-releases.host.html/content/shared/mgt/news/moral-leaders-perform-better. detail.html.

Bloomberg. "Dow CEO Fitterling on Managing Diversity and Inclusion in Corporate America." June 25, 2019. https://www.bloomberg.com/news/ videos/2019-06-25/ dow-ceo-fitterling-on-managing-diversity-and-inclusionin-corporate-america-video.

Branson, Richard. "What's the Health of Your Success?" Virgin 1178. May 2017. www. virgin.com/richard-branson/whats-health-your-success.

Brené, Brown. "Dr Brené Brown: Empathy vs Sympathy." Twenty-One Toys. https:// twentyonetoys.com/blogs/teaching-empathy/brene-brown- empathy-vs-sympathy.

Businessolver. "2018 State of Workplace Empathy: Executive Summary." Businessolver. 2018. https://info.businessolver.com/empathy-2018-executive-summary#gref.

Catalyst. "List: Women CEOs of the S&P 500." Catalyst. June 11, 2019. https://www. catalyst.org/research/women-ceos-of-the-sp-500/.

Çelik, Pinar, Martin Storme, Andres Davila, and Nils Myszkowski. (2016). "Work-Related Curiosity Positively Predicts Worker Innovation." Journal of Management Development 35. 10.1108/JMD-01-2016-0013.

Clark, Richard E., and Bror Saxberg. "4 Reasons Good Employees Lose Their Motivation." Harvard Business Review. March 13, 2019. https://hbr. org/2019/03/4-reasons-good-employees-lose-their-motivation.

Clifton, Jim. "The World's Broken Workplace." Gallup.com. June 13, 2017. https:// news.gallup.com/opinion/chairman/212045/world-broken-workplace. aspx?g_source=position1&g_medium=related&g_campaign=tiles.

Collins, James C. Good to Great. London: Random House Business, 2001.

Cross, Jay. Informal Learning: Rediscovering the Natural Pathways That Inspire Innovation and Performance. Somerset: Wiley, 2011.

Cushman. "Futurology: The Pace of Technological Change." Cushman & Wakefield. April 25, 2018. http://www.cushmanwakefield.com.au/en-gb/news/2018/04/ futurology---the-pace-of-technological-change.

Dailey, Whitney. "2016 Cone Communications Millennial Employee Engagement Study." Cone. November 2, 2016. http://www.conecomm.com/research-blog/2016-millennial-employee-engagement-study#download-the-research.

Dartmouth. "Shackleton's Endurance Expedition: A Crewman's View." Dartmouth Library Muse. https://sites.dartmouth.edu/library/tag/ernest-shackleton/.

DDI. "GlobalLeadershipForecast2018." https://www.ddiworld.com/DDI/media/trend-research/glf2018/global-leadership-forecast-2018_ddi_tr.pdf?ext=.pdf.

DDI. "Ready-Now Leaders." 2014. https://www.ddiworld.com/DDI/media/trend-research/global-leadership-forecast-2014-2015_tr_ddi.pdf?ext=.pdf.

DDI. "State of Leadership Development 2015." 2015. http://www.ddiworld.com/ DDI/media/trend-research/state-of-leadership-development_tr_brandon-hall. pdf.

De Luce, Ivan. "Researchers Studied the Health of 400,000 Americans and Found That Bad Bosses May Actually Be Giving You Heart Disease." July 9, 2019.

https:// www.businessinsider.com/toxic-workplaces-bad-bosses-low-trust-link-to- cardiovascular-disease-2019-7.

Decarufel, Andre. "Four Ways to Become a Global Leader." Globe and Mail, May 12, 2018. www.theglobeandmail.com/report-on-business/careers/leadership-lab/ what- does-it-really-take-to-think-globally/article17120824/.

Dell. "Realizing 2030: A Divided Vision of the Future." 2017. https://www. delltechnologies.com/content/dam/delltechnologies/assets/perspectives/2030/ pdf/Realizing-2030-A-Divided-Vision-of-the-Future-Summary.pdf.

Deloitte University Press. "Global Human Capital Trends 2016." 2016. https://www2. deloitte.com/content/dam/Deloitte/be/Documents/human-capital/gx-dup-global-human-capital-trends-2016.pdf.

Deloitte. "Thinking Global: Global Agility and the Development of a Global Mind-set." 2015. www2.deloitte.com/content/dam/Deloitte/uk/Documents/tax/ deloitte- uk-global-mindset-nov-2015.pdf.

Deloitte. "Deloitte Global Millennial Survey 2019." May 24, 2019. https://www2. deloitte.com/global/en/pages/about-deloitte/articles/millennialsurvey.html.

Deloitte. "Shift Forward: Redefining Leadership." June 2018. https://www2.deloitte. com/content/dam/Deloitte/us/Documents/about-deloitte/us-shift-forward. pdf.

Di Toro, Mark. "Bad Bosses: Glassdoor Survey Reveals Worst Manager Habits: Glassdoor Blog." Glassdoor UK. May 17, 2017. https://www.glassdoor.co.uk/ blog/bad-bosses-glassdoor-survey-reveals-worst-manager-habits/.

Diversity Best Practices. "Global Mindset." www.diversitybestpractices.com/sites/ diversitybestpractices.com/files/attachments/2017/08/03a_competencies_ global_ mindset.pdf.

Downes, Larry. "Why Best Buy Is Going out of Business...Gradually." January 2, 2012. https://www.forbes.com/sites/larrydownes/2012/01/02/why-best- buy-is-going-out-of-business-gradually/#48916bce236c.

Dweck, Carol S. Mindset: The New Psychology of Success. New York: Random House, 2016.

Edgecliffe-Johnson, Andrew. "Women Hold Fewer than 5% of CEO Positions in US and Europe." Financial Times, December 9, 2018. https://www.ft.com/ content/1090105c-fb7b-11e8-aebf-99e208d3e521.

Eisenstaedt, Lee. "Organizational Pace of Change: Thriving in Our Fast Paced World." Financial Poise, October 5, 2018. https://www.financialpoise.com/ organizational- pace-of-change-surviving-and-thriving-in-our-fast-paced-world/.

Espedido, Juliet BourkeAndrea. "Why Inclusive Leaders Are Good for Organizations, and How to Become One." Harvard Business Review. March 29, 2019. https:// hbr. org/2019/03/why-inclusive-leaders-are-good-for-organizations-and-how-to-become-one.

Ethics. "Interactive Maps." Ethics & Compliance Initiative. 2018. https://www.ethics. org/knowledge-center/interactive-maps/.

Eurich, Tasha. "What Self-Awareness Really Is (and How to Cultivate It)." Harvard Business Review. January 4, 2018. https://hbr.org/2018/01/what-self-awareness- really-is-and-how-to-cultivate-it.

Eurich, Tasha. Insight: The Surprising Truth about How Others See Us, How We See Ourselves, and Why the Answers Matter More than We Think. New York: Currency, 2018.

EY. "Global Generations 3.0: A Global Study on Trust in the Workplace." 2016. https:// www.ey.com/Publication/vwLUAssets/ey-could-trust-cost-you-a-generation-of- talent/$FILE/ey-could-trust-cost-you-a-generation-of-talent. pdf.

Folkman, Joseph. "5 Business Payoffs for Being an Effective Coach." Forbes. February 19,2015.https://www.forbes.com/sites/joefolkman/2015/02/19/5-business-payoffs- for-being-an-effective-coach/#464172a92afb.

Forbes. "Global 2000: The World's Largest Public Companies 2019." Forbes. May 15, 2019. www.forbes.com/global2000/#10987b2335d8.

Frankl, Viktor E. Man's Search for Meaning: An Introduction to Logotherapy. New York: Simon & Schuster, 1984.

Friedman, Milton. "The Social Responsibility of Business Is to Increase Its Profits." New York Times MAGAZINE. September 13, 1970. http://umich.edu/~thecore/ doc/ Friedman.pdf.

Gallup. "2018 Global Great Jobs Briefing." 2018. https://news.gallup.com/ reports/233375/gallup-global-great-jobs-report-2018.aspx.

Gentry, William A., Todd J. Weber, and Golnaz Sadri. "Empathy in the Workplace: A Tool for Effective Leadership." 2016. https://www.ccl.org/wp-content/ uploads/2015/04/EmpathyInTheWorkplace.pdf.

Giles, Sunnie. "The Most Important Leadership Competencies, According to Leaders Around the World." Harvard Business Review. March 15, 2016. https://hbr. org/2016/03/the-most-important-leadership-competencies-according- to-leaders-around-the-world.

Gino, Francesca. "Why Curiosity Matters." Harvard Business Review. September-October 2018. https://hbr.org/2018/09/curiosity.

Glassdoor. "Glassdoor Study Reveals What Job Seekers Are Really Looking for." July 25, 2018. https://www.glassdoor.com/employers/blog/salary-benefits-survey/.

Globoforce. "Bringing More Humanity to Recognition, Performance, and Life at Work." 2017. http://www.globoforce.com/wp-content/uploads/2017/10 WHRI_2017Survey ReportA.pdf.

Goleman, Daniel. "What Makes a Leader?" Harvard Business Review. January 2004.

https://hbr.org/2004/01/what-makes-a-leader.

Goleman, Daniel. Emotional Intelligence: Why It Can Matter More than IQ and Working with Emotional Intelligence. London: Bloomsbury, 2004.

Google. "Diversity: Google." https://diversity.google/.

Haas, Martine, and Mark Mortensen. "The Secrets of Great Teamwork." Harvard Bus iness Review. June 2016. https://hbr.org/2016/06/the-secrets-of-great-teamwork.

Hackman, J. Richard. "What Makes for a Great Team?" June 2004. https://www.apa.org/science/about/psa/2004/06/hackman.

Hamilton, Isobel Asher. "Facebook Is Going to Start Awarding Bonuses to Employees Who Help the Firm Achieve 'Social Good.'" February 6, 2019. https://www.businessinsider.com/facebook-to-award-employee-bonuses-for- social-good-2019-2.

Harter, Jim, and Amy Adkins. "Employees Want a Lot More from Their Managers." April 8, 2015. https://www.gallup.com/workplace/236570/employees-lot-managers.aspx.

Harter, Jim. "Dismal Employee Engagement Is a Sign of Global Mismanagement." December 13, 2017. https://www.gallup.com/workplace/231668/dismal-employee- engagement-sign-global-mismanagement.aspx.

Holmes. "The Cost of Poor Communications." July 16, 2011. https://www.holmesreport.com/latest/article/the-cost-of-poor-communications.

Horwitch, Mark, and Meredith Whipple Callahan. "How Leaders Inspire: Crack- ing the Code." June 9, 2016. https://www.bain.com/insights/how-leaders-inspire-cracking-the-code.

IBM. "IBM Leadership, Learning & Inclusion." https://www.ibm.com/case-studies/ibm-leadership-learning-inclusion-manager-engagement.

Imperative. "2016 Workforce Purpose Index." 2016. https://cdn.imperative.com/media/public/Global_Purpose_Index_2016.pdf.

Ingraham, Christopher. "Your Boss Has a Huge Effect on Your Happiness, Even When You're Not in the Office." Washington Post. October 9, 2018. https://www. washing tonpost.com/business/2018/10/09/your-boss-has-huge- effect-your-happiness-even-when-youre-not-office/? utm_term=.352176c17846.

Irish Times. "'I've Never Used a Computer,' Says Japan's New Cybersecurity Minister." November 15, 2018. https://www.irishtimes.com/news/world/asia-pacific/i-ve-never-used-a-computer-says-japan-s-new-cybersecurity-minister-1.3698624.

Kashdan, Todd. "State of Curiosity Report 2018." Merck KGaA. 2018. https://www.emdgroup.com/en/company/curiosity/curiosity-report.html.

Kashdan, Todd, et al. "The Five-Dimensional Curiosity Scale: Capturing the Bandwidth of Curiosity and Identifying Four Unique Subgroups of Curious People." Journal of Research in Personality. December 2017. https://www.

academia.edu/37011226/ The_five-dimensional_curiosity_scale_Capturing_ the_bandwidth_of_curiosity_ and_identifying_four_unique_subgroups_of_ curious_people.

Kaufman, Caroline Zaayer. "How to Answer the Job Interview Question: 'What Do You Think of Your Previous Boss?'" Monster. 2018. https://www.monster.com/ career-advice/article/former-boss-job-interview.

Keller, Scott, and Mary Meaney. "Attracting and Retaining the Right Talent." McKinsey & Company, November 2017. www.mckinsey.com/business-functions/ organization/our-insights/attracting-and-retaining-the-right-talent.

Keller, Valerie. "The Business Case for Purpose." Harvard Business Review. 2015. https://hbr.org/resources/pdfs/comm/ey/19392HBRReportEY.pdf.

Knott, Anne Marie. "The Real Reasons Companies Are So Focused on the Short Term." Harvard Business Review. December 13, 2017. https://hbr.org/2017/12/ the-real-reasons-companies-are-so-focused-on-the-short-term.

Kong, Cynthia. "Quitting Your Job." Robert Half. July 9, 2018. https://www. roberthalf. com/blog/salaries-and-skills/quitting-your-job.

Korn Ferry. "Developing Global Leaders." Korn Ferry. August 11, 2014. https://www. kornferry.com/institute/developing-global-leaders.

Korn Ferry. "The $8.5 Trillion Talent Shortage." Korn Ferry. May 9, 2018. https:// www.kornferry.com/institute/talent-crunch-future-of-work.

Korn Ferry. "Worried Workers: Korn Ferry Survey Finds Professionals Are More Stressed Out at Work Today Than 5 Years Ago." Business Wire. November 8, 2018. https://www.businesswire.com/news/home/20181108005286/en/ Worried- Workers-Korn-Ferry-Survey-Finds-Professionals.

Korn Ferry. "From Soft Skills to EI." 2017. http://engage.kornferry.com/Global/ FileLib/EI_research_series/KFHG-EI_Report_series-1.pdf.

Kramer, R. "Leading by Listening: An Empirical Test of Carl Rogers's Theory of Human Relationship Using Interpersonal Assessments of Leaders by Followers." Doctoral dissertation. George Washington University, 1997.

Kwoh, Leslie. "When the CEO Burns Out." Wall Street Journal, May 7, 2013. https:// www.wsj.com/articles/SB10001424127887323687604578469124008524696.

Label Insight. "2016 Transparency ROI Study." 2016. https://www.labelinsight.com/ transparency-roi-study.

Lara, Veronica. "What the Internet of Things Means for Consumer Privacy." Economist, March 22, 2018. eiuperspectives.economist.com/technology-innovation/what- internet-things-means-consumer-privacy-0/white-paper/ what-internet- things-means-consumer-privacy.

Larson, Erik. "New Research: Diversity Inclusion = Better Decision Making at Work." September 21, 2017. https://www.forbes.com/sites/eriklarson/2017/09/21/new-research-diversity-inclusion-better-decision-making-at-work/#4ccc0c4c4cbf.

Lazard. "Levelized Cost of Energy and Levelized Cost of Storage 2018." Lazard. November 8, 2018. https://www.lazard.com/perspective/levelized-cost-of-energy- and-levelized-cost-of-storage-2018/.

Leslie, Jean Brittain. "The Leadership Gap." Center for Creative Leadership. 2015. https://www.ccl.org/wp-content/uploads/2015/04/leadershipGap.pdf.

Levin, Marissa. "Why Great Leaders (Like Richard Branson) Inspire Instead of Motivate." Inc. March 30, 2017. https://www.inc.com/marissa-levin/why-great- leaders-like-richard-branson-inspire-instead-of-motivate.html.

LinkedIn Learning. "2018 Workplace Learning Report." 2018. https://learning. linkedin.com/resources/workplace-learning-report-2018.

Lippincott, Matthew. "Effective Leadership Starts with Self-Awareness." April 17, 2018. https://www.td.org/insights/effective-leadership-starts-with-self-awareness.

L'Oréal Group. "Diversity and Inclusion—L'Oréal Group." L'Oréal, www.loreal.ca/group/diversities.

Lorenzo, Rocio, Miki Tsusaka, Matt Krentz, and Katie Abouzahr. "How Diverse Leadership Teams Boost Innovation." January 23, 2018. https://www.bcg. com/en-us/publications/2018/how-diverse-leadership-teams-boost- innovation. aspx.

LRN. "The State of Moral Leadership in Business Report 2018." LRN. 2018. https:// content.lrn.com/research-insights/2018-the-state-of-moral-leadership-in-business. LRN. "LRN Ethics Study: Employee Engagement." 2007. https://assets. hcca-info.org/
Portals/0/PDFs/Resources/library/EmployeeEngagement_LRN.pdf.

Maddux, William W., and Galinsky, Adam D. (2009). "Cultural Borders and Mental Barriers: The Relationship Between Living Abroad and Creativity." Journal of Personality and Social Psychology, 96, 1047-61. 10.1037/a0014861.

Manpower. "Solving the Talent Shortage." ManpowerGroup. 2018. https://go. manpowergroup.com/talent-shortage-2018.

Matsakis, Louise. "Amazon Pledges $700 Million to Teach Its Workers to Code." Wired. July 11, 2019. https://www.wired.com/story/amazon-pledges-700-million- training-workers/.

Maxwell, John C. "Why John Wooden's Teams Won." March 17, 2017. https://www. success.com/john-c-maxwell-why-john-woodens-teams-won/.

Mayo Clinic. "Know the Signs of Job Burnout." https://www.mayoclinic.org/healthy-lifestyle/adult-health/in-depth/burnout/art-20046642.

McChrystal, Stanley A., Tantum Collins, David Silverman, and Chris Fussell. Team of Teams: New Rules of Engagement for a Complex World. New York: Portfolio/Penguin, 2015.

McKinsey. "Delivering Through Diversity." January 2018. https://www.mckinsey.

com/~/media/McKinsey/Business Functions/Organization/Our Insights/ Delivering through diversity/Delivering-through-diversity_full-report.ashx.

McKinsey. "The World at Work: Jobs, Pay, and Skills for 3.5 Billion People." McKinsey & Company. June2012. https://www.mckinsey.com/featured-insights/ employment- and-growth/the-world-at-work.

Mercer. "People First: Mercer's 2018 Global Talent Trends Study." Mercer. May 28, 2018. https://www.mercer.com/our-thinking/career/voice-on-talent/people-first- mercers-2018-global-talent-trends-study.html.

Mindset Works. "Decades of Scientific Research That Started a Growth Mindset Revolution." Mindset Works. www.mindsetworks.com/science/.

Morgan, Blake. "7 Examples of How Digital Transformation Impacted Business Performance." Forbes. July 21, 2019. www.forbes.com/sites/blakemorgan/2019/ 07/21/7-examples-of-how-digital-transformation-impacted-business-performance/#59e090b651bh.

Mosadeghrad, Ali, and Masoud Ferdosi. "Leadership, Job Satisfaction and Organizational Commitment in Healthcare Sector: Proposing and Testing a Model." Materia Socio Medica 25, no. 2 (2013). doi:10.5455/msm.2013.25.121- 126.

Nyberg A., Alfredsson L., Theorell T., Westerlund H., Vahtera J., and Kivimäki M. "Managerial Leadership and Ischaemic Heart Disease Among Employees: The Swedish WOLF Study." Occup Environ Med. 66(1):51-55 (2009). doi:10.1136/ oem.2008.039362. Correction published in Occup Environ Med. 66(9):640 (2009).

Organisation for Economic Co-operation and Development. "Employment/Self-Employment Rate/OECD Data." https://data.oecd.org/emp/self-employment-rate. htm.

Ou, Amy Y., David A. Waldman, and Suzanne J. Peterson. "Do Humble CEOs Matter? An Examination of CEO Humility and Firm Outcomes." Journal of Management 20. 2015. https://createvalue.org/wp-content/uploads/Do-Humble-CEOs-Matter.pdf.

PBS. "Shackleton's Voyage of Endurance." PBS. March 26, 2002. https://www.pbs. org/wgbh/nova/transcripts/2906_shacklet.html.

Predictive Index. "The Predictive Index People Management Study." 2018. https:// www.predictiveindex.com/management-survey-2018/.

Puiu, Tibi. "Your Smartphone Is Millions of Times More Powerful Than All of NASA's Combined Computing in 1969." ZME Science. February 15, 2019. https://www. zmescience.com/research/technology/smartphone-power-compared- to-apollo-432/.

PwC. "20th CEO Survey." 2017. https://www.pwc.com/gx/en/ceo-survey/2017/pwc-ceo-20th-survey-report-2017.pdf.

PwC. "22nd Annual Global CEO Survey." 2019. https://www.pwc.com/gx/en/ceo-survey/2019/report/pwc-22nd-annual-global-ceo-survey.pdf.

PwC. "Diversity & Inclusion Benchmarking Survey." 2017. https://www.pwc.com/gx/ en/services/people-organisation/global-diversity-and-inclusion-survey/cips-report.pdf.

Randstad. "87 Percent of U.S. Workers Say a Multigenerational Workforce Increases Innovation and Problem Solving." August 7, 2018. https://www.randstadusa. com/ about/news/87-percent-of-us-workers-say-a-multigenerational-workforce- increases-innovation-and-problem-solving/.

RandstadUSA. "Your Best Employees Are Leaving, but Is It Personal or Practical?" August 28, 2018. https://www.randstadusa.com/about/news/your-best-employees-are-leaving-but-is-it-personal-or-practical/.

RandstadUSA. "4 Ways to Be a Better Boss." https://rlc.randstadusa.com/for-business/ learning-center/employee-retention/4-ways-to-be-a-better-boss-1.

Relihan, Tom. "How Going Out Can Spur Outside-the-box Thinking." September 18, 2018. https://mitsloan.mit.edu/ideas-made-to-matter/how-going-out-can- spur-outside-box-thinking? utm_campaign=intercultural&utm_ medium=social&utm_ source=mitsloantwitter.

Reward Gateway. "New Research Reveals Breakdown between Employees and Employer in Recognition, Trust and Communication of Mission and Values." February 5, 2018. https://www.rewardgateway.com/press-releases/new-research- reveals-breakdown-between-employees-and-employer-in-recognition-trust-and- communication-of-mission-and-values.

Reynolds, Alison. "Teams Solve Problems Faster When They're More Cognitively Diverse." Harvard Business Review. March 30, 2017. https://hbr.org/2017/03/ teams-solve-problems-faster-when-theyre-more-cognitively-diverse.

Robert Half. "Employers Fear 4.5m Workers Could Be on the Move This Year." April 12, 2018. https://www.roberthalf.co.uk/press/employers-fear-45m-workers-could- be-move-year.

Rubenstein, David. "The David Rubenstein Show: Indra Nooyi." November 23, 2016. https://www.bloomberg.com/news/videos/2016-11-23/the-david-rubenstein-show-indra-nooyi.

Safaei, Bardia, Amir Mahdi Monazzah, Milad Barzegar Bafroei, and Alireza Ejlali. 2017. "Reliability Side-Effects in Internet of Things Application Layer Protocols." International Conference on System Reliability and Safety. 10.1109/ ICSRS.2017.8272822.

SIS International. "SMB Communications Pain Study White Paper." https:// www. sisinternational.com/smb-communications-pain-study-white-paper-uncovering-the-hidden-cost-of-communications-barriers-and-latency/.

Smith, Casey. "Promote Ethics and Employee Engagement, Get Smart Training Executive Says." Tulsa World. March 24, 2017. https://www.tulsaworld.com/

business/employment/promote-ethics-and-employee-engagement-get-smart-training-executive-says/article_f900f41f-16dc-50e4-8485-d7bd8a4c2677.html.

Solomon, Lou. "Why Leaders Struggle with Workplace Feedback." February 11, 2016. http://interactauthentically.com/why-leaders-struggle-to-give-employees-feedback/.

TalentSmart. "About Emotional Intelligence." https://www.talentsmart.com/about/emotional-intelligence.php.

Tanner, Robert. "How Much Does Good Leadership Affect the Bottom-Line?" Management Is a Journey. February 18, 2018. https://managementisajourney.com/fascinating-numbers-how-much-does-good-leadership-affect-the-bottom-line/.

Udemy. "2018 Millennials at Work Report." 2018. https://research.udemy.com/wp- c ontent/uplo ads /201 8/ 06 /Udemy_ 20 18 _M easurin g _M il le nni al s_Report_20180618.pdf.

Ultimate Software. "New National Study Conducted by Ultimate Software Reveals Need for Greater Focus on Manager-Employee Relationships." December 4, 2017. https://www.ultimatesoftware.com/PR/Press-Release/New-National-Study-Conducted-by-Ultimate-Software-Reveals-Need-for-Greater-Focus-on-Manager-Employee-Relationships.

Ulukaya, Hamdi. "The Anti-CEO Playbook." TED Talk. May 22, 2019. https://www.ted.com/talks/hamdi_ulukaya_the_anti_ceo_playbook/transcript? language=en.

US Census Bureau. "Older People Projected to Outnumber Children." United States Census Bureau. March 13, 2018. https://www.census.gov/newsroom/press-releases/2018/cb18-41-population-projections.html.

Vesty, Lauren. "Millennials Want Purpose Over Paychecks, So Why Can't We Find It at Work?" Guardian. September 14, 2016. https://www.theguardian.com/sustainable-business/2016/sep/14/millennials-work-purpose-linkedin-survey.

Vozza, Stephanie. "Why Employees at Apple and Google Are More Productive." March 13, 2017. https://www.fastcompany.com/3068771/how-employees-at-apple-and-google-are-more-productive.

Walker. "Customers 2020: The Future of B-to-B Customer Experience." 2013. https:// www.walkerinfo.com/Portals/0/Documents/Knowledge Center/ Featured Reports/ WALKER-Customers2020.pdf.

Wellins, Rich. "Global Leadership Development? No Easy Task." Association for Talent Development. June 15,2016. https://www.td.org/insights/global-leadership- development-no-easy-task.

Wigert, Ben. "Re-Engineering Performance Management." 2017. https://www.gallup.com/workplace/238064/re-engineering-performance-management.aspx.

Wilcox, Laura. "Emotional Intelligence Is No Soft Skill." Harvard Extension School: Professional Development. https://www.extension.harvard.edu/professionaldevelopment/blog/emotional-intelligence-no-soft-skill.

Wilson, H. James. "How Humans and AI Are Working Together in 1,500 Companies." Harvard Business Review. June-July 2018. https://hbr.org/2018/07/collaborative-intelligence-humans-and-ai-are-joining-forces.

Winkler, Becky. "New Study Shows Nice Guys Finish First." AMA. January 24, 2019. https://www.amanet.org/articles/new-study-shows-nice-guys-finish-first/.

Wooden, John. "Motivational Quotes: Success." www.thewoodeneffect.com/motivational-quotes/.

World Bank. "Self-Employed, Total (% of Total Employment) (Modeled ILO Estimate)." https://data.worldbank.org/indicator/SL.EMP.SELF.ZS?view=chart.

Wrike. "Wrike Happiness Index, Compensation." 2019. https://cdn.wrike.com/ebook/2019_UK_Happiness_Index_Compensation.pdf.

Zenger, Jack, and Joseph Folkman. "What Great Listeners Actually Do." Harvard Business Review. July 14, 2016. https://hbr.org/2016/07/what-great-listeners-actually-do.

Zenger, Jack, and Joseph Folkman. "The Inspiring Leader." 2015. https://zengerfolkman.com/wp-content/uploads/2019/04/White-Paper_-Unlocking-The- Secret-Behind-How-Extraordinary-Leaders-Motivate.pdf.

Zenger, Jack. "Great Leaders Can Double Profits, Research Shows." Forbes. January 15, 2015. https://www.forbes.com/sites/jackzenger/2015/01/15/great-leaders-can- double-profits-research-shows/#3ceea3026ca6.

Zillman, Claire. "The Fortune 500 Has More Female CEOs Than Ever Before." Fortune.

May 16, 2019. https://fortune.com/2019/05/16/fortune-500-female-ceos/.

감사의 글

내가 책을 쓸 때마다 나에게 중요한 인생 사건이 수반되었다. '협력적 조직 (The Collaborative Organization)'을 썼을 때는 약혼을 했다. '일의 미래(The Future of Work)'를 썼을 때는 결혼했다. '직원 경험(The Employee Experience Advantage)'를 썼을 때는 아빠가 되었다. 이번 '미래의 리더(The Future Leader)'를 쓴 시점에는 아내 블레이크와 두 번째 아기를 기다리고 있다. 140명이 넘는 CEO가 인터뷰에 동의하지 않았다면, 이 책은 불가능했을 것이다. 여기서 공유할 수 있도록 통찰력과 관점을 나에게 공유해 준 그들의 시간과 의지에 감사드린다. 또 CEO 모두에게는 시간을 내어 일정을 잡고, 이 책의 자료를 수정하고, 사용 허가를 받아야 하는 자체 팀을 가지고 있었다. 그들에게도 큰 감사를 드린다.

이 프로젝트를 믿고, 전 세계 14,000여 명의 회원들에게 조사하기 위해 나와 협력하기로 동의한 LinkedIn 팀에게 감사드린다: Sophie, Colleen, Suzi 및 Dan. 이 책을 위한 연구에 대한 조언과 지도를 해준 Emergent Research의 Steve King에게도 감사드린다.

이 책이 가능하도록 도와 주신 John Wiley & Sons, 특히 Peter, Jeanenne, Vicki, Victoria에게 감사드린다.

내가 비즈니스를 운영하는 데 도움을 주는 우리 팀에게: 당신들은 모두 놀랍다. Megan, 모든 것을 조정하고 일정을 잡는 데 도움을 주고, 내가 요청할 수 있는 최고의 비서가 되어 줘서 감사한다! Allen, 나는 수년 동안 창의적인 모든 일에 대해 당신과 함께 일하게 되어 정말 행운이다. 놀라운 책 표지와 이 책의 모든 비주얼에 감사한다. Vlatko, 당신의 디자인과 창의적인 아이디어는 항상 내 모든 콘텐츠에 영감을 준다. Michelle, 콘텐츠 및 연구에 대한 당신의 지원은 항상 큰 도움이 된다. Mhyla, 온라인에서 멋지게 보이게 해줘서 감사한다! Vlada, 오디오 및 비디오 편집에 많은 시간을 보내 줘서 감사한다. Abdullah, 당신의 콘텐츠 및 데이터 조사에 감사한다 Drew, 비즈니스 전략에 대한 당신의 지도와 지원에 감사한다. Charlie, 내 모든 웹 사이트를 멋지게 만들어 주셔서 감사한다!

Karen Hardwick과 CEO를 소개한 모든 사람들의 시간과 노력에 감사드린다.

LA와 호주에 있는 가족들 모두를 매우 사랑하며, 지속적인 지원과 격려에 감사드린다.

마지막으로, 내 아이디어를 공유하고, 내 책을 읽고, 내 강연에 참석하고, 전 세계에서 여러분의 이야기와 응원과 격려의 말을 보내 주신 모든 분들께 감사드린다. 여러분들은 우리의 모든 노력이 가치가 있다는 것을 느낄 수 있도록 만들어 주었다!

미래의 리더

제 1판 1쇄 발행 | 2021년 9월 24일

지은이 | 제이콥 모건
옮긴이 | 임채곤
펴낸곳 | 바이탈경영교육원

주소 | 서울특별시 중구 다산로32, 5-320
연락처 | 02-525-3811~2
e-mail | cglim@vital.co.kr
등록 | 제 2020-000100 호

ISBN 979-11-959298-5-6 13320